币值稳定、不平等与商业周期研究

CURRENCY STABILITY
INEQUALITY AND BUSINESS CYCLE

张振　罗维晗　等◎著

中国金融出版社

责任编辑：王雪珂
责任校对：李俊英
责任印制：程　颖

图书在版编目（CIP）数据

币值稳定、不平等与商业周期研究 / 张振等著. —北京：中国金融出
版社，2022.11
ISBN 978 - 7 - 5220 - 1792 - 1

Ⅰ.①币…　Ⅱ.①张…　Ⅲ.①通货膨胀 — 研究　Ⅳ.①F820.5

中国版本图书馆CIP数据核字（2022）第 199542 号

币值稳定、不平等与商业周期研究
BIZHI WENDING、BUPINGDENG YU SHANGYE ZHOUQI YANJIU

出版
发行　**中国金融出版社**

社址　北京市丰台区益泽路2号
市场开发部　　（010）66024766，63805472，63439533（传真）
网上书店　www.cfph.cn
　　　　　　（010）66024766，63372837（传真）
读者服务部　　（010）66070833，62568380
邮编　100071
经销　新华书店
印刷　保利达印务有限公司
尺寸　169毫米×239毫米
印张　15
字数　310千
版次　2022年11月第1版
印次　2022年11月第1次印刷
定价　68.00元
ISBN 978 - 7 - 5220 - 1792 - 1
如出现印装错误本社负责调换　联系电话（010）63263947

参与本书编写的人员
还有杨欣然、何德洁，特此感谢。

序

　　罗维晗与张振两位青年学者在出版《经济全球化相关问题思考与探索》一书之后不久，就完成了《币值稳定、不平等和商业周期研究》这本新作，重点探讨了在新发展阶段的通货膨胀，贫富差距以及商业周期的相互作用。笔者曾经对这几个问题略有研究，受邀为此书作序，借此机会谈谈笔者对这几个问题的新思考。

　　笔者在美国明尼苏达大学攻读经济学博士阶段，重点研究方向之一是将主流宏观经济模型（即通常所指的动态随机一般均衡模型）应用到金融市场，以试图解开"股票风险溢价之谜"（即现实中股票在长期明显高出无风险利率的高收益无法用居民合理的风险偏好来解释）。主流宏观经济模型建立在微观基础之上，通过对居民效用和企业利润最优化行为的描述，为各国经济增长的差异性提供了一个简单而准确的理解。在这一增长模型的基础上加入外生随机因素，在居民合理的风险偏好下，模型就可以内生出与现实生活中消费、投资与就业等可观察量变化高度匹配的经济周期。

　　这一模型相比其他替代模型的解释力更强，在拟合数据上更加成功。因此迅速成为各大学经济系的基础教学和研究模型，并被各国央行和金融机构重视。模型的提出者和完善者Robert Solow, Robert Lucas, Edward Prescott, Finn Kydland, Thomas Sargent先后获得诺贝尔经济学奖。在随后的发展中，深入理解外生随机因素的来源成为研究重点方向之一；而另外一个重点方向则是希望将金融市场纳入基础模型，试图同时解释消费，投资，就业与金融市场的资产收益。由于这一问题迄今悬而未解，因此笔者视之为宏观经济学的"圣杯"。

　　主流宏观经济模型的一个重要结论是商业周期是经济中自发产生的理

性（最优）结果，因此政府对经济的干预往往会把事情弄得更糟。或者换一个角度，政府的经济政策本身往往是随机因素产生的来源。这与人们的直觉认知有较大的差异，通常经济衰退期，人们总是期望政府能够推出刺激性政策。

第二次世界大战后，全球三大经济体从未同时陷入衰退。然而，在全球化遇到逆风，疫情冲击和俄乌冲突下，通胀在多个国家出现1980年以来的新高。我们在2022年见证了三大经济体共同趋向衰退。固然我们可以将疫情冲击和俄乌冲突视为外生随机因素，但仔细考察就会发现，不同国家政府为应对疫情冲击采取的宽松财政货币政策和防控政策，以及对房地产市场失衡，部分产业扭曲采取的紧缩性产业政策，共同造成了通胀和衰退的风险。因此，人们开始重新去思考政府这只"看得见的手"和市场这只"看不见的手"究竟应该如何协调才好。

现实中，笔者观察到经济学家往往分成两个阵营激烈辩论。不过，虽然"明尼苏达学派"主张政府尽量减少干预，笔者还是倾向于具体问题具体分析，而不是盲目地选边站队。即使是与宏观经济与政策关系最紧密的问题上，笔者也不认为主流的宏观经济学理论就能提供解决问题的钥匙。

之所以如此，在于笔者深刻认识到现有经济学理论，尽管已经发展到看似高度数学化和科学化，实际上仍然存在明显的缺陷。例如经济学对于货币，对于通货膨胀，对于贫富差距的理解，就与过去40多年，特别是近20年的社会现实发展存在明显的误差。而这些正是本书探讨的主题，两位作者恰恰是无法从教科书上找到理想的答案，才产生了自己钻研的决心。

具体来说，至少在我求学的年代，经济学家认为货币、通货膨胀和贫富差距都已经失去了研究的价值，原因在于原有的理解已经足够了。例如，经济学家认为货币存在的主要作用就是便利交易，毕竟现实中没有货币的"以物易物"太不方便了。但是在经济学模型中，经济主体被假设成全知全能的，因此，货币就没要被纳入建模过程中，因为人们总是可以看穿货币的"面纱"，直达事务的本质。无论货币是升值还是贬值，人们总是可以通过价格变化来平衡供需。笔者至今还记得当学生们向明尼苏达大学的货币经济学家Narayana Kocherlakota请教专业选择时，他回答说不要选择货币经济学，因为这门学科已经被研究透了。

然而，任何熟悉"行为经济学"的人都知道，"全知全能"假设完全不符合现实，绝大多数人都无法看穿"货币"的面纱，即使掌握最多信息的美联储和华尔街，也无法提前预测到价格的变化和通胀持续的时间。既然教科书无法为我们提供答案，我们就必须拿出基础研究工具，重新对具体问题进行具体分析。

1980年到2020年，全球进入低增长、低通胀、低利率的环境，即使在2008年国际金融危机之后，各国极度宽松的货币政策也没有产生预期的高通胀，这与主流经济学的"货币数量论"明显不符，以至于政策制定者相信全球经济结构已经不同于过去，世界已经告别了高通胀。新冠肺炎疫情发生后，也许恰恰是这种错觉，使得美联储认为"无上限"的量化宽松也不会产生高通胀，然而，高通胀在2021年就快速到来并且在2022年"高烧不退"，显然，现实世界的复杂与教科书的单纯已形成鲜明的对比。

具体来说，"货币数量论"主张的"通货膨胀无论何时何地都只是一种货币现象"，其实是建立在两个隐含假设之上的，一个是商品供应是充分的，一个是货币的流通速度是基本稳定的。在全球化顺利发展的时代，第一假设的确符合事实，零利率和量化宽松都没有带来通货膨胀的关键原因在于，货币的流通速度大大放缓了，抵消掉了货币供应的增量。

货币流通速度放缓的背后有很多种可能的原因，例如老龄化加深，使得人们选择更多储蓄以应对退休后无收入时更长时间的开支需求。然而更加深刻的原因在于全球贫富差距在1980年之后随着全球化加深、税制变化等原因而持续扩大，高收入富人的消费倾向更低，他们有钱却不太需要花钱，而穷人的消费倾向更高，但他们想花钱却没有钱。国与国之间的贫富差距也在扩大，贫富差距的扩大就会使得经济中的总需求不足，对应结果就是低增长、低通胀与低利率。实际上，穷人与穷国的高负债也同样来源于此，对全球化的不满也来源于此。

尽管货币供应不断增加，但由于贫富不均的分配结果，富人和富国选择更多的储蓄，除了压低利率，更为直接的结果就是压低货币流通速度。如果只是机械地背诵"货币数量论"，而忽视了背后隐藏的假设和现实的变化，就会制定错误的政策。即使聪明如美联储，也忽视了现实，越是想通过量化宽松来刺激经济增长，就越造就了贫富差距的扩大，经济增长越发低迷，对全球化越发不满，这是一个典型的"政策失灵"的恶性循环。

回顾历史上著名的大通胀，都会看到产生的根本原因在于战争造成的生产能力的大破坏，或者自然灾害，政策失误带来的大减产。当政府采取短视的货币超发来解决供需矛盾时，就会人为制造出大通胀，同样是一个恶性循环结果。当经济学家只看到历史的片段，忽视了商品供应问题只考虑货币供应变化，就会提出并不完整的"货币数量论"。

显然，当下美国遭遇的大通胀是需求过旺和供应不足两个因素共同作用的结果，而欧洲的大通胀主要是供应紧缺所造成的。即使没有俄乌冲突，疫情造成的供应链紊乱和"逆全球化"本身都会造成通胀压力。可惜的是，美联储与欧洲央行在政策制定上有着明显的失误，对过去通胀走低的理解存在明显的偏差，特别是忽视了贫富差距扩大产生的重要经济后果。

经济学家对贫富差距的忽视同样有着非常深刻的原因。首先，现有的大部分经济理论，包括"货币数量论"主要产生在20世纪70年代。此前的两次世界大战带来的财富破坏，以及为应付战争开支的高边际税率，都使得贫富差距不断缩小。70年代是一个相对平等的年代，贫富差距自然不是经济学家研究的重点。对于货币本质的认识不足，也使得经济学家对财富本身的研究不够深入。

其次，一个更技术性的原因在于，常用的经济学效用函数和生产函数产生的最优决策结果都不依赖于财富水平，而仅仅依赖于居民的风险偏好。举例来说，穷人与富人之所以持有不同比例的股票，不是因为他们的财富不同，而是因为他们有着不同的风险偏好。

最后，经济学家曾经长期相信，贫富差距会随着经济发展而向扩大再缩小，因此只要继续发展经济，就不必太担心不平等问题。值得强调的是，这样的结论是建立在将收入水平进行粗略分类的基础之上的。然而，这样的做法忽视了收入分配的本质特质，就是极少部分获得了国民收入的极大部分，并且通过投资使得财富不断积累。而这部分人很难被国民收入统计和分类准确捕捉，从而给人一种错误的印象，即贫富差距会随着经济发展到高阶段而缩小。

Thomas Piketty创造性地使用了个人税表上的数据，发现占比极少的富人与其他人之间的差距越拉越大，而1980年开启的减税潮是造成这一差距最本质的原因。自此，不平等问题取得重大突破，并吸引全球学者的关注。笔者预测Piketty将很快获得诺贝尔奖。

本书通过回顾1980年之前经济学产生背景及其内在缺陷，来帮助读者梳理过去40多年我们观察到的低增长、低通胀、低利率，以及与之伴随的高债务、反全球化、股债双牛等现象。应该说，看清楚这些现象产生的原因，将非常有助于我们理解本文开篇提到的"股票风险溢价之谜"这个宏观经济学的"圣杯"。

本书的两位年轻作者罗维晗和张振显然受到Piketty的启发，从对不平等的研究中认识到货币、通货膨胀的重要性，特别是它们对商业周期的影响。在书中，他们试图构建一个新的指数来刻画真实的通胀程度，例如将资产价格的变化也纳入通胀指标中来，这是一个非常大胆且有创新的构思。笔者非常欣赏两位作者的勤奋与热情，鼓励他们继续钻研探索下去，也希望他们的著作得到读者们的喜爱。

是为序。

夏　春

2022年10月

前　言

本书的写作并非一蹴而就。在过去的一年半中,我们不断摸索,站在前人的肩膀上前进。我们最初的想法是结合工作、学习和生活中遇到的实际问题,开展一系列研究和写作,成果主要以论文和书籍的形式展现。我们希望作品中关于现实问题的分析和历史数据的梳理,能够在大家的讨论中获得一席之地,与社会发展、青年就业、幸福生活等方面一道进行交流。

整体构想是以研究经济全球化为大背景,转向研究国内落实新发展理念、提高青年人获得感等相关问题。将分析中国现象分为三步。第一步是构建一个理论框架,将发展获得感与历史上的学术概念、分析方法结合起来,并对比世界主要经济体的表现。第二步是探索中国经济在该框架中的历史表现,主要展示为中国商业周期波动。第三步是对于青年人获得感与长期经济增长的一些讨论和想法。本书是第一步的研究成果,我们尽量略去了数理过程,让此书拥有最大的可读性,以供大家讨论与思考。本书重点关注历史、回顾历史、学习历史,将数理理论框架作为探索历史的工具。

具体来说,第一步在理论上的突破充满了偶然性。当决定开始研究时,我们并没有想到可以实现它,很多问题仅仅是饭桌上的讨论空想,但我们还是最终开启了研究计划。在一番前期准备后,我们决定从通胀的概念出发,打开理论上的空间。作为青年人,我们的切身感受是工资增长与想要购买的商品、服务及住房价格增长之间存在一定的差距,这是不是世界经济发展的必然结果?它应该是一种不断积累形成的现象。当然,已经有众多理论从长期经济增长的粗放型增长模式出发讨论了经济中泡沫的产生,也有理论从资产负债表角度出发讨论居民的获得感、储蓄与消费行为。我们想从通胀的角度获得理论上的突破，能够将切身感受的房地产价格的波动现象纳入其中。幸运的是，当翻阅论文、书籍时，我们发现在历史长河中有一个不曾停止的支流：生活成本指数。我们果断跳入其中，寻找最新的研究成果，在其基础上将房地产价格与工资增速纳入其中。神奇的是，理论打开了更大的空间，将劳动收入与资本存量联系在了一起，指向了国民收入分配问题，将皮凯蒂的研究成果推到了我们面前。

进一步地，生活成本指数作为通胀的一种衡量指标，与失业率的关系也进入了我们的研究范围，也就是经典的菲利普斯曲线分析。就业市场的分化也是我们的切身感受。在毕业时，一部分同学进入金融行业，一部分去了房地产行业，还有一部分去了建筑行业，不过进入建筑行业的同学也是为公司融资业务服务。总的来说，都在从事为资金流动业务服务。资金流通业务的需求为劳动岗位带来了强劲的活力，侧面展现了货币政策稳定带来的就业市场繁荣。但身边许多从事实体工作、小生意的家人朋友反映钱比较难挣。这种就业上的反差也体现在学生时代，经济学院的录取人数不断增长，分数线不断上升，平均年龄也在上升，这也是我们对就业市场不解的地方。

所以，应该将工作获得感与就业市场联系起来，当然在理论框架上还有一些技术细节和难点。但是，这种关系在本书考察的11个国家数十年的历史中，表现出了比较稳定的特点。它也和传统菲利普斯曲线一样体现为正相关关系与负相关关系的交替出现，但在美国历史中，它主要表现为一种正相关关系，这种正相关关系引出了货币政策的讨论。

1978年以来，我国货币政策主要是围绕GDP目标展开，商业周期体现为围绕GDP目标、投资率的扩大与收缩，以及随之而来的通胀与通缩。央行对货币政策的调控来源于发展模式的选择。生活成本指数下的菲利普斯关系在中国货币政策下的表现将在后续研究中展开。但是，我们有一个基本的猜测，随着农村人口转移红利下降，基建投资回报率下降，比较优势下的国际贸易面临转型升级压力，以科技进步，效率提升驱动的投资率上升，通胀波动将更加明显，特别是在一个更加开放的中国经济大背景下，人民币货币政策转向以通胀为核心，价格传导机制下生活成本指数的菲利普斯曲线关系将更加的明显。

　　本书可以分为四个主要部分：第一部分主要描述当前的通胀问题；第二部分是收入分配问题；第三部分是商业周期问题；第四部分为实证。实证中，尽量选取了每个大洲有代表性的国家和经济体，这些考察对象的央行独立性各有不同，我们选取来自同一数据库的历史数据来保证国家之间的可比性，这里主要引用了OECD、美联储、皮凯蒂的数据。仅仅透过数据观察一个经济体的表现实属隔靴挠痒，本书尽可能利用相关著作中的线索以及作者在国外的生活感受来对数据加以解读。书中以亲身经历者的角度描述了2011—2013年在美国中部城市密尔沃基、格林贝以及芝加哥南部地区生活的所见所闻。两年间，美国底层居民的生活状况与Matthew Desmond 的著作Evicted中描述的境况高度相似。因此，我们认为实证结果是站得住、立得稳的。

　　本书主要任务是梳理历史，关于从历史中有什么结论和经验，每个读者可能会有不同的感受，因此我们对书的结论持开放态度。如果非要下一个结论，我们认为共享发展理念应该在历史梳理、理论探索、社会实践下建立广泛共识，然后不折不扣去落实，用公平竞争提高效率，以更好的再分配模式提供政府公共品，努力提高所有人的获得感，这应该是一条正确的道路。长期经济增长与商业周期是经济研究的两大话题，新古典、新凯恩斯、货币学派都围绕其中展开过研究并形成不同理论，有众多著作讨论国家的成功与失败。但是收入分配问题被逐渐放入了经济发展的角落，其实在李嘉图的著作中已经有关于国民收入分配问题的详细分析。世界各国现实政治经济生活中的矛盾都与收入分配差距扩大有或多或少的联系，有时为了长期经济增长和稳定，政府会采取折中方案来处理这些矛盾，但是理论探索和制度建设相对停滞。本书在直观上，如果将不平等问题剥离，它与经典的新凯恩斯菲利普斯曲线相差不大，只不过在传统通胀计算中将耐用品价格、证券回报率纳入其中，获得的政策结论与传统理论相差不大。但是理论探索、历史数据验证都展现了不平等问题纳入传统商业周期研究的巨大生命力，直观上，一个人的劳动工资增长率如果远远落后于他需要维持生活水平的账单增长率，那么他就可以通过过去积累的财富来补贴自己劳动工资的相对缩水。对于一个青年人来说，他需要通过劳动工资来实现生活水平提高和财富的初步积累，如果他的工资相对生活账单缩水，那么他只有依赖父母的财富传递才能保证生活水平的相对稳定，如果这种状态在整个经济体中维持相对较长的时间，那么社会的阶层流动将趋于停滞，中产阶级也难以扩大。货币政策盯住的生活账单的通胀与通缩在这样的国民收入分配格局中不断影响着社会层次的变化，收入分配的不平等就像水中的暗礁一样改变社会稳定的基础。皮凯蒂的研究成果显示国民收入分配的格局在不断内生演变，货币政策作为经济发展的重要一环，应该考虑收入分配问题。其实，收入分配问题的重要性应该远大于本书讨论的商业周期本身，我们希望这个理论框架能展现收入分配问题对于货币政策的重要性。新凯恩斯菲利普斯曲线已经将劳动收入在国民收入分配中的比例考虑在内了，但是缺少了资本存量的讨论，我们在理论上的贡献之一就是将资本存量纳入其中。

最后，感谢为这份工作做出努力和提供帮助的朋友与家人们，特别感谢王雪珂编辑为本书提供的宝贵建议，以及韩松老师对论文的逐字斟酌，使理论框架能得到世界大师们的回复和指导。感谢工作单位给予我们探索的时间与空间。

张振　罗维晗
2022年9月16日

目　录

第一章
一篮子商品与服务价格指数

第一节 物价水平的衡量方法

价格是难以衡量的，但是鉴于其对宏观经济的重要性，经济学家们必须找到合适、精准的衡量方法。在一个经济体中，部分商品或服务价格的上行不代表该经济体出现了通货膨胀（以下简称通胀）问题。商店面包价格的上涨并不意味着通胀出现，因为通胀不能由几种商品或服务价格衡量，相反，通胀是经济中总体价格水平的抬升。回顾历史，经济学家一直在持之以恒地探索可以更加精确衡量经济体内物价水平的指标。当前，全球最主流的通胀指标是消费者物价指数（Consumer Price Index，CPI）。除此之外，还有商品成本指数（Cost of Goods Index，COGI）、欧元区的消费者物价协调指数（Harmonized Index of Consumer Prices，HICP）、生活成本指数（Cost of Living Index，COLI）和个人消费支出（Personal Consumption Expenditures，PCE）等。我们认为，为了更好地反映经济体中的币值，需要在传统的衡量标准（一篮子商品与服务价格指数）上加入资产价格与对通胀的补偿后做出经过劳动收入调整的动态价格指数（Dynamic Price Index with Labor Income，DPIL），在本书后面章节将阐述具体细节。在此处，作为本书的开篇部分，我们简单地梳理一下CPI与生活成本指数这类传统物价指数。

消费者物价指数（CPI）以CPI的变化衡量的通货膨胀率反映了一篮子商品和服务价格的平均增长率。CPI是通过假设有一篮子商品和服务代表该国所有家庭的消费篮子而构建的。用于构建CPI的商品和服务价格是从全国零售网点收集的平均价格。因此，CPI反映了经济体内价格的平均涨幅。由于CPI反映了经济中的平均价格，它可以很好地衡量经济中商品和服务的总体价格水平的变化。

生活成本指数（COLI）：COLI是除CPI之外用于衡量福利变化不均衡和币值波动的框架。生活成本是指家庭为维持一定的生活水平而发生的商品和服务支出金额。这种支出或生活成本取决于家庭支出模式和家庭面临的价格。Konus（1924）定义生活成本指数为对价格变化的补偿措施。相较于CPI，生活成本指数关注跨期消费选择，注重效用水平的变化不同家庭的消费模式不同，因为这些模式主要受家庭收入、人口结构、家庭结构和居住面积的影响。

由于CPI掩盖了家庭支出模式的异质性以及家庭面临的商品和服务价格变化的感知，因此通胀率被视为生活成本增长率的近似值。在分散的消费模式以及物价变化不大的情况下，CPI是衡量生活成本的合理指标。在支出模式和价格变化很大的情况下，通胀率可能是生活成本增长率的弱近似值。在这方面，CPI可能会低估或高估某些家庭部分的生活成本。鉴于支出模式的异质性和显著变化，需要对生活成本进行更细致的分析评估，例如不同家庭类别和地理位置的支出模式和成本变化。最常见的维度是评估生活成本随时间、不同收入群体以及一个国家的省或地区变化的变化，将生活成本动态化，以充分反映实际通胀水平。在全球，不同国家统计局会根据国情作结构性的调整以确保通胀被准确衡量。表1-1为中美两国2021年CPI权重对比。

表1-1　中美两国2021年CPI构成对比

中国2021年CPI权重

食品烟酒	20%
衣着	7%
居住	22%
生活用品及服务	5%
交通和通信	11%
教育文化和娱乐	14%
医疗保健	11%
其他用品和服务	10%

（数据来源：中国国家统计局）

美国2021年CPI权重

食品与饮料	15%
住宅	42%
服装	2%
交通运输	16%
医疗保健	9%
娱乐	6%
教育与通信	7%
其他商品和服务	4%

（数据来源：美国劳工部）

在生产端，一般使用生产者物价指数（Producer Price Index，PPI）衡量价格。与CPI类似，中国PPI结构分为9类：燃料、动力类；有色金属类；有色金属材料类；化工原料类；木材及纸浆类；建材类，如钢材、木材、水泥；农副产品类；纺织原料类；工控产品。由于生产原材料的价格决定着厂家生产成本，为此，经济学家们认为生产物价指数的变动对预测消费物价指数的变动是有用的。

第二节　通货膨胀与通货紧缩

通货膨胀指的是商品或服务价格抬升导致居民购买力下降的经济现象。按照我们对币值稳定的理解，通货膨胀可以理解为未来人们在同样工作量下所换取的商品与服务价值的缩小。在货币主义中，通货膨胀是货币多于实际需求而导致的价格上行。从根本上来说，货币数量与商品价值的不平衡是通胀的核心原因。整体而言，通胀是居民手中财富缩水的现象。居民财富的缩水会导致居民预期发生改变，预期对未来经济是进入增长还是衰退具有一定的导向性。历史上，曾经出现过多次因经济陷入通胀旋涡而导致经济崩塌的事件。因此，各国央行将通胀作为宏观经济调控的重要目标，将商品与服务价格维持在可控的范围内波动。

当价格下行时，居民财富增值；当价格上行时，居民财富缩水。价格的剧烈波动会使得居民无法清晰认识到手中财富的真实价值，从而失去对工作真实回报的锚，最终导致经济生产及社会不稳定。因此，居民财富实际价值的稳定是社会稳定的基石。居民财富实际价值的稳定可被称为币值稳定。当一个经济体中币值长期趋于稳定时，这个经济体才能有序地进行生产。在上文中提到，通胀应该稳定在一个范围内，这个范围是居民可识别币值真实价值的范围，这意味着通胀并非恒久持定于一个水平。由于居民需求不断上升会带来对工资水平要求的不断上升，所以，经济体内会存在一定的通胀，这个通胀是合理的。整体上，通胀中枢必须以能够识别货币真实价值为基准，保持币值稳定波动。

通货紧缩（Deflation）指的是资产价格随着时间的推移而下降，消费者购买力增加。通俗地讲，明天可以用比今天更少的钱购买到与今天等量的商品与服务。按照我们对币值稳定的理解，通货紧缩可以理解为未来人们在同样工作量下所换取的商品与服务价值的增加。价格的下跌听起来是一件好事情，但是这一趋势可能预示着即将到来的衰退。首先，当人们发现价格下跌时就会推迟购买，希望以后能以更低的价格购买到同样的产品。在日本，消费者支出下降在20世纪90年代和21世纪初的通缩过程中较为明显。消费的减少将直接导致生产者收入减少，后果是失业率与利率的波动。这种负面馈循环会导致更高的失业率、更低的价格和更少的支出。简而言之，通货紧缩会导致更严重的通货紧缩。在美国历史上，通货紧缩时期通常与严重的经济衰退挂钩。与通货膨胀类似，通货紧缩同样会导致币值不稳定，对长期经济增长带来阻力。其次，在通缩背景下，债务的实际价值将被放大。通缩在增加货币的实际价值的同时也增加了债务的实际价值。通缩使债务人更难偿还债务。因此，消费者和公司必须将更大比例的可支配收入用于偿还债务。在通缩时期，公司的收入因消费同步走低；这也是辜朝明认为日本衰退的原因，即资产负债表衰退。因此，这减少了企业的支出和投资资金，经济活动不断萎缩。最后，工资与失业。当经济活动快速萎缩时，企业利润快速走低，企业被迫削减工资，这容易引起失业率的上升。

总结上述，通缩往往会使得经济陷入通缩陷阱，如价格下跌—信心下降—消费下降—价格继续下跌；价格下跌—工资下降—居民端消费减少—企业端削减成本；价格下跌—居民预期改变—延迟消费。综合来看，只有在价格下跌而真实可支配收入上升的背景下通缩才是对经济有益的。

第三节　通货膨胀与通货紧缩的影响因素

一、通货膨胀

长期的高通胀往往是宽松货币政策的结果。如果货币供应量相对于经济规模增长过快（例如货币供应增速远超经济增速），货币的单位价值就会减少；或者说，货币的购买力出现下降。货币供应量与经济规模之间的这种关系被称为货币数量理论，是经济学中最古老的假设之一。

经济供需方面的压力也可能导致通货膨胀。扰乱生产的供应冲击，如自然灾害，或提高生产成本，如高油价，可能会减少总体供应，导致"成本推动"的通货膨胀,其中价格上涨的动力来自供应中断或是短缺。2008年的食品和燃料通胀对全球经济来说就是一个典型案例——急剧上涨的食品和燃料价格通过贸易从一个国家传播到另一个国家,快速蔓延。需求层面,如果需求在短时间内快速上行,那么将会导致市场商品价格的快速抬升。

预期在决定通胀方面也起着关键作用。如果居民或企业预计价格会在未来出现上涨,他们就会将这些预期纳入工资谈判和合同价格调整(如自动上调租金)。这种行为在某种程度上决定了下一个时期的通胀水平;一旦合同得到行使,工资或价格按约定上涨,期望就会自我实现。在某种程度上,人们的预期基于过去的最近时间点,通胀会随着时间的推移遵循类似的模式,导致通胀形成惯性。

一是需求拉动通胀根据古典经济学家或货币主义的说法,通胀是由货币供应量的增加引起的,这导致总需求曲线向右移动。鉴于充分就业的情况,古典主义者认为货币供应量的变化会带来价格水平的调整。根据凯恩斯主义的观点,总需求由消费需求、投资需求、政府支出、净出口这四个部分组成,在充分就业的情况下,总需求的增加将导致物价上涨。

需求拉动通胀起源于货币部门。货币主义认为"只有货币重要"的论点是基于这样的假设:在充分就业或接近充分就业时,过度的货币供应将增加总需求,从而导致通胀,带来币值不稳定现象。名义货币供应的增加使总需求曲线向右移动。在这样的背景下,居民手中的储蓄将上涨。如果居民决定花掉多余的现金,那么就会导致商品价格的上浮。价格水平持续上升,直到总需求与总供给持平。

凯恩斯主义认为,通胀起源于非货币部门或实体部门。如果减税后消费支出增加,总需求可能上升。商业投资或政府支出可能会出现自主增加,例如企业扩建厂房,政府加大基础设施建设等。如果政府通过印制额外的货币来满足需求,那么政府支出就是通货膨胀的部分。简而言之,总需求的增加将导致价格水平上升。然而,总需求可能会在货币供应量增加后上升(货币超发),从而推动价格上涨。因此,货币起到了至关重要的作用。这就是为什么米尔顿·弗里德曼认为,通货膨胀在任何时候都是一种货币现象。

二是成本推动通胀,除总需求以外,总供给也会导致通胀。当生产成本上行(包括原材料价格以及工人工资)时,价格会同步上行,此时,CPI指数上涨。这种成本的增加由企业通过提高产品价格而转嫁到消费者身上。工资上涨导致成本上行，成本上行导致终端价格上行。同时，物价的抬升将会促使劳动者要求提高工资。因此，通胀下的工资—价格会出现螺旋上升。

一般而言，价格上涨的重要原因是原材料价格的上涨。其中，外部因素为主要原因。从能源价格方面看，目前全球石油价格受欧佩克（Organization of the Petroleum Exporting Countries，OPEC）影响较大，一旦石油价格出现上升，运输行业和生产制造业将遭受较大冲击。除了上述因素，还有财政政策与其他各类因素。例如，自然灾害导致的停电、停工会导致总产出下降，使得市场上商品价格上行。最后，成本推动的通胀中还掺杂人为因素，如囤积居奇推高物价是近年来常见的现象。

二、通货紧缩

在一个经济体中，通缩通常发生在衰退期间，其表现为需求和产出持续螺旋下行。与通胀类似，通缩受货币影响较强。货币主义者认为货币供应的下降以及流通速度的放缓是导致价格水平下降的主要原因。除货币影响外，技术的快速增长会在增加产出的基础上降低价格，通常这种通缩被称为"良性通缩"。自2000年互联网时代以来，全球这一现象较为普遍。

消费者需求下降。当消费者对产品或服务的需求减少时，市场会向生厂商发出信号。为了保证企业的稳定运行，企业会选择降低员工成本（体现为裁员或降薪）以及降低商品价格。当企业采取裁员或降薪的模式时，消费者对产品的需求将再次走低，因为居民已无力支付原先价格水平的商品。在经济体中，裁员、降薪与商品价格下降有可能导致恶性循环。在宏观经济指标中，失业率与薪资会出现较大波动。

充分竞争的市场。在一个充分竞争的市场中，商品迭代速度会比非充分竞争市场中的要快。厂商为了获取更多的市场份额必须不断降低自身产品价格。近年来，美国移动电话运营商AT&T、T-Mobile和Verizon都对其服务进行了多次降价。类似的微观通缩现象在充分竞争的市场中是常见的，但是需要警醒的是，一旦这种降价发展为恶性竞争，那么最终很可能使企业被迫裁员或降薪以降低成本而陷入上述的恶性循环。

生产效率进步。当生产效率提高时，企业以相同的投入获得更多数量的产出。换句话说，制作相同数量的商品需要花费的时间、精力及金钱都减少了。由于生产率的提高，企业不需要花那么多钱来给消费者生产商品。因此，在一个竞争激烈的市场中，他们将开始降低价格以争夺客户。随着企业争夺客户热度的上升，价格开始下跌，导致通货紧缩。这与上述中的情景较为类似。如果企业A购买了一台可以在同样时间内生产两倍商品的新机器，它可能会将价格降低一半。因此，该业务可能能够永久降低价格，但除非进一步提高生产率，否则价格不会继续下跌。因此，虽然生产率的提高可能会导致通货紧缩，但这些很可能只是短期的。此外，这种现象可能是微观且罕见的，因为在整个经济体中很难出现所有价格由于生产效率进步出现同时下降的情况。

预期。消费者对未来价格的预期在一定程度上会决定未来价格的走势。例如，当人们预期未来收入不稳定时，就会减少消费提升储蓄，以抵抗未来的风险。因此，企业面临需求下行不得不降价以吸引消费者。如果通缩在消费者预期发生变化之前就出现，那么这类通缩可能是恶性的。其价格的下降来自企业端，而企业端下调价格则可能引发消费者对价格持续下降的预期，从而减缓消费。

第四节　价格感知的异质性

一个经济体中，不同收入的人群对通胀的感知也是不同的，在研究币值稳定与通胀关系时还需要着重观察经济体中的结构。对于高收入群体（收入多来自资本回报）而言，通胀常常被忽视，因为他们积累的财富维持了他们在通胀背景下的生活水平。对于领取薪水的居民来说，通货膨胀是好事还是坏事取决于工资的波动。如果工人的工资上涨速度快于物价上涨速度，他们仍然可以在高通胀的环境下感觉自己过得更好。在工资与物价水平同步上行的背景下，通胀基本可以忽略。对于贫穷的人来说，无法与工资增长速度相匹配的高通胀或者不可预测的通胀会让他们感到特别难受，他们受困于财富真实购买力的萎缩。贫困家庭将大部分预算用于必需品——食品、住房，能源，这往往是导致高通胀的一个重要因素——可自由支配的支出较少。相较之下，如果富裕家庭面临高通胀，工资跟不上，他们可能只需要减少度假或外出就餐。一个贫穷的家庭可能被迫削减必需品，如食物和住房。对于低收入家庭来说，价格上涨会消耗更多的预算。宏观政策视角的高级经济学家Laura Rosner Warburton表示，穷人可能为相同的产品支付更多的费用。这是因为他们缺乏自由现金来抵御临时货币贬值，在无力购买必需品时，他们可能被迫贷款消费，而这将产生利息，无形推高了购买成本。所以，在一个经济体中，贫富差距的不平等会加剧政府对币值真实价值的核算难度。从数量看，一个经济体中的工薪阶层与贫穷群体的数量远超富人的数量，同时，这部分人群是一个经济体中最重要的生产者。于是，政府将通胀中枢控制在工薪阶层与贫穷群体可接受的范围内极其重要，这是稳定社会与维持经济增长的基石。综上所述，通胀会对收入和财富分配以及长期经济增长带来影响。在本书后续章节中，我们会专门对不平等问题作详细的阐述。

第五节　历史案例

为了更加清晰地说明通胀的发生、传递以及后果，我们选取了几个较为典型的案例用以阐述，分别是古罗马帝国、魏玛共和国（现在的德国）以及疫情冲击下的全球通胀。在这些历史事件中，货币并不是导致经济走向穷途末路的直接推手，但无不在其中担任了重要角色。回顾本章的第一段，我们曾经提到货币是经济体的基础，如果货币的功能失效，那么对经济体的打击将是巨大的。在下面的案例中，经济体均受到冲击导致币值失衡，最终使经济陷入困境。消弱货币功能的事件是形形色色的，所以各国央行在宏观调控时也要尽量把手伸得长一些，提前发现有害于币值稳定的因素并提前依靠政策调控。

一、罗马

自爱德华·吉本（Edward Gibbon）的著作《罗马帝国的衰亡史》（*The History of the Fall and Fall of the Roman Empire*）于1789年出版以来，罗马帝国的衰落一直是专业学者和外行人都非常感兴趣的主题。在这本长销不衰的著作中，吉本主要将罗马的衰落归因于内部的软弱以及罗马公民从本土印欧宗教向基督教的转变。历史上，无数关于罗马衰落的书籍和学术文章源源不断，涵盖的内容包括过度移民、奴隶制、罗马家族执政衰落等。在导致罗马最终灭亡的所有因素中，经济因素往往被众多学者忽视。而在我们看来，经济问题是罗马帝国走向毁灭的一大重要推手。

通胀的概念在今天与古代世界基本相同，指的是商品成本的上升和货币价值的降低。在现代经济中，通胀周期通常发生在中央银行发行了超量的货币，从而降低货币的价值使得商品价格上升。古代的情况与现在非常相似，唯一的差别是皇室没有印刷纸币的技术，只能在他们铸造的硬币上添加杂质。结果往往是，不仅流通中的硬币太多，而且正在使用的硬币由于其杂质增加而导致价值下降（例如金币中的杂质上升导致黄金纯度下降）。像这样的情况曾经先于罗马数百年前在埃及就发生过。

回顾历史，在公元前210年前后，第四次叙利亚战争造成埃及国内经济下行。埃及国王托勒密四世（公元前221—204年在位）希望通过货币贬值来回收战争的部分成本。托勒密四世将当时流通的硬币改为铜币，成本的降低导致通胀快速上行，创造了一个经典的通胀周期。100年后，托勒密十二世（公元前117—51年在位）为应对经济危机开始向银币中添加杂质，在公元前53年和52年，银币的纯度从90%下降到33%，导致商品价格大幅飙升。

罗马帝国的经济衰退现象与上述案例中的货币贬值及超发问题较为相似。在帝国内战逐渐平息后（屋大维·奥古斯都被宣布为皇帝之后）罗马开启了长达200年的稳健经济增长。曾经主要由军队使用的罗马道路逐步演化为连接市场的主要道路，成就了条条大路通罗马的说法。随着早期罗马帝国的经济增长，提比略（公元14—37年在位）和其他早期皇帝实施的健全财政政策帮助帝国控制了通胀。货币供应量随着贸易量的上升成比例地增加，与现代的经济增速维持一致是类似的。税收也保持在低位：每个省只支付1%的财富税和成年人的单一税。这些货币政策都有助于政府有效运转以及将价格维持在低位，但到公元2世纪末，事情开始发生变化。公元200年前后，"安东尼瘟疫"由罗马士兵从东部省份带回并开始快速扩散。在瘟疫的冲击下，罗马人口大量减少，工资飞速增长。最终导致罗马商品价格以从未见过的速度急剧上涨：公元前两个世纪通货膨胀率仅为1%，但价格在瘟疫后翻了一番。瘟疫的直接后果本应给罗马领导人敲响警钟，但实际上，通胀问题却持续加深。

在公元200年之前，罗马的富人更加倾向于房地产而非硬币。在瘟疫后，由于政府支出的增加，罗马更加依赖现金。在长期的领土拓张下，越来越多的人被纳入罗马国籍。为了满足生产与生活需要，政府必须将大量资源投入桥梁和渡槽等项目的建设中。罗马军事支出也呈指数级增长，这意味着政府需要更多的硬币来支付士兵的工资。最后，从精英们的大型商业交易到普通人的日常交易，社会中使用现金的场景越来越多。罗马领导人很快意识到，由于已经有大量硬币在流通，所以政府已经难以继续为大型基建项目以及士兵埋单。在这样的背景下，罗马政府开始试图通过货币贬值来纠正通胀问题。

与托勒密埃及的情况类似，罗马人开始在他们的银币中添加杂质，以制造更多的银币。这个过程有两个结果：一是流通中的硬币太多；二是新发行的硬币由其他金属铸造而不是银铸造。据估计，通货膨胀率在公元200年至300年之间达到了15000%。从具体的例子来看，在公元301年，一磅罗马黄金的价值为72000德纳里（银币），这对任何罗马人来说都是几乎不可能获取的。最后，戴克里先皇帝（公元284—306年在位）意识到，如果他要拯救罗马经济，就必须采取严厉措施。

公元250年，通胀已经削弱了罗马的经济，并出现了有可能使整个帝国倾斜的迹象。戴克里先没有从源头上解决通胀，而是决定在公元301年实施强制价格控制措施以维持商品价格的稳定。价格控制政策并没有挽救罗马经济，它迫使消费者进入黑市，商品价格继续飙升。后期，由于戴克里先的继任者对经济学缺乏了解，因此在很大程度上保留了之前的货币政策，其中包括商品价格控制措施。在此背景下，罗马经济陷入危机。通胀一直持续了近两百年，其间，政府为支付公共开支（基建、军队等）大幅提升税收。在重税的影响下，经济结构发生变化：财富不断向少数人靠拢，阶级分化日益严重并导致民众骚乱。最后，在外部势力打击以及内部经济危机的影响下，罗马走向毁灭。

总结罗马帝国的覆灭，我们将主要原因归咎于货币实际币值的失控，主要责任在于货币政策的失能，主要问题来自帝国在不断拓张的背景下出现了货币贬值和超发现象。货币发行的数量远超过了帝国罗马经济增速，导致通胀失控。

二、魏玛共和国——德意志帝国

与罗马帝国的持续扩张有所不同，德意志帝国的通胀主要来自战争。第一次世界大战期间，为了支付战争的巨大开支，德国在战争爆发时暂停了金本位制。与法国依靠税收支付战争开支有所不同，德国皇帝威廉二世和国会大厦一致决定，完全通过借款为战争提供资金。政府坚信借贷的资金将由战败后的盟军偿还，与1870年德国战胜法国后的法国赔款类似。不幸的是，德国没有取得最终的胜利。在第一次世界大战中战败后，政府背负了无法承受的巨额战争债务，总计1320亿金马克（330亿美元），后根据青年计划修订为1120亿马克（263亿美元）。在战后经济资源匮乏的情况下，政府不断印发钞票加剧了债务问题。《凡尔赛条约》中对赔偿的要求进一步加速了马克的贬值。到1919年底，需要48张纸币才能购买一美元。之后，马克在1921年上半年稳定在了每美元90马克。当时战争的西线主要在法国和比利时进行，使德国受战争的影响不大，加上本土大部分工业基础设施完好，使得德国在战后成为欧洲大陆的主要经济力量。1921年，在第一笔付款后马克贬值至每美元330马克。在赔款协议中规定的总额为1320亿金马克。同时，协议要求以硬通货偿还，而不是迅速贬值的纸币马克，这为马克带来了巨大压力。同年8月，德国开始以任意价格购买所有市场上马克可购买的外币，这一行为导致马克信心被摧毁，马克继续贬值。截至1922年12月，马克跌至每美元7400马克。生活费指数在1922年6月为41，12月为685，增长了近17倍。到1922年秋天，德国发现自己已经无力支付赔款。1922年秋天，严重贬值的马克已经无法用于购买任何外汇及黄金。1922年末，由于未能按时支付法国赔款，法国和比利时军队于1923年1月占领了德国主要工业区鲁尔河谷，要求赔偿以煤炭等货物支付，并用军队加以监督。

随着通胀的不断恶化，劳动力的供应状况也不断恶化。工资水平无力跟随商品和服务价格同时上涨。实际工资下降到战前水平的40%左右，德国居民中的很大一部分快速走向贫困。在恶性通胀面前，资产消失，储蓄贬值，固定收益和利息变得一文不值。由于缺乏购买力，房地产也失去了价值。在通胀背景下，工资支付周期从月度变为日度。每个人都试图尽快将现金兑换成有形资产。商店的营业时间以当前汇率的公布日期为准。在餐馆，价格在用餐时可能会出现翻倍。犯罪分子不再只是偷钱包，而是黄金等贵重物品。最终，恶性通胀导致德国内部经济秩序和社会秩序陷入混乱，政府权力日益下降。

1923年8月，为了稳定货币，德国发行了5亿金马克的固定价值债券。行政和经济部门开始发放稳定的应急资金作为货物和有形资产的凭证。这些纸币以黑麦、小麦、木材、焦油、煤、糖、培根、电力和天然气等原材料计价。此外，还以市场中美元和法郎为基础的黄金价值发行货币。同年，为了对抗通货膨胀，10月16日德意志银行宣布成立。当美元在达到400亿马克的新高时，居民生活困难，社会不断出现居民与政府之间的冲突。随后，越来越多的右翼军队要求"向柏林进军"以替代对经济乏力的政府。在这场严重危机的高峰期，建立军事独裁政权的意愿不断出现。

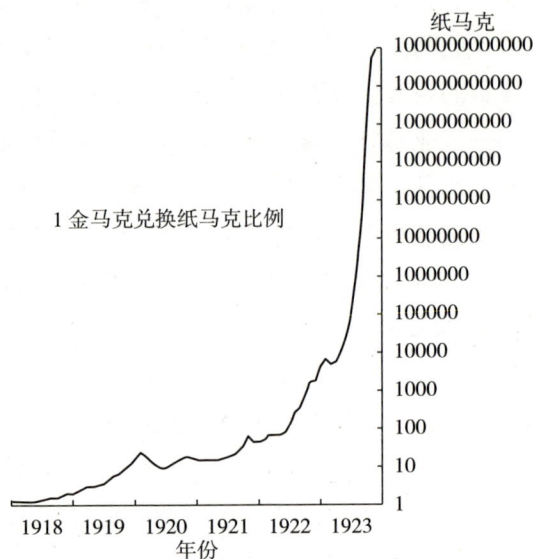

图 1-1　马克 1918—1923 年币值

（数据来源：commons.wikimedia.org）

三、2022 年全球大通胀

2021年下半年起，全球通胀四起。回顾自2020年新冠肺炎疫情以来的全球环境我们发现，量化宽松、商品供需失衡是导致全球通胀的主要原因。2020年新型冠状病毒来袭后，由于医疗技术的限制，全球出现恐慌。恐慌情绪很快蔓延到资本市场，2020年2月27日，美国股市创下2008年以来一周的最大跌幅，道琼斯指数在一天内下跌了1190点。道琼斯指数该周收盘下跌12.4%，标准普尔500指数下跌11.5%，纳斯达克综合指数下跌10.5%。美联储为了挽救持续下跌的美国资本市场以及促进经济的稳定，在2020年3月15日将联邦基金利率降至零，并宣布了新一轮的量化宽松政策：

（1）美联储立即开始800亿美元的量化宽松计划（周一为400亿美元，周二为400亿美元），并在未来几个月内"至少"购买7000亿美元资产（其中包含至少5000亿美元美国国债和2000亿美元政府担保抵押贷款支持证券）；

（2）美联储通过一级交易商信贷便利（PDCF）向24家一级交易商提供长达90天的低利率贷款（0.25%）。交易商向联储提供股票和投资级债务证券作为抵押品；

（3）通过货币市场共同基金流动性工具（MMLF），根据银行从优质货币市场基金购买的抵押品向银行提供贷款，这些基金投资于包含商业票据的企业短期借据以及国债；

（4）扩大回购协议操作范围（REPO），提供无限量的资金。回购市场通常用于公司短期借贷现金和证券，通常是隔夜借贷。在新冠肺炎疫情来临前，美联储提供1000亿美元的隔夜回购和200亿美元的两周回购，在新冠肺炎疫情到来后，它提供1万亿美元的每日隔夜回购、5000亿美元的一个月回购和5000亿美元的三个月回购。美国白宫也通过推出一系列的美国救助计划（America Rescue Plan）提振美国经济。图1-2为美联储在近一年的量化宽松过后的资产负债表变化情况。

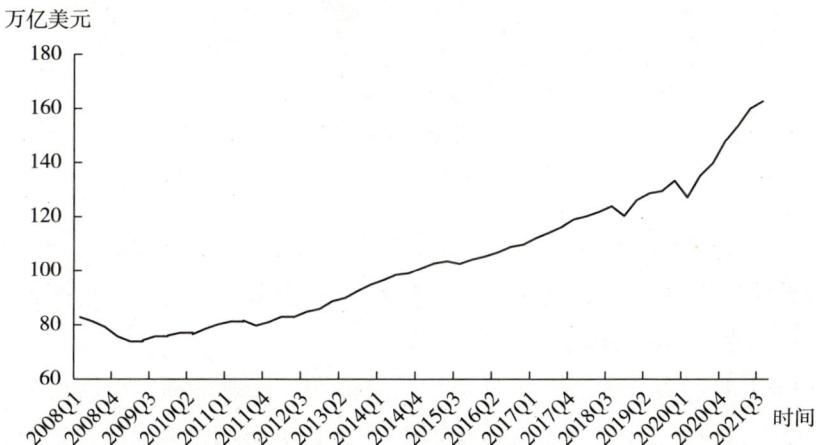

图1-2　美联储在近一年的量化宽松过后的资产负债表变化情况

（数据来源：美联储）

美联储通过直接向居民发放美元等方式将大量货币投入市场之中，推高了美国的通货膨胀。CPI在2021年一度突破6%，并对其他国家带来了输入型通胀，引发全球通货膨胀。美国利用美元向全球输出购买力，使全球的生产国为美国的量化宽松埋单。充分反映出当前全球化的高度发达的货币体系下，各国货币政策的相互影响，一国的货币政策的变化会对其他国家带来巨大的冲击。

在新冠肺炎疫情压力下，欧洲国家同样采取了类似的量化宽松政策，英国在2020年通过量化宽松购买了8950亿英镑的债券，其中大部分（8750亿英镑）已用于购买英国政府债券，一小部分（200亿英镑）被用来购买英国公司债券（见图1-3）。

十亿英镑

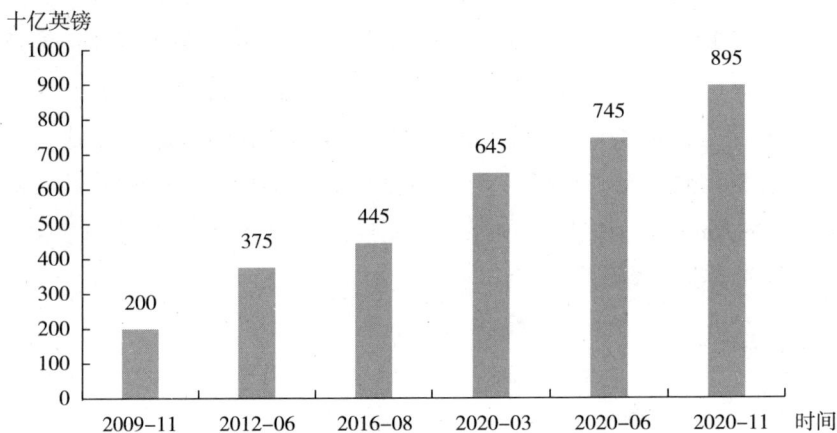

图 1-3　英格兰银行购买负债

（数据来源：英格兰银行）

欧洲央行也执行了类似的操作，欧洲央行在2020年3月18日启动了大流行紧急购买计划（PEPP），这是一种非标准化的货币政策措施，旨在控制大流行下欧元区货币市场的风险（见图1-4）。

PEPP主要购买五种资产，分别是国家证券、商业票据、可转换债券、资产担保债券以及资产证券化产品，其中的绝大部分被用于购买国家证券，占比超过90%。

美国和欧洲的财政货币实践依托国际储备货币体系，深刻影响着世界，新兴市场受到货币政策外溢性的一轮又一轮考验，从根本上改变了世界贸易体系的分配结果，造就了一种更加不平衡的分配局面。金融市场越完善、体量越大、流动性越好，就可以容纳越多的金融资产和货币。从此次美国和欧洲现代货币理论实践来看，其金融市场的深度和容量迅速扩大，一定程度上让资金从新兴市场向美国和欧洲转移的力量有了更多支撑，因此新兴市场需要更大幅度加息来保持汇率稳定、抑制通胀。新兴市场在美元泥潭中越陷越深，全球化分配公平受到严重挑战。

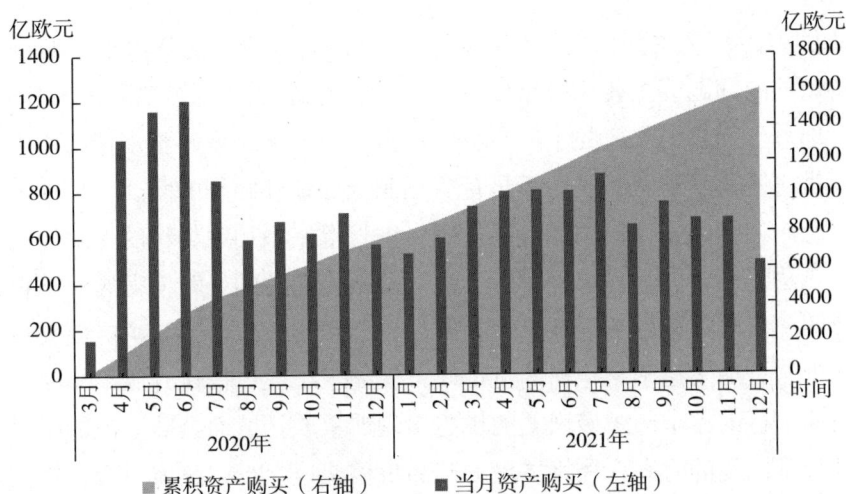

图1-4 大流行购买计划（PEPP）净资产购买规模

（数据来源：欧洲中央银行）

一个全球化分配不均的典型例子就是"货币宽松—资产价格—PPI—CPI"传导现象。因为，货币宽松首先在PPI上有所体现，这在国际贸易中的"资源生产国—加工贸易国—最终消费国"模式上传导。大宗商品价格从资源生产国传导进加工贸易国，加工贸易国国内通胀也因此上涨，最终通过终端商品传入最终消费国。但是大宗商品是由最终消费国资本控制的，其涨价的收益并没有落在资源生产国本身，最终消费国的资本在此次全球化分配中获得了更大的利益。

在现代社会，供给与需求之间是带有摩擦的。在全球化背景下，供需之间需要供应链作为桥梁。运输一旦出现问题，那么商品的生产与商品的交付都将受到较大影响。

2020年新冠肺炎疫情在全球蔓延。全球各国因遭受新冠肺炎疫情冲击时间不同以及防疫政策的不同导致各国经济恢复时间不平行。疫苗分配的不公平叠加发达国家货币政策的宽松进一步加剧了国家之间经济恢复速度的差距。全球经济恢复的不均衡导致全球供需失衡；一方面，全球部分地区制造业受影响无法恢复产能。另一方面，逐渐复苏的国家出现了需求升温。商品供需不均衡的问题因为运输及供应链问题再一次被放大，供给周期不断延长，需求端价格上升明显。

从供需两侧基本面出发，供给侧在新冠肺炎疫情冲击下出现了劳动力和原材料短缺的问题，主要原因是疫情下人员流动受限，一些工厂停工时间被迫延长。部分已经复工复产的工厂在突发冲击下产能无法恢复至疫情前水平。从全产业供应链角度观察，供给不足背后是制造业环环相扣的表现。劳动力不足导致上游制造业无力提供相应产出保障，木材等一系列原材料的短缺导致中下游企业无法恢复产能。需求侧，部分国家和地区疫情的好转使得居民不再受限于严苛的防疫政策，生活逐渐趋于正常。趋于正常的生活释放了之前受疫情压制的需求，叠加发达国家宽松的货币政策，需求出现了快速升温。短时间内，全球快速上行的需求与缓慢恢复的供给出现严重脱钩，而全球运力的不足则进一步延长了恢复的时间，最终体现为商品价格快速上行。整体上看，供需问题可以被分为两个阶段。第一阶段，2020年前两个季度新冠肺炎疫情快速蔓延，防疫政策促使居民需求主动收缩，供给被迫收缩。第二阶段，在疫苗接种率快速上升的地区，需求随着疫情缓和逐渐释放，但由于部分国家依旧受疫情影响导致供给依然受限。

回顾三个通胀案例，出现通胀的原因分别是帝国的快速扩张、战争、新冠肺炎疫情。其中，只有2022年的通胀是全球性的，这是因为在全球化背景下通胀可以迅速传导至每个国家。前两次则有对货币币值评估失误的因素。数千年来，经济学科已经发生了天翻地覆的变化，人们已经意识到保持币值稳定是稳定社会、保证经济长期增长的必要条件。在美联储的努力下，通胀暂时没有让美国走向与罗马帝国同样的困境。

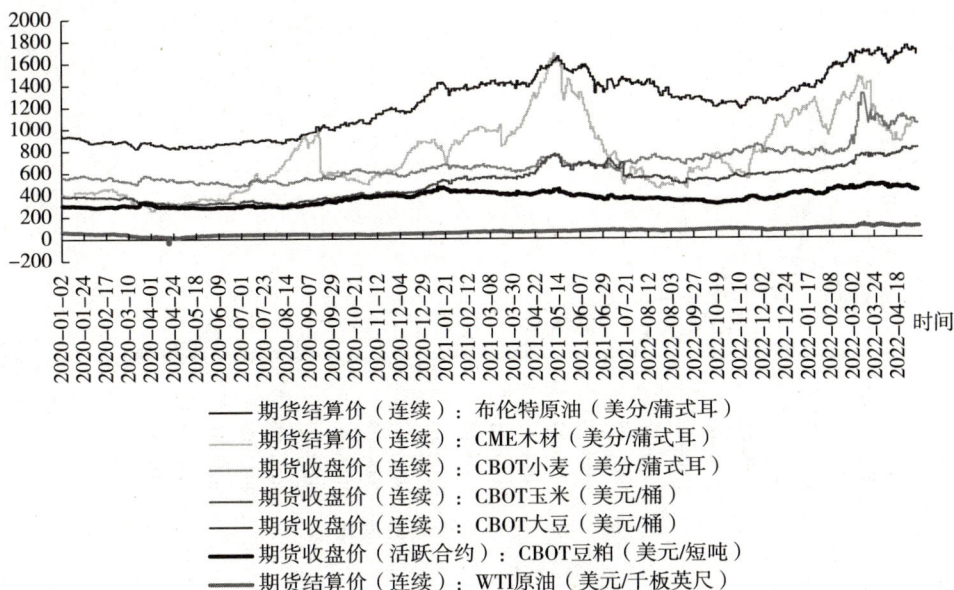

期货结算价（连续）：布伦特原油（美分/蒲式耳）
期货结算价（连续）：CME木材（美分/蒲式耳）
期货收盘价（连续）：CBOT小麦（美分/蒲式耳）
期货收盘价（连续）：CBOT玉米（美元/桶）
期货收盘价（连续）：CBOT大豆（美元/桶）
期货收盘价（活跃合约）：CBOT豆粕（美元/短吨）
期货结算价（连续）：WTI原油（美元/千板英尺）

图 1-5　主要大宗商品价格走势

（数据来源：Wind 数据库）

四、日本通货紧缩

日本通货紧缩（以下简称通缩）问题长期困扰经济发展。自20世纪70年代以来，伴随日本经济从高速向中速换挡，通胀水平快速下行。但是，通胀并没有在合理区间停止下行，而是一路冲入通缩。20世纪90年代之后，日本便陷入长期通缩中。

自20世纪90年代初泡沫破裂以来，日本经济一直存在资产通缩现象。一方面，自1991年以来，土地价格一直呈现快速下降态势。近年的土地价格水平低至高峰期的55%。另一方面，自1989年底以来，股价长期呈下降趋势，自2001年下半年以来仍在继续下跌。根据日本政府内阁办公室粗略计算，在1989年底至2001年底，土地价格和股票价格下跌造成的资本损失达到1330万亿日元。这些损失给日本经济带来了巨大的下行压力。其中，土地作为重要生产要素，其价格下行说明企业及居民对长期投资回报率的预期堪忧；股市作为实体经济的先遣信号持续走低，也说明投资者对日本经济的未来持悲观态度。

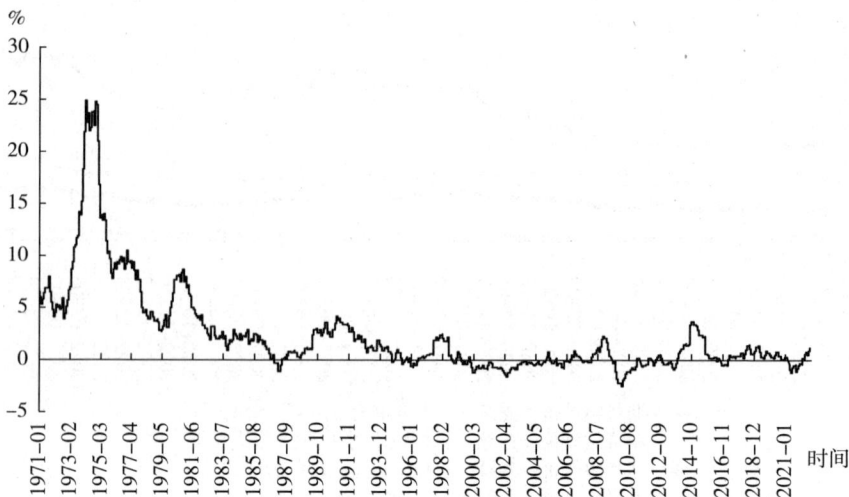

图 1-6 日本 CPI 当月同比

（数据来源：Wind 数据库）

从泡沫经济崩溃后土地价格的同比趋势来看，土地价格自1992年以来持续大幅下跌，并在1993年达到峰值。自1998年以来，在三个大都市地区（特别是东京）商业区以外的地方，下降幅度再次扩大。值得注意的是，当地商业区和住宅区的土地价格下降程度比泡沫经济崩溃后立即下降的幅度更大。由于土地价格的下降，土地资产与GDP的比率一直在下降，2002年降至GDP的2.5倍左右（在泡沫年份约为GDP的5倍）。按地区划分，20世纪80年代后期，包括东京在内的三个大都市地区的该比率大幅上升，然后主要在东京大幅下降。自1996年以来，东京的比率一直低于全国平均水平。大都市地区和急剧扩大的地方地区之间的分化在20世纪80年代后期逐步减少。2000年以来，大都市地区和地方地区GDP的比率约为1∶1。日本政府及学者认为，影响土地价格的重要决定因素是土地回报率（通过将单位面积的土地租金除以土地资产来计算的直接收益率）。根据日本央行公布的数据，日本土地回报率从20世纪80年代中期的约8%下降到泡沫经济崩溃后的4%，然后自2000年以来上升并改善到8%，超过长期政府债券的收益率水平。作为重要生产要素，土地回报率快速下行在日本备受争论。在部分日本经济学家眼里，这一现象来自企业和居民长期投资的意愿不强。在我们看来，这是日本企业和居民对远期悲观的体现。站在日本企业和居民的角度设想，如果当前的投资在未来的收益不如十年期国债收益率，那么就不会作出投资土地的决策。

在悲观的预期下，居民减少或延迟消费。企业受消费者影响被迫降低价格，同时减少长期投资。长期如此，日本在20世纪90年代陷入通缩陷阱。为了使日本脱离困境，日本央行开启了至今约有20年的超宽松货币政策。在2021年9月8日，日本Nikkei Asia新闻采访日本央行行长黑田春彦的报道中，黑田春彦表示将继续坚持宽松的货币政策直到通胀稳定在2%。自2013年就职以来，黑田春彦动员了日本银行政策工具包中的每个工具，包括负利率和长期利率的前瞻性指导。然而，在今天看来，2%的目标仍然难以达到。

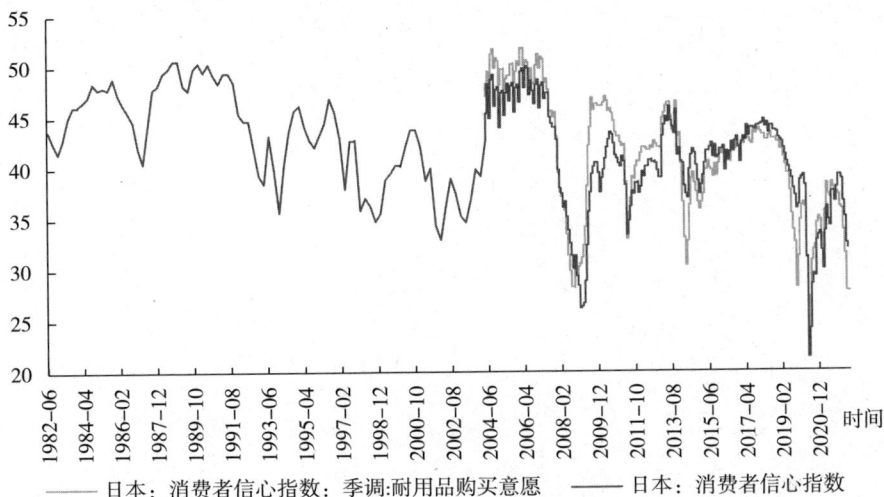

图 1-7　日本消费者信心指数

（数据来源：OECD）

五、新的挑战

近年来，可能造成商品价格波动的事件不断增多。从IMF到各国央行，货币政策只能在有限的范围内维持币值稳定。在诸如战争、疫情的多重冲击下，货币政策对币值的维稳能力更为有限。为此，做好危机管理是稳定币值的"护城河"。Faccia在2021年发表的文章中指出，在高温环境下，食品价格出现了0.38%的上涨。类似的极端天气在近年来频繁出现，美国的飓风不断威胁着受灾地区的粮食产量；东南亚的洪水导致大量房屋受损，居民无家可归。在全球化背景下，一国原材料的供给冲击必将影响全球使用该原材料生产的商品价格。因此，在未来不确定性将持续上行的情况下，人类必须协力准备好应对突发事件的防范、管理措施，做足储备以及应急预案，保证冲击后物价水平稳定；同时，央行货币政策需要为应对冲击留有空间，以达到冲击后稳定经济体内币值的目的。

第二章

传统的币值稳定

在人类历史上，经济发展一直是一个国家内的头等要事。经济决定着这个国家的发展方向，决定着未来的国际地位。国泰民安的基础是国内经济平稳运行。其中，经济运行的基础是货币，只有当货币在经济体中可以稳定地发挥作用时，经济才有机会增长。正如《道德经》第三章所说："不贵难得之货，使民不为盗。"回顾历史，这一理论在数千年前的罗马帝国和今天都适用。不同的是，今天的经济学家可以通过更好地管理、维护货币，从而减少金融风险，维持经济平稳有序。币值稳定衡量的是货币在经济体中的价值，只有当这个价值稳定或缓慢小幅度波动时，经济体才能够平稳有序地运行。

在现代社会中，货币是交易的媒介。货币是人类发展的产物，是社会群居的必需要素，是人类经济增长的基础。货币的主要功能是衡量商品与服务价格，只有当经济体中的交易被公平定价（Fair Value）时，人们才会交易，商业才会出现，经济才会增长。1875年，英国经济学家威廉姆·斯坦利·杰文斯（William Stanley Jevons）首次提出了货币的三大定义：储存价值、交易媒介、账户单位。其中，币值真实价值的长期稳定是这三重定义的基础。币值的真实价值是经济体中的真实购买力，一旦货币失去价值，那么货币就失去了存在的意义。在经济体中，人们通过劳动获取报酬，再用获得的报酬购买生活必需品。所以，币值不仅仅衡量物理价值（商品与服务），还衡量人类工作所产生的劳动价值。如果从币值购买力角度来看，币值波动是指为换取一个单位的商品与服务所需要的货币增多或是减少。在这一条件下，货币的增多或减少称为通货膨胀或通货紧缩。

古代，人们用贵金属铸造钱币，钱币的币值就是铸造时所用稀有金属（如金、银等）的纯度。当钱币中金属纯度下降，那么币值自然而然地下降，人们就会需要更多的硬币购买与过去等量的商品或服务。为了保证币值稳定，古时候的政府采取了各种各样的措施。例如，严格管控冶炼所用的稀有金属、不断提升铸币技术、严惩假币制造等。在《游宦纪闻》卷二中记载："其勇工之序有三：曰沙模作，次曰磨钱作，末曰排整作。""模沙、冶金、分作有八，刀错水莹，离局为二。"由此可以看出，在宋代铸币的要求和操作规范已经远超民间工艺。

现代，影响货币稳定的因素不断增多。金本位后，货币币值衡量标准已经超越了钱币金属纯度的范畴。影响币值稳定的因素在不断增加，但是，维持币值稳定还是被作为每个国家宏观经济中货币政策的首要目标。我们认为在一个经济体中，如果所有商品与服务的价格和工资收入的增速能够维持平行，那么这个经济体中的货币就没有出现币值不稳定的现象，因为购买同样一单位所付出的劳动没有发生实质改变。

当经济体中的商品和服务价格水平与劳动收入发生错配时，币值将出现波动。在一般情况下，币值在可控范围内小幅波动是合理的。一旦波动失控，币值的大幅波动就将危害经济秩序。当社会整体价格增速大幅度领先工资收入时，居民必须通过更多地工作以购买原有购买力能购买的东西。简单而言，人们需要更加努力地工作来换取和之前一样的生活质量。因此，当价格增速过快时，居民幸福感将出现下降。长此以往，居民的预期会变坏。当价格增速慢于工资增速，居民会延迟消费，使经济陷入通缩陷阱。为此，前文所描述的可控范围内的波动是指在居民无察觉的情况下，围绕一定中枢上下波动，其特征是可预测的。

回顾历史，我们发现各国央行在研究价格的时候更加倾向于一篮子商品与服务价格（CPI）。在实际的政策调控当中，多数央行倾向于维持CPI在可控范围内波动。但是，当我们观察CPI与资产价格（通常为房价）的走势时，会发现在经合组织成员国中，CPI逐年下行，资产价格则相反。如上文提到的，币值稳定是货币在经济体中保持实际购买力的基础。那么，如果分开两条曲线进行观察，我们会发现币值在CPI的衡量基础上出现了通缩。这意味着人们用同样的劳动换取的薪酬可以在未来获得更大的效益（购买更多的产品）；相反，在房价的走势上，币值则出现了大幅通胀。这样相错的趋势促使我们重新思考币值稳定的概念。

此外，在经济体中，工资通常具有黏性。通俗地讲，就是当物价水平出现上行时，工资增速无法平行抬升。在这样的背景下，为了获得和往期同样的生活质量，就必须对价格的波动作出补偿。对于居民而言，有两种方式：第一，用以前的存款来补偿短期的价格缺口；第二，更多地参与劳动以换取更多的薪资来补偿缺口。在这里，我们统一将其称为对通胀的补偿。

我们认为，当讨论广义币值稳定概念时，应该加入资产（房屋）价格。单单将狭义的一篮子商品与服务价格指数（CPI）作为币值稳定的目标不足以衡量全社会的居民福利水平。因为一篮子价格指数只站在社会的价格端，并没有考虑到消费者的实际感受。假如CPI增速与消费者收入同步上行，那么就和上文所提到的一样，CPI的上涨可以被忽视。为此，我们需要一套新的衡量框架来观察经济体内的实际通胀水平。在观察物价水平的同时，同步观察居民币值的实际购买效用。

因此，在原有的衡量方式上（如CPI、PCE等）额外加入资产价格，将扩大经济体中价格的衡量范围。此外，在衡量币值稳定的同时，我们需要考虑居民币值的实际购买效用，即加入消费端对通胀的补偿。通胀补偿可以反映居民为补贴通胀所需要付出的额外努力，在一定程度上是居民生活幸福水平的象征。在基础的物价指数上加入资产价格与通胀补偿将帮助央行更好地观测经济体内币值波动情况，决策者可以更加有效、快速地作出调整。币值的稳定将有利于市场稳定、建立更稳定的金融体系、保持社会凝聚力和稳定、稳定居民信心并最终达到保持长期经济增速稳定的目标。因此，我们将币值稳定定义为无须考虑总体价格水平变化下的消费和投资决策。在这样的思考下，我们认为我们创建的币值稳定衡量框架——带有劳动收入的动态价格指数（Dynamic Price Index with Labor Income，DPIL）可以用于观测币值稳定。

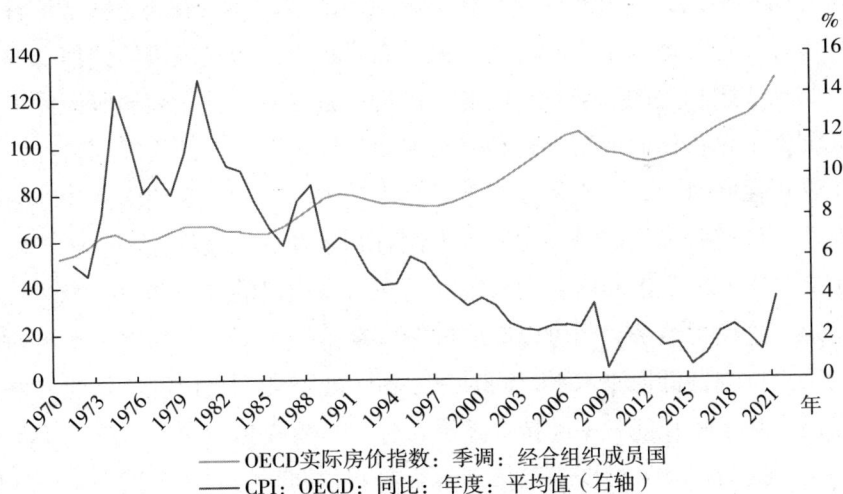

　　　　　　OECD实际房价指数：季调：经合组织成员国
　　　　　　CPI：OECD：同比：年度：平均值（右轴）

图 2-1　房价指数与 CPI

（数据来源：OECD）

第一节　币值稳定在经济中的重要作用

引用美联储前主席伯南克于2006年2月24日在普林斯顿大学的讲话，币值稳定在现代央行中起着双重作用：它既是货币政策的目的，也是货币政策的手段。对于全球主要央行，币值稳定本身就是政策的终点或目标。根本上，币值稳定保证了国家货币的完整性和购买力。当货币币值稳定时，人们可以安心地按照原有计划消费，企业可以按照原有计划生产、投资而不必担心通胀会侵蚀货币的实际价值。经济学家认为，在庞大的经济活动中，币值稳定是减少经济中摩擦的重要因素。币值稳定既是政策的目标，也是中间目标。当价格稳定时，经济增长和结构稳定性都可能得到加强，长期利率趋于适中。因此，即使是将币值稳定作为次要目标的宏观经济决策者，也应该谨慎地保持币值稳定。

观察币值稳定与货币政策之间的关系可以发现：在保证币值稳定的政策下，央行通过提供货币和健全的金融环境来促进效率和长期经济增长。在这个环境中，居民与企业可以轻松地作出经济决策，市场可以在低摩擦的经济环境下运作，而不必担心货币购买力出现不可预测的波动。只有当通胀率低且稳定时，货币才能合理地衡量实际经济价值。由于价格是市场经济传达信息的基本手段，与高通胀相关的"噪声"削弱了市场体系的有效性。高通胀还使得长期经济规划复杂化，从而促使家庭和公司缩短长期视野，专注于短期目标，将资源用于管理通胀风险，而不是专注于最具生产力的活动。在伯南克2004年的研究中发现，低通胀和稳定波动的通货不仅有利于经济长期增长和就业，而且还有助于提高中短期产出和就业的稳定性。在币值稳定的经济体中，生产与就业较为稳定，这使得经济生产可以有序进行。在这样的良性循环中，稳定的币值将有利于央行维持低通胀水平，同时还保留了经济体的自由度。除此之外，币值稳定还有利于将长期利率维持在适当目标。费雪提出，利率将趋向于预期通胀的变化，因为贷款人会要求赔偿其本金在贷款期间的购买力损失。当通胀预期较低时，贷款人将要求更少的补偿，因此利率也会更低。在低利率以及可预期的通胀条件下，企业与居民更愿意通过长期贷款完成长期目标，这也有利于长期经济增长。

币值稳定是实现价格稳定、高就业率和适度长期利率的先行条件。在币值稳定下的低通胀和可预见的通胀预期对经济增长和经济稳定起到了巨大作用。为此，币值稳定与货币政策的其他目标是互补的。在实际中，币值稳定与其他货币政策目标将同步达成。

第二节 货币购买力

购买力是指可以用单位货币购买的商品和服务的数量，具体表现为一个人用一个单位工作量换取的货币可以在经济体中换取的生活质量水平。如果一个人的货币收入保持不变，但价格水平上升，该收入的购买力就会下降。通货膨胀并不总是意味着货币收入的购买力下降，因为后者的上涨速度可能快于价格水平。更高的实际收入意味着更高的购买力，因为实际收入是指经通货膨胀调整后的收入。如果一个人用一单位工作量获得的货币在经济体中能换取的生活质量水平出现了失衡，那么我们可以认为货币购买力出现了剧烈波动，即币值稳定失衡。

币值稳定的核心是货币本身价值的稳定，而货币价值的稳定取决于在经济体内居民使用货币能获得的生活幸福水平。货币的购买力（Purchasing Power of Money）最初来源于欧文费雪在1920年出版的 *The Purchasing Power of Money—Its determination and relation to credit interest and crises*。费雪称，著书的初衷是为了正确地研究生活成本（Cost of Living）的变化。费雪认为生活成本的变化来自币值的变化，如果想充分研究生活成本那就需要同步研究货币的价值。费雪认为，货币的购买力或其互惠价格水平完全取决于五个因素：经济体中的货币流通量、流通速度、银行存款量、银行账户中货币的流通速度以及贸易量。其中，货币的流通量较为重要，在1913年，《联邦储备法》赋予美联储银行管理货币供应的能力，以确保经济稳定。随着更多美元开始流通，商品和服务的平均价格上涨，而美元的购买力下降。

1929—1933年，由于货币供应收缩31%，美元的购买力实际上有所增加，但最终再次下降。到1944年，美元与黄金固定挂钩，利率为35美元/盎司，美元成为布雷顿森林协议下的世界储备货币。与此同时，美国增加了货币供应量，以弥补第二次世界大战后的朝鲜战争和越南战争的赤字。因此，一美元的购买力从1944年的20瓶可口可乐降至1964年的一张电影票。到20世纪60年代末，流通中的美元数量过于庞大，从而无法得到美国黄金储备的支持。1971年，尼克松总统停止了美元对黄金的直接兑换。结束了金本位制和可印刷货币的数量限制。在过去的二十年里，美国的货币供应量飙升，从2000年的4.6万亿美元飙升至2021年的19.5万亿美元。2008年的国际金融危机和最近的新冠肺炎疫情加速了货币供应的增加。其中，仅2020年一年就创造了所有货币供应中的约20%，即3.4万亿美元。

正如亚当·斯密所指出的，有钱可以使一个人有能力"指挥"别人劳动。因此在某种程度上，购买力是对其他人的权力，因为他们愿意用他们的劳动力或货物换取货币。亚当·斯密使用一小时的劳动力作为购买力单位，因此价值将以生产给定数量（或生产其他价值足以购买的商品）所需的人工小时数来衡量。正因为如此，在研究币值稳定的时候，我们发现如果将币值稳定与劳动者所能获得的生活质量挂钩，那么币值稳定就不单单是货币问题。通过研究一些国家我们发现，币值稳定与社会福利保障体系存在一定的关联。继续深入研究，其道路再次指向经济体内资本的分配制度。

表 2-1　1913—2020 年美元购买力

年份	事件	购买力为1美元	购买力	美联储公布的纽约房价指数	纽约市曼哈顿房价：PPSF（price per square foot）美元
1913	美联储系统创建	26.14	30 个好时巧克力棒		$8
1929	股市崩盘	15.14	10 卷卫生纸		$15
1933	持有黄金被认定为刑事犯罪	19.91	10 瓶啤酒		$5
1944	布雷顿森林体系	14.71	20 瓶可口可乐		$8
1953	朝鲜战争结束	9.69	10 袋椒盐卷饼		$12
1964	越南战争升级	8.35	1 张电影票		$25
1971	金本位结束	6.39	17 个橘子		$45
1987	股市崩盘	2.28	2 盒蜡笔	246.45	$250
1997	亚洲金融危机	1.61	4 颗葡萄柚	292.24	$590

年份	事件	购买力为1美元	购买力	美联储公布的纽约房价指数	纽约市曼哈顿房价：PPSF（price per square foot）美元
2008	国际金融危机	1.2	2个柠檬	636.05	$1070
2020	新型冠状病毒流行	1	1杯麦当劳咖啡	724.91	$1142

数据来源：网络。

第三节 案例

一、德国——不断为币值稳定目标下的居民福利水平而努力

为了维持经济体内的币值稳定，政府首先要保证经济体内的价格水平与收入波动维持平行。其中，这里的价格必须包括房屋价格。住有所居是经济体中居民的最基本权利，就如Matthew Desmond在Evicted中描述的那样："如果连遮风挡雨的居所都没有，人们又怎样能正常工作呢？"在中国，房住不炒的政策就是让居民都能通过劳动收入来获得自有住房。在一个良性循环的经济体中，居民劳动所得的实际购买力应该体现在福利水平的提升上。同时，经济体内还要兼顾结构性问题，例如Abhijit Banerjee与Esther Duflo在著作 *Good Economics for Hard Times* 中描述的："美国前1%的群体创造了全国27%的GDP，后面50%的群体创造了13%的GDP。"这种较大的收入差距主要是由经济体中资本收益与经济增长的不平衡造成的，也就是皮凯蒂在《21世纪资本论》中所描述的"r与g的关系"。在实际中，其体现为普通劳动者的收入无法维持在其工作经济体中的正常生活，例如，收入不足以满足居住等基础开销。关于经济体中分配导致的不平等问题将在后续章节详细阐述，此处，我们先行讨论德国是如何维持"共同富裕"底线来达到币值稳定的。

德国是欧元区最大的经济体，也是区内经济活力最好的国家。OECD数据显示，2011—2018年，德国基尼系数为0.29，远低于同期英国的0.36和美国的0.39。这得益于德国完善的社会福利体系、劳动市场政策、职业教育与制造业工人的工资标准与福利待遇。首先，第二次世界大战后，德国建立了全球最健

全的社会福利体系。整个体系包括养老保险、失业保险、事故保险、医疗保险、社会救助、住宅补贴、子女教育补贴等。社会福利的种类覆盖了居民各个年龄段以及不同群体。充分的社会保障体系使得居民无须承受来自后代抚养、赡养老人的压力。其次，居民无须过度担忧自己退休后老无所依、疾病、贫困等问题。美联储芝加哥分行在2017年5月的研究报告显示，德国平均私人家庭净资产持有金额低于美国，其原因是大量的资产被用于支持社会福利体系。而在福利体系的帮助下，德国的不平等问题要远弱于美国。积极的劳动力市场、健全的社会体系在其中发挥了重要作用。当失业出现时，德国社保系统会通过失业保险直接向失业者发放救济以保证其基本生活的有序进行。最后，匹配职业培训的开展会用来增强劳动者的就业能力，最终从根本上解决就业问题。在这样的政策帮助下，德国形成了积极的劳动力市场。根据2016年的数据，德国失业保险仅占全部保险支出的3%。德国政府在1969年颁布了《职业培训法案》，建立了双元制职业教育。双元制的教育模式是指高等院校或职业技术学校的学习与企业的职业培训融合。双元制更加强调实践性，意在学以致用。这样的教育模式有利于学生就业、知识转化，同时企业也省去了初期培训的费用。根据杜伊斯堡—埃森大学统计，大约80%的学生毕业后留在了签约职业培训的公司工作，这大大缓解了毕业季就业压力的问题。

OECD数据显示，2020年德国二产劳动者报酬占增加值18%，远高于英国的11%和美国的9.5%。这一数据说明德国的分配状况要远远好于英国和美国。此外，德国的制造业工人收入在发达国家中位列前茅。这主要是因为德国制造业增加值高，核心来自工人技术的熟练与精湛。总体而言，这与双元制教育有很大的关系。从失业率数据看，2007年以来，德国失业率远低于欧盟27国。

回到币值稳定的概念。我们认为币值稳定是当货币在等量的工作强度下可以为居民带来稳定生活幸福水平的前提。德国完善的福利政策为社会中各阶层居民的福利筑底，这意味着在德国，福利水平的下限就是社保福利。在价格方面，德国CPI增速长期处于下行态势，房价增速则在2016年前均低于欧元区水平。这说明德国马克的购买力可以使居民维持较好的生活水平。整体而言，德国的币值稳定在可控范围内，是一个较好的案例。关于全球其他国家DPIL的实证分析，请参见本文国际对比部分。

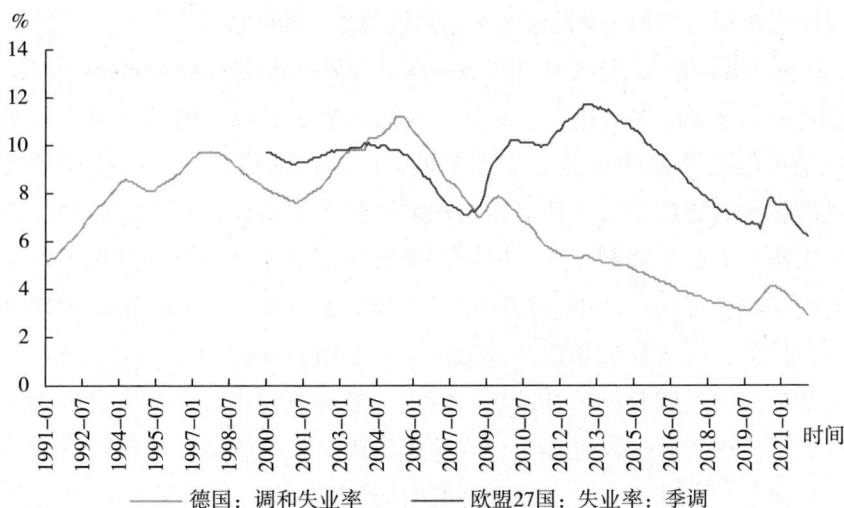

图 2-2　德国与欧盟 27 国失业率

（数据来源：欧盟委员会）

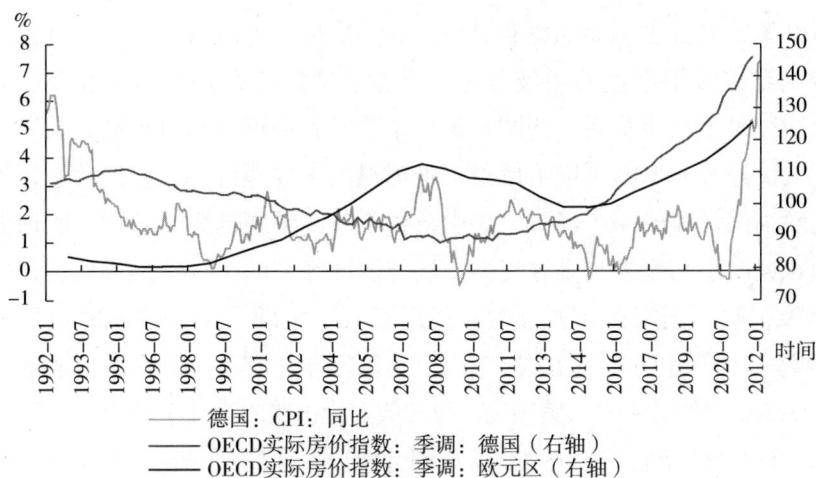

图 2-3　德国 CPI、房价

（数据来源：OECD）

二、北欧—健全福利体系下的共同富裕

不平等加剧是当前备受关注的社会和经济问题之一。它与经济增长放缓有关，并将助长社会不满和加剧社会动荡。五个北欧国家——丹麦、芬兰、冰岛、挪威和瑞典——通过有效的政策成为世界上最平等国家中的一份子。因

此，我们应该通过北欧五国的案例探寻其实现平等的原因。

George Lakey在其著作*Viking Economics How the Scandinavians got it right and how we can too* 中描述："北欧今天的公平始于曾经的不平等。"北欧不断走向平等的道路是曲折的。在数个世纪以前，瑞典教会组织就有了依靠制度来救济贫困的想法。这在1642年的《乞丐法》中得到正式确定，并在1734年的《民法典》中成为强制——当时的每个教区都必须有一个济贫院。1847年的《穷人法》改变了这一制度，当时第一个独立于教会的国家贫困护理系统被组织起来：每个教区（1862年后）都设立了一个由公众资助的强制性公共贫困护理救济基金，由贫困救济公共董事会管理，教会不再直接参与（尽管教区牧师总是在董事会中占有一席之地），将贫困护理从教会管理转变为国家统筹。直到第一次世界大战开始前，这一民间团体还在有序运作。第一次世界大战前夕，受经济目标的刺激，北欧不平等加剧，精英阶级开始统领。

在丹麦，第一次世界大战后不久，工人和农民运动迫使精英阶层退位，执政者开始转向民主。在瑞典和挪威，第一次世界大战后经济体内日益加剧的不平等问题造成了严重的两极分化，滋养了纳粹政党。在两国群众运动的努力以及团结民主的愿景下，两国均出现了非暴力变革。1931年瑞典人民和1936年挪威人民通过非暴力手段迫使经济精英退出主导地位。在新的政治领袖上台后，北欧国家迅速确立了经济发展中结构平等的治国理念。通过不断地努力，北欧国家证明了高度参与全球资本市场与国内经济的平等性是可以共存的。

今天，北欧国家在收入分配方面已迈入了全球最平等国家的行列。通过基尼指数（不平等的测量方式，其中1代表完全不平等，0代表完全平等）来看，在OECD的数据库中，美国为0.39，英国为0.35，均高于经合组织的平均水平0.31。而与此同时，五个北欧国家则为0.25（冰岛——最平等）到0.28（瑞典）不等。

同时，北欧国家在主要福利和发展指标方面的得分均较高，挪威和丹麦在联合国人类发展指数中分别排名第1位和第5位。根据透明国际制作的腐败感知指数，丹麦、芬兰、挪威和瑞典占据了世界上腐败程度最低的六个国家中的四个位置。根据同样的衡量，英国排名第10位，冰岛排名第14位，美国排名第18位。北欧四大国家在全球新闻自由指数中同样占据了前4名。冰岛、挪威和芬兰在全球性别平等指数中位列前3位，瑞典排名第5位，丹麦排名第14位，美国排名第49位。丹麦和挪威的自杀率也低于世界平均水平。2017年，挪威被评为世界上最幸福的国家，紧随其后的是丹麦和冰岛。根据同样的幸福指数，芬兰排名第6位，瑞典排名第10位，美国排名第15位。就人均经济产出（GDP Per Capita）而言，挪威比美国高3%，而冰岛、丹麦、瑞典和芬兰分别比美国低11%、14%、14%和25%，但每个北欧国家的人均GDP都高于英国、法国和日本。

在探寻这一切背后的原因时，我们发现北欧国家达到了非常高水平的社会福利和居民福祉水平。而与其他高度发达国家相比，经济产出水平也保持在高位。这可能源于相对较高的社会团结和税收水平以及维护企业、经济自主和愿望的政治和经济制度。北欧国家比大多数发达国家体量小，种族和文化而更同质。这些特殊条件促进了国内高度的信任与合作，从而使得富裕阶层愿意支付高于平均水平的税款。因此，北欧政策和机构并不能完全匹配于其他国家。美国、英国、法国和德国等发达国家在文化和种族方面更具多样性。复制北欧模式将面临同化/一体化、建立共识和机构等带来的重大挑战。当我们观察北欧经济体制时发现，其混合了国家主义、社会主义以及资本主义，北欧找到平衡点的经验值得全球学习。

值得注意的是，高水平的社会福利以及居民福祉来自高水平的税收。这意味着在币值发生不稳定时，有很大一部分对通胀的补贴将来自富人的纳税。良好的社会保障制度在很大程度上稳定了居民对未来的预期。观察CPI我们发现，自1990年以来，这五个国家一直保持在较稳定的水平（见图2-4）。

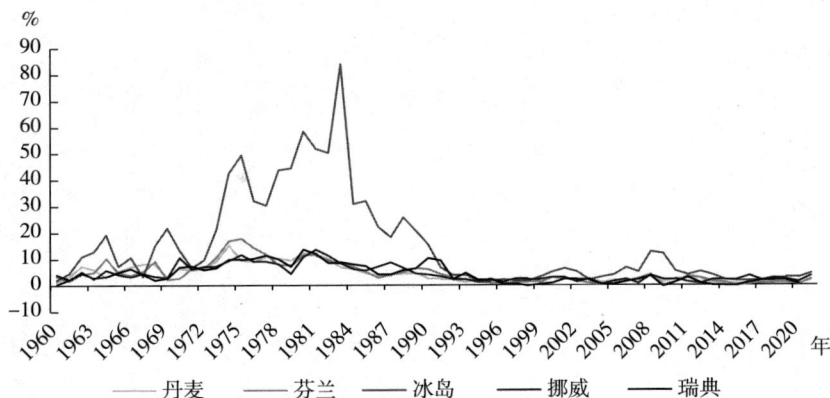

图 2-4　北欧五国 CPI 同比

（数据来源：Fred）

第三章

新的衡量框架

——带有劳动收入的动态价格指数

经济中存在许多商品和服务，每一种都有自己的价格和价格变化率。如果所有价格都有相同的变化率，就不需要构建一个指数，因为所有商品和服务在两个时期的价格比率都是一样的，任何一种商品或服务都可以概括所有其他商品和服务的价格变化。现实中价格不会以同样的速度变化，所以必须找到一种方法，将所有的变化合并（或汇总）为一个合理的整体价格变化的衡量标准。根据指数概念框架的区别，至少存在两种编制价格指数的方式：篮子价格指数（cost-of-goods price index）和生活费用价格指数（cost-of-living price index）。世界各国使用最多的居民消费价格指数（CPI）就是篮子价格指数的一种。

第一节　传统篮子价格指数的概念和计算

从确定基准期商品和服务篮子开始，计算参考期内该篮子总成本以及当前（或比较）期内篮子总成本。这两种成本的比率就是篮子价格指数。如果基准期篮子是参考期内实际购买的商品和服务篮子，则是Laspeyres价格指数（Laspeyres，1864）。如果基准期篮子是当前（或比较）期内实际购买的商品和服务篮子，以当前篮子为基础，价格指数为当前篮子的当前成本与参考期成本的比率，则结果为Paasche价格指数（Paasche，1874）。由于比较期与参考期的价格比率因商品而异，且两个期间购买的篮子通常不同，因此Laspeyres指数和Paasche指数通常不相同。

第二节　生活费用价格指数

KonuÈs（1939）首次提出生活费用价格指数理论，Pollak（1989）总结和推广了该理论。篮子价格指数建立在同一篮子商品和服务在不同价格组的购买成本上，而生活费用价格指数建立在同一生活效用商品和服务在不同价格组的购买成本上。篮子价格指数与商品和服务的篮子构成有关；生活费用价格指数与商品和服务的"生活效用"水平相关。编制生活费用价格指数需要比较不同的商品和服务篮子，并说明它们何时产生相同的"生活效用"。根据消费者行为经济理论，消费者在所有可负担的商品和服务篮子中选择生活效用水平最高的篮子，生活效用水平是衡量偏好满足程度的一个指标。给定一组在若干时期内保持不变的价格，生活效用水平可以通过支出的金额来衡量，或者基本上通过实际收入来衡量。

具体来说，从确定基准期商品和服务生活效用水平开始，计算参考期内该生活效用水平总成本，以及当前（或比较）期内生活效用水平总成本。这两种成本的比率就是生活费用价格指数。根据基准期选择的不同，生活费用价格指数同样可分为拉氏指数和帕氏指数。按照消费者行为经济理论，拉氏篮子价格指数始终至少与使用参考期生活效用水平的拉氏生活费用价格指数一样大，而使用比较期生活效用水平的帕氏生活费用价格指数至少与帕氏篮子价格指数一样大。实践中，包括美国、荷兰、瑞典在内的一些国家，生活费用价格指数理论为其消费者价格指数（CPI）提供了概念框架（美国劳工部，1997；Balk，1994；Dalen，1999）。美国博斯金委员会建议："美国劳工统计局应该建立一个生活费用价格指数，作为衡量消费价格的参考。"国际上关于CPI使用生活费用价格指数框架的讨论主要是在统计机构之间进行的，并且存在大量支线。

构建生活费用价格指数需要更多地了解价格和收入变化对于消费者购买商品和服务的影响，原则上消费者行为可以直接观察到。20世纪50年代至70年代末，经济学家依靠消费者购买对于价格和收入的依赖，探索消费者需求函数，创立衡量生活效用水平的理论和实证程序。在此基础上，如果需求函数已知，则可以准确计算生活费用价格指数。

在需求函数具体形式不确定的情况下，超级价格指数作为构造生活费用价格指数的一种逼近方式，需要比较期和参考期的数量和价格信息，相较于单纯的篮子价格指数能够捕捉到消费者因为商品和服务相对价格变化在商品和服务之间相互替代的购买行为，更接近生活效用水平的概念。Fisher（1922）提出Fisher理想指数，它是拉氏篮子价格指数和帕氏篮子价格指数的几何平均值（乘积的平方根）。Törnqvist指数是对数价格关系的加权平均，其权重是比较期和参考期需求的平均值。Diewert（1976）扩展和概括了上述结果。Diewert表明，Fisher理想指数是一个超限指数的例子，Törnqvist价格指数在比较期和参考期效用水平的几何平均值上是精确的。

消费者效用函数的研究推动了生活费用价格指数的研究。Arrow、

Chenery、Minhas和Solow（1961）提出常数替代弹性效用函数，Lloyd（1975）在此基础上构建了常数替代弹性生活费用价格指数，Moulton（1996）提出了常数替代弹性生活费用价格指数对于统计机构的价值。在常数替代弹性生活费用价格指数理论体系中，替代弹性是一个尤为重要的指标，特别是在实践中编制该指数，需要对替代弹性的测算。在替代弹性测算完毕后，拉氏篮子价格指数的信息就可以用来编制拉氏生活费用价格指数。Shapiro 和 Wilcox（1997）提出了替代弹性的一种估算方法。

上述关于价格指数的理论，是以消费者在比较期和参考期之间消费行为变化为基础的。如果考虑消费者全生命周期的消费行为，那么价格指数就不应该仅仅反映今天商品和服务的价格，还应该反映未来商品和服务的价格，就会引申出动态生活费用价格指数。Alchian和Klein（1973）注意到了该问题，并提出了动态生活费用价格指数，提出商品的货币成本包括未来商品和当前商品的成本。Pollak（1975）对跨时价格指数进行了一般的理论处理。Reis（2005）推导了有许多非耐用消费品、耐用消费品、资产的动态价格指数理论，并利用美国的数据构建了相应的价格指数，该指数比CPI的波动性要大。Shuhei Aoki和Minoru Kitahara（2010）忽略多种商品和耐用消费品，只关注资产价格的变化，在Reis（2005）的基础上关注Epstein-Zin效用，获得了更稳定的动态生活费用价格指数衡量标准。Ivan Sutóris（2020）同样遵循Reis（2005）的做法，求解不考虑期望函数的代表家庭跨时优化问题，将非耐用消费品、住房价格、金融收益的序列作为给定条件，通过价值函数获得动态生活费用价格指数的显示表达式，其中包括反映当前价格变化的静态项和捕捉未来价格和收益的前瞻项。更严格地说，人们可以通过一组参考价格的预算规模来衡量生活水平。这种生活水平的概念是狭义的，完全是根据商品和服务的消费来定义的。尽管出于历史原因，消费者的选择常常被描述为"效用最大化"或"消费者满意度最大化"，但它并没有要求捕捉幸福感的更广泛方面，如健康或幸福感。

第三节　模型

构建一个跨期家庭优化模型，作为DPIL构造的基础。该模型是Sutóris

（2020）的改进版本，在非耐用和耐用（一般指房子）消费品基础上，将金融资产收益中人力资本投资收益概念具体成劳动收入。时间是离散的，每一期一个永久存在的家庭在购买非耐用品、房子和金融资产之间分配财富，房子、金融资产以及下一阶段的劳动收入决定家庭下阶段的财富。在每一时刻，家庭都认定现在和未来的价格是给定的，这将影响家庭终生效用水平。随着时间推移，对于价格的认识可能会改变，通过比较模型中面对两种不同价格集合的福利水平推导出DPIL。

家庭在初始时刻t拥有财富W，将现在和未来的非耐用品价格$\{P^c_\tau\}^\infty_{\tau=t}$、耐用品价格$\{P^h_\tau\}^\infty_{\tau=t}$、金融资产名义利率$\{P_{\tau+1}\}^\infty_{\tau=t}$、劳动收入$\{I_{\tau+1}\}^\infty_{\tau=t}$视为给定，决定现在和未来的非耐用消费品$\{C_\tau\}^\infty_{\tau=t}$、耐用消费品$\{H_\tau\}^\infty_{\tau=t}$和金融资产$\{A_\tau\}^\infty_{\tau=t}$购买序列。为了简化分析，我们将不考虑不确定性，假设家庭有对未来外生价格和劳动收入的完美预期。家庭目标是最大化折现的由非耐用品和耐用品构成的对数柯布—道格拉斯效用函数，其中非耐用品权重为α，折现率为β。

初始财富视为给定的常数$W_t=w$，该符号强调价值函数取决于初始财富，以及从时间t开始的价格和收益序列。当我们已求解出价值函数序列$\{V_t\}^\infty_{t=t}$，在$t-1$和t之间的DPIL π^d_t定义为下述方程的解：

$$V_{t-1}(W_{t-1}) = V_t(\pi^d_t W_{t-1} + I_t)$$

DPIL可以解释为在$t-1$时期到t时期拥有特定财富的家庭维持相同效用水平所需的财富增长率。用定义在财富水平上的价值函数来表示DPIL，比较代表性家庭在$t-1$和t时期的福利情况。代表性家庭在$t-1$时期拥有财富水平W_{t-1}，具有$V_{t-1}(W_{t-1})$的福利水平；假设该家庭在t时期要实现$t-1$时期同样的福利水平，家庭在t时期扣除获得的劳动收入I_t，需要$t-1$时期的财富W_{t-1}有π^d_t的通胀补偿。

为了求解价值函数，我们首先需要找到家庭的最优消费和储蓄决策。在利用预算约束消除A_τ之后，家庭的目标是在约束条件下最大化目标：

$$\tau \geqslant t: \quad W_{\tau+1} = R_{\tau+1}(W_\tau - P^h_\tau H_\tau - P^c_\tau C_\tau) + (1-\delta)P^h_{\tau+1}H_\tau + I_{\tau+1}$$

将住房用户成本定义为：

$$u_t = P^h_t - \frac{(1-\delta)P^h_{t+1}}{R_{t+1}}$$

房屋的现价与下一期房屋折旧后剩余部分的现值之间的差额。用户成本代表了购买房屋的费用，在一个时期内消费其服务，然后在下一个时期立即出售。在一个无摩擦的市场中，这样的策略相当于租房子，所以用户成本可以理解为隐含的租金。此外，如果由用户成本来改写，约束条件就可以简化。

由此得出的动态通胀DPIL表达式为：

$$\pi_t^d = e^{k_t}\frac{W_{t-1}+\gamma_{t-1}}{W_{t-1}} - \frac{I_t+\gamma_t}{W_{t-1}} = e^{k_t} + \frac{e^{k_t}-R_t}{W_{t-1}}\gamma_{t-1}$$

e^{k_t}含有非耐用品、耐用品价格通胀以及资本回报率因素。κ_t前两个项是静态价格变化的加权平均数，就像CPI一样。接下来的两项代表了未来通货膨胀率贴现总和的变化，并且是正数，表示关于未来通货膨胀更高的预期会增加当前的DPIL。最后一项代表未来金融收益的贴现总和变化，并进入负值，因为关于未来收益更高的预期实际上使未来的消费更便宜。$e^{k_t}-R_t$为负的真实利率，DPIL包含了经过真实利率调整的未来劳动收入折现和与现在财富比的扣减。

1.劳动/资本比

首先我们将未来劳动收入折现和与现在财富比（$\frac{\gamma_{t-1}}{W_{t-1}}$）称为劳动/资本比。由于DPIL表达式中包含劳动/资本比，将未来劳动收入折现和、财富与国内生产总值、劳动收入与国内生产总值的关系表示如下：

$$\gamma_t = \frac{I_{t+1}}{R_{t+1}} + \frac{I_{t+2}}{R_{t+2}R_{t+1}} + \frac{I_{t+3}}{R_{t+3}R_{t+2}R_{t+1}} + \cdots$$
$$W_t = \sigma G_t$$
$$I_t = \zeta G_t$$

皮凯蒂在《21世纪资本论》第五章详细介绍了全球资本/收入比（σ）的长期变化趋势，讨论了21世纪全球资本/收入比未来将走向何方，基本结论是21世纪末全球资本/收入比将达到700%。第六章介绍了劳动/收入比（ζ）的长期变化趋势。李扬、张晓晶等（2020）出版的《中国国家资产负债表2020》中提供了中国21世纪以来的资产负债表相关研究数据，其中也包含中国近年来的资本/收入比和劳动/收入比的变化情况。为了对比中国、美国、日本，我们使用了皮凯蒂的资本/收入比和美联储的劳动/收入比数据。对于中国来说，国民财富一般是国内生产总值的5倍，劳动收入一般占国内生产总值的50%。

对于中国$\zeta=0.5$，$\sigma=5$，取30年工作寿命。根据黄金法则，中国经济增长率

（ g_{t+1} ）与利率回报（ R_{t+1} ）相互匹配，长期来看 $\frac{(1+g_{t+1})}{R_{t+1}}$ 在1附近。

那么中国劳动/资本比为： $\frac{I_t}{W_t} = \frac{\zeta}{\sigma} \times 30 = \frac{0.5}{5} \times 30 = 3$

2.模型含义

劳动收入对DPIL的边际效应为 $\frac{e^{k_t} - R_t}{W_{t-1}}$ ， $e^{k_t} - R_t$ 为负的真实利率， W_{t-1} 为前一期财富存量。一般情况下，真实利率为正数，那么财富存量越大，劳动对DPIL的扣减越少 。当真实利率为负值时，劳动收入与DPIL成正比，劳动收入增长越快，DPIL越高，工资—通胀的螺旋上升趋势越明显。其中，财富越少的人，劳动收入上升带来的DPIL上升越高，工资—通胀螺旋上升压力越大。对于单个经济体来说，资本总量为负值的情况可能比较少见，但是对于单个代表性家庭来说，家庭资本总量为负值确实是可能的。那么对于单个代表性家庭资本总量为负值时，实际利率为正值，那么DPIL也会随着劳动收入的增加而增加，负债加重了工资—通胀螺旋上升的压力；当实际利率为负值，那么DPIL随着劳动收入的增加而减少，这是典型的财富效应对DPIL的影响。一个家庭资本为负值时，劳动收入是其家庭开支的主要来源，实际利率代表着对资本负债进行补偿，当实际利率为正值时，更多劳动收入用于还债，那么消费就需要未来更多的通胀补偿；当实际利率为负值时，负债自动减轻，那么通胀补偿也就自动减轻了。

长期来看，实际利率和劳动/资本比在一般均衡框架内相互作用，我们应该从更长的历史视角上考察它的含义。历史上 $-\frac{e^{k_t} - R_t}{W_{t-1}}\gamma_{t-1}$ 与GDP趋势几乎一致，财富效应对于DPIL的扣减与GDP增长联系密切。 $e^{k_t} - R_t$ 为负的真实利率，其与GDP存在一定联系， $\frac{\gamma_{t-1}}{W_{t-1}}$ 是扣除增长的长期收入分配问题。2008年国际金融危机之后， $-\frac{e^{k_t} - R_t}{W_{t-1}}\gamma_{t-1}$ 与GDP增速相对变化发生明显偏离。对于美国和日本来说，2008年国际金融危机使 $-\frac{e^{k_t} - R_t}{W_{t-1}}\gamma_{t-1}$ 大幅下降，DPIL前一项 e^{k_t} 正变得越来越重要，经济增长带来的DPIL扣减效应在降低。2008年以来的分离绝大多数是收入分配恶化导致的。

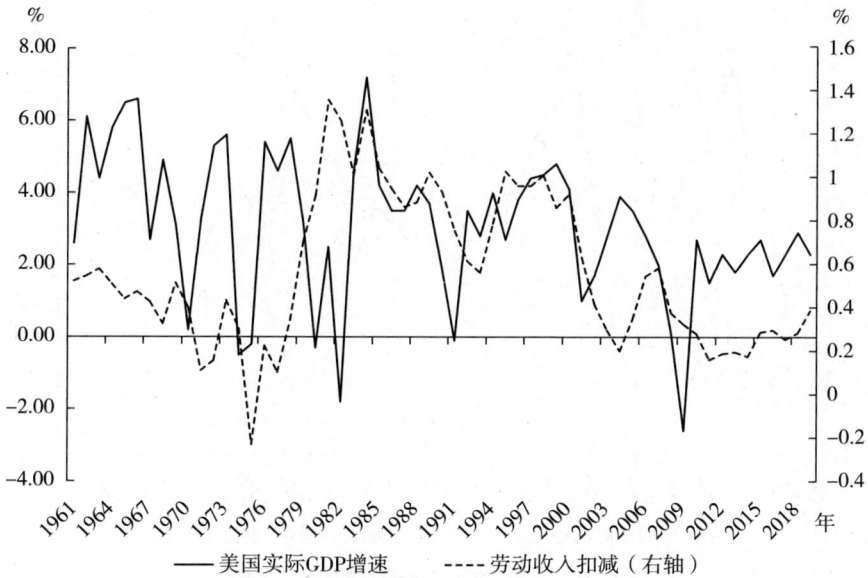

图 3-1　美国 GDP 增速与劳动收入扣减

（数据来源：笔者绘制）

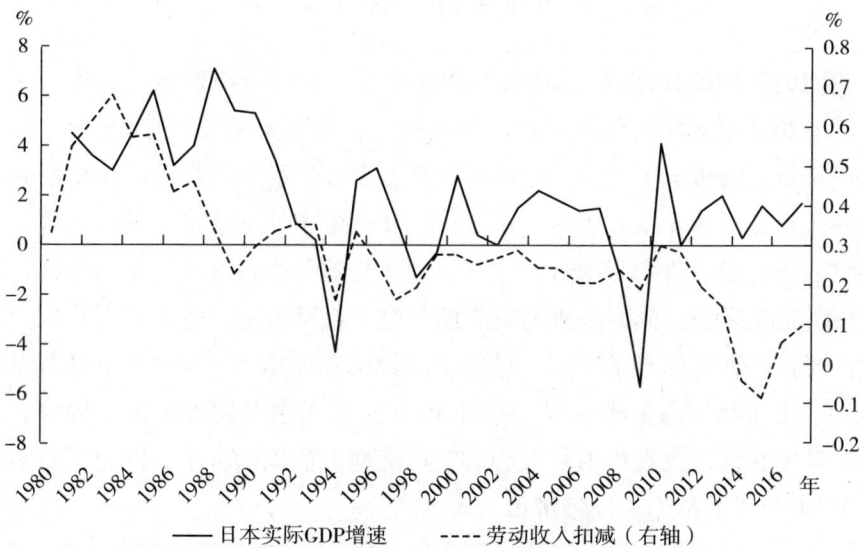

图 3-2　日本 GDP 增速与劳动收入扣减

（数据来源：笔者绘制）

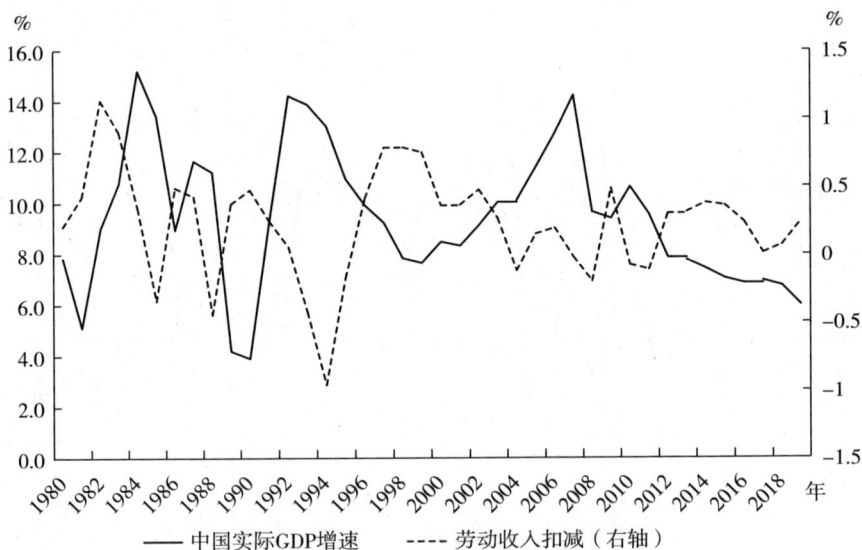

图 3-3　中国 GDP 增速与劳动收入扣减

（数据来源：笔者绘制）

第四节　案例

我们关注到2010年以来中国的CPI与房价、资产价格发生了分离。这一现象与日本20世纪80年代较为相似。我们认为，该现象的关键在于CPI已经无法衡量币值稳定的概念了。20世纪90年代日本众多经济学家将资产价格纳入动态通货膨胀指数（Dynamic Price Index），用于衡量币值稳定。我们构造了带有劳动收入的动态通货膨胀指数，实证发现该指数可以较好衡量中国价格分离下的币值不稳定现象。同时发现通货膨胀与收入不平等之间存在双向作用，货币政策需要在两者之间寻求平衡。计算中国数据发现2010—2016年该指数发生大幅波动，十年间该指数中枢水平抬升至0附近，币值稳定面临重大挑战。计算美国、日本数据，发现币值的大幅波动可能埋下危机的种子，同时该指数长期处于0以上会严重影响长期经济增长。

在2010—2020年，中国人均GDP从2010年的4550美元跃至2020年的10500美元。随着中国政府部门对公共产品投资力度的加大，居民整体福利水平快速提高。生育率没有跟随福利同步提升，即使在2016年全面开放二胎后中国人口自然增长率仍呈现快速下行趋势。商品与服务价格指数常年平稳并在2010—2020年十年中呈现下行趋势，与其相反，同期房价出现大幅上扬，两者背离较为严重。20世纪90年代前后，日本也出现了类似的情形。这令我们反思居民公共福利的提升可能是不均衡的，币值稳定出现了波动，一方面，商品与服务价格的稳定与公共福利水平快速上行为居民生活质量带来较大提升；另一方面，房产价格高企抬升居住成本，金融资产价格增速快于一般商品价格，扩大收入分配差距。我们需要创造新的框架和指标来衡量居民福利水平提升的不均衡和币值波动。

自1980年开始，日本房价快速上行，同期CPI与长期国债收益率呈现稳定下行态势，商品价格指数与资产价格出现明显背离。遗憾的是，众多因素下日本人口自然增长率同时快速下行。日本经济中的泡沫主要来自资产价格水平的快速上行。快速上行的资产价格与预期促使居民大规模使用杠杆借贷。房地产泡沫破裂后日本金融市场快速瓦解，证券被大量抛售，银行业资产负债表中坏账金额激增。此后，日本经济一蹶不振，进入自20世纪90年代至今的经济停滞阶段。日本经济学家在20世纪90年代，反思日本CPI和资产价格背离的原因，发现CPI已经不能代表币值是否稳定了，必须纳入资产价格，具体操作过程中涉及资产价格的衡量和权重设定（Shibuya，1992；Shimizu和Goodhart，1995；Shiratsuka，1996、1998、1999）。Ueda在日本央行委员会议上强调日本在1986—1989年商品和服务价格指数处于低位，资产价格不断上行，经济可持续发展前景令人担忧。

2010年起，中国房价快速上行，同时长期利率与物价水平趋缓，商品价格和资产价格出现明显背离。遗憾的是，中国人口自然增长率自2016年快速下降。当前，中国四项经济指标（图3-4和图3-5）的趋势与日本20世纪90年代前后高度相近。为此，中国应采用新的框架来衡量币值稳定。此外，金融资产交易量远大于实体经济交易量，经济周期波动在很大程度上体现为信贷、货币等金融变量的波动，资产价格的影响越来越不容忽视。为了更好稳定货币币值，中国人民银行有必要考虑包含资产价格在内的价格指数"政策锚"。

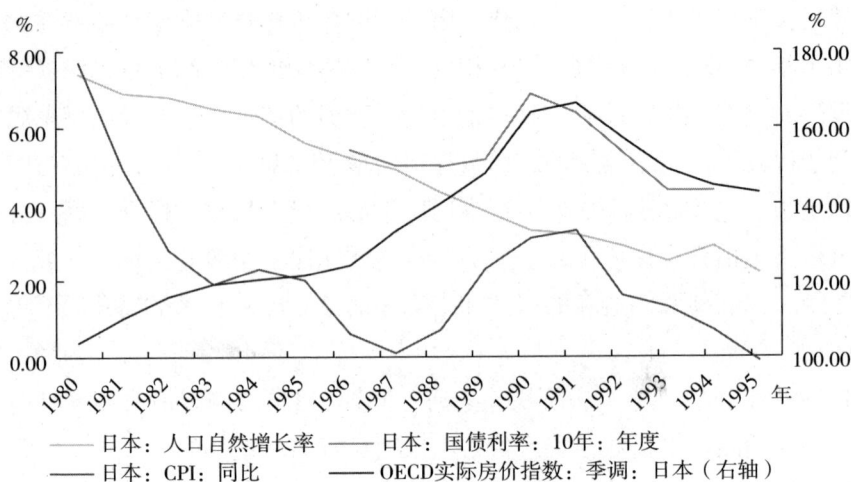

图 3-4　日本 1980—1995 年主要经济指标

（数据来源：OECD）

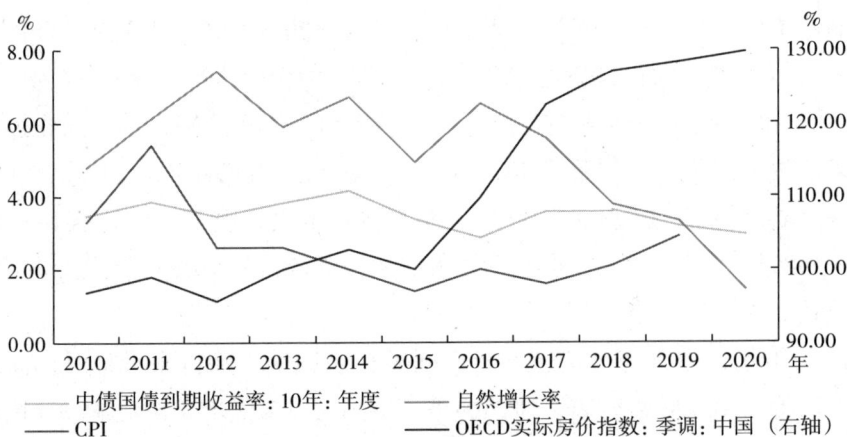

图 3-5　中国 2010—2020 年主要经济指标

（数据来源：OECD）

　　货币政策与经济增长之间的关系研究成果众多（Arawatari、Hori和Mino 2018，Okawa和Ueda 2018，Chu，Ning和Zhu 2019，Hori 2020）。我们利用DPIL指数研究了中国过去十年的币值稳定情况，并与美国和日本进行比较研究。纵观世界经济发展史，货币政策极易被增长冲动绑架。次贷危机的发生，让人们意识到金融稳定的重要性。一种批评声音是，格林斯潘时代只注重CPI

和失业率，而对经济中的资产价格没有反应。美国DPIL指数在次贷危机前与CPI指数严重分离。货币政策或者说是金融部门的问题，足以摧毁一个经济体。美国经济能从次贷危机中走出，一大原因是因为债务被国外投资者购买，相反，日本金融市场不完美，加重了这些问题。

在我们将劳动收入加入模型之后，DPIL将劳动/资本比引入币值稳定衡量框架。劳动/资本比涉及不平等研究。劳动/资本比将资本/收入比与劳动/收入比两个概念联系起来，皮凯蒂给出了一个详细的研究框架，李扬等资产负债表研究给出了中国基本情况的数据背景。Anthony Atkinson（1969）提出为了更好地测量收入分布的异质性，应该从福利的角度考虑，同时使用税后收入而非税前收入。Branko Milanovic（2000）利用家庭调查数据，考察了世界范围内91个国家在1988年至1993年的基尼系数变化情况，发现基尼系数的增加主要是由国家之间平均收入差距增大驱动而不是由国家内部不平等增加驱动。皮凯蒂.T.（2013）在《21世纪资本论》中提出：如果资本回报率大于经济增速，那么财富倾向于通过资本利得来积累而不是劳动来积累，并且会向更多富裕人群集中，加剧贫富不均。因此，财富存量与劳动收入总和两个统计量在不同人群中存在异质性，也使得生活成本感知产生异质性。Robert Solow与Paul Krugman在《皮凯蒂之后：不平等研究的新议程》（2017）中明确表达了对皮凯蒂在《21世纪资本论》中观点的肯定。

模型结果告诉我们，对于经济体内部不同群体之间的劳动/资本比分布研究是十分有意义的，不同劳动/资本比人群面对通胀的福利感受有较大差异，甚至对于资产为负的人群来说，情况可能完全相反。当然，经济体内部不同群体之间的感受可能不是我们的重点，但它确实为我们展现了理论的使用空间。有趣的是，皮凯蒂在书中讨论了通胀对不平等是有害的，当然他指的通胀是CPI。Chu等（2019）和Gil和Iglésias（2020）研究了通胀对收入不平等的影响，Chu等（2019）发现，通胀和收入不平等之间的理论关系具有倒"U"形的特点，不平等在一定的通胀水平之前会上升，然后在该水平之上下降。DPIL概念则提供了不平等对通胀的影响路径。

我们将以下列结构展开讨论：第一部分讨论中国DPIL指数的历史进程、分析模型参数，第二部分讨论美国和日本的DPIL指数历史进程，第三部分是我们的结论和政策建议。

1.数据说明

我们将数据分为三类：第一类是现实经济生活中的统计数据，即物价、房价和利率；第二类是参数数据，包括劳动/资本比、折现率以及住房开支占比；第三类是未来各期物价、房价与利率的预测值。

第一类数据，物价使用中国月度CPI环比，房价使用中国房价指数月度环比，利率使用月度化上海银行间30天同业拆借利率（Shibor30）。

第二类参数数据包括劳动/资本比、折现率以及住房在总消费中的占比。折现率β来自论文（Sutóris，2020），我们在实证部分还将进一步讨论多个折现率。住房费用在居民开支中的比例因国家而异，中国2021年CPI中居住部分所占的权重为22%，而美国CPI中居住部分所占的权重是42%，但是从国民资产负债表观察，中国居民实际住房支出占40%左右。因此我们将$1-\alpha$定为0.4，并分别对比了取值为0.2、0.3、0.4及0.5的情况。

第三类预期数据包括物价、房价和利率的预测值。在（Sutóris，2020）中，利率的预期值使用的是捷克央行定期公布的利率预期，物价和房价的预期均使用一阶自回归（AR1）模型进行估计并求折现和。考虑到中国并无官方公开发布的利率预期，且时间序列模型无法较好地度量今后各期物价、房价及利率的预期值，故我们作出一个较强的假设：市场对未来预期是完美的，市场对于物价、房价和利率的预期就是未来真实值。因此我们使用2011—2019年的物价、房价以及利率的今后一年真实数据作为预期数据。

表 3-1 参数含义及数据来源

序号	符号	含义	来源
1	R_t	名义利率月度环比	Shibor 30、Tibor 30、Libor 30
2	$\dfrac{\gamma_{t-1}}{W_{t-1}}$	劳动/资本比：未来劳动收入折现和与总资产比值	Federal Reserve-Labor Share of GDP World Inequality Database-Wealth Income Ratio
3	π_t^c	物价环比	CPI（中国、日本） PCE（美国）
4	π_t^u	房价环比	中国住宅价格指数 美国标准普尔/CS房价指数 日本住宅房价指数

续表

序号	符号	含义	来源
5	β	折现率	Sutóris，2020
6	α	非耐用品消费开支在居民总消费中占比	《中国国家资产负债表》

尽管银行间利率可能不是与家庭最直接相关的回报率，但对计算DPIL真正重要的是利率的变化。在各种利率之间的利差随时间稳定的情况下，使用银行间利率似乎是一个合理的近似值。关于CPI的选择，一个相关的问题是它是否已经考虑了住房价格。2021年中国CPI中居住费用权重约为22%，其中包括了居住有关的支出，包括房租、水、电、燃料、物业管理等，也包括自有住房折算租金。但是从实际数据看，2010年以来中国CPI居住项与商品住宅价格、土地挂牌价出现较大分离。因此我们使用CPI来代表非耐用品通货膨胀，房价指数代表住房用户成本（u_t）是合理的。

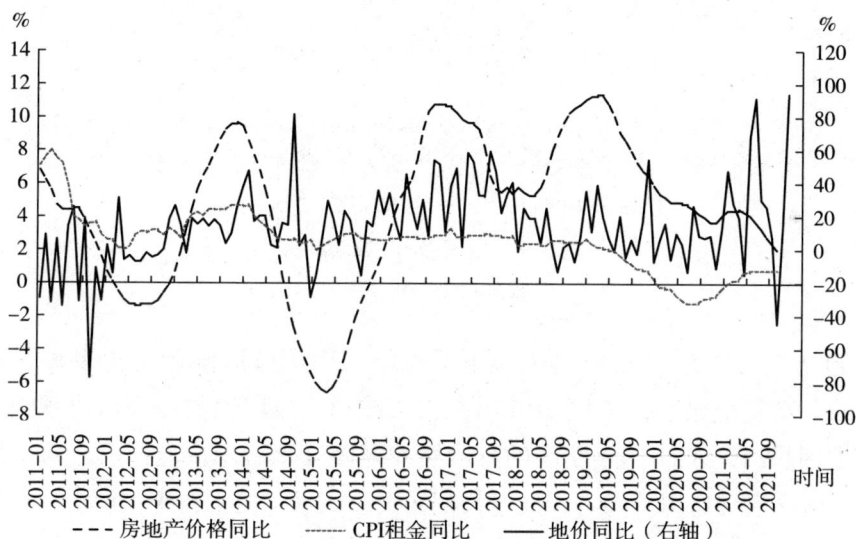

图 3-6　中国 2011—2021 年房租、房价、地价

（数据来源：中国国家统计局）

2010—2020年，中国DPIL中枢水平从−10%上升至0以上，人民币币值在十年间缓慢下行，居民财富的福利效应总体是萎缩的。以2016年为分水岭，之前DPIL大幅波动，之后趋于平缓。2011—2014年，房价大幅波动，DPIL紧密跟随。2014年起，中国房价快速上涨，带动DPIL同步上行，于2016年初达到顶点。之后，中国房价趋稳，基数效应下DPIL开始回落，并逐步恢复到5附近。2017年2月、3月、12月中国人民银行共加息25个基点，DPIL小幅下行。整体来看，十年间中国劳动资本比较为平稳，DPIL主要受房价影响，十年内两次峰值均出现在房价峰值附近。

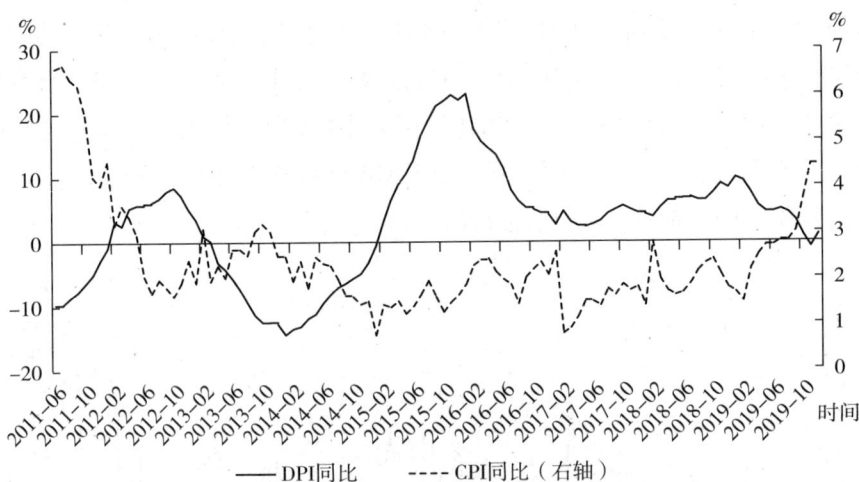

图 3-7 中国 DPIL 波动趋势

（数据来源：笔者绘制）

2016年之后，DPIL没有大幅下滑可能与中国政府限制房价下跌存在一定关系。次贷危机前，美国DPIL出现大幅波动，阶段性的冲高后出现快速回落，中国只出现了2016年期间的阶段性冲高而没有出现快速回落。对中国而言，目前应当维持房价稳定，通过长期居民收入水平的上行来化解潜在危机，核心在于收入分配的改革。

2015年开始，DPIL上行超越CPI。基于劳动/资本比在该时期的稳定，我们认为这一现象的主要原因来自房价的快速上行。

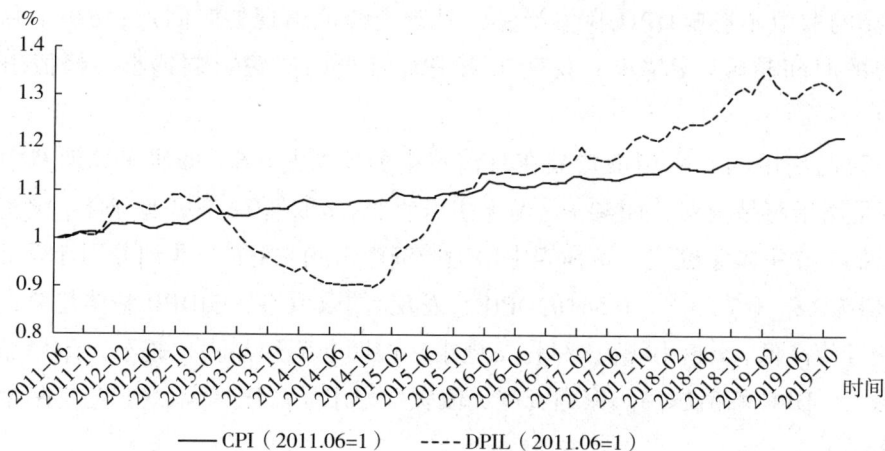

图 3-8　中国 CPI 与 DPIL 定基同比

（数据来源：BLS，WID，Fred）

2.参数分析

DPIL计算公式中有三个参数需要讨论：折现率β、非耐用品在总消费中的比重α以及劳动/资本比。折现率在计算过程中参考使用了（Sutóris，2020）的取值0.99。由于两期数据之间跨越的期限是一个月，因此折现率应当在1附近比较合理。我们分别计算了当β取值为0.99、0.9、0.7、0.5时的DPIL，

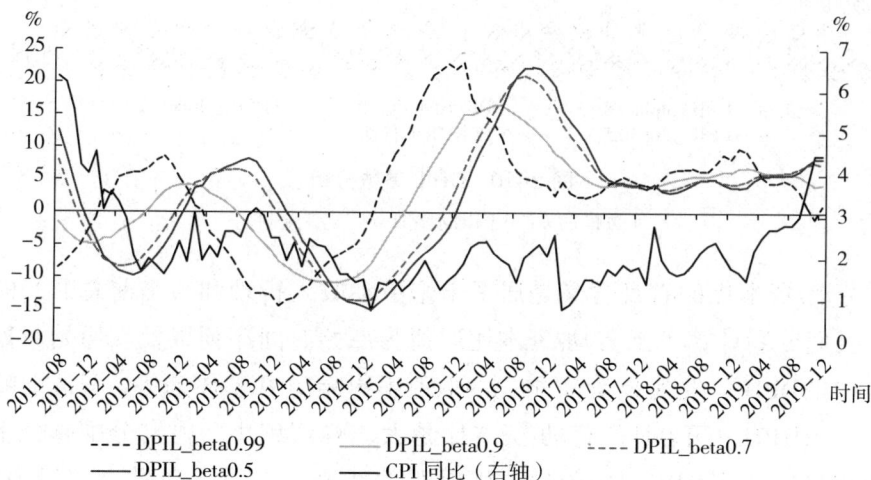

图 3-9　DPIL 参数分析

（数据来源：中国国家统计局、笔者绘制）

发现β的取值不影响DPIL整体趋势，只改变峰值出现的时间点，β越小峰值出现的时间越晚。β越小，说明未来消费对当期消费影响越小，峰值出现越晚。

我们使用的非耐用消费品在总消费中的比重是0.6，即居民总消费中有60%是用于商品消费，而40%是用于住房消费。α取值0.6是更加符合中国实际情况的，在中国家庭资产负债表中房地产资产占40%左右。我们分别计算了当α取值为0.8、0.7、0.6、0.5时的DPIL，发现α的取值不影响DPIL整体趋势，只改变峰值高低，α越小峰值越高。α越小，说明非耐用品占比越小，耐用品占比越大，DPIL峰值越高。家庭资产负债表中耐用品占比越大，CPI与实际币值分离越大。

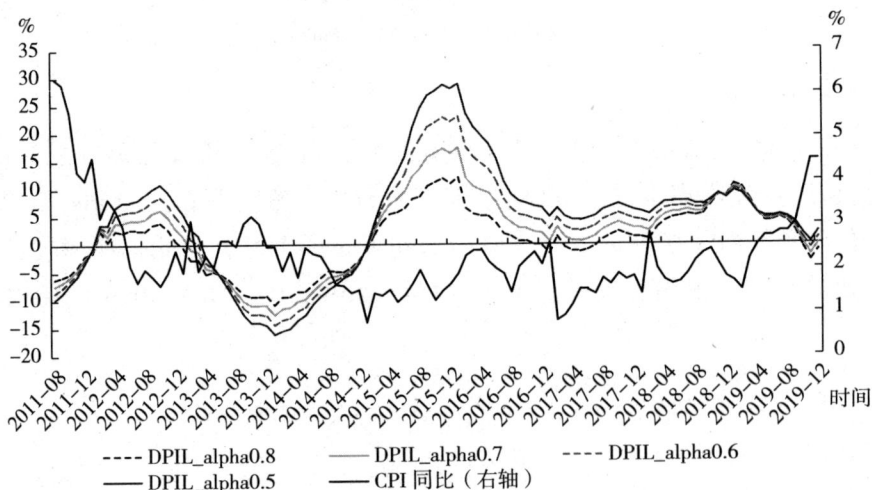

图 3-10　DPIL 参数分析

（数据来源：中国国家统计局、笔者绘制）

劳动/资本比的直观含义是居民未来劳动收入折现和与当前总财产的比值。我们分别计算了当劳动/资本比取值为原始时间序列以及在原始数据上+1、−1的DPIL，发现劳动/资本比的取值不影响DPIL整体趋势，只改变峰值高低。当DPIL小于0时，劳动/资本比越大，峰值越小，财富分配越公平，币值越稳定。当DPIL大于0时，货币严重贬值，不同劳动/资本比下DPIL趋同。

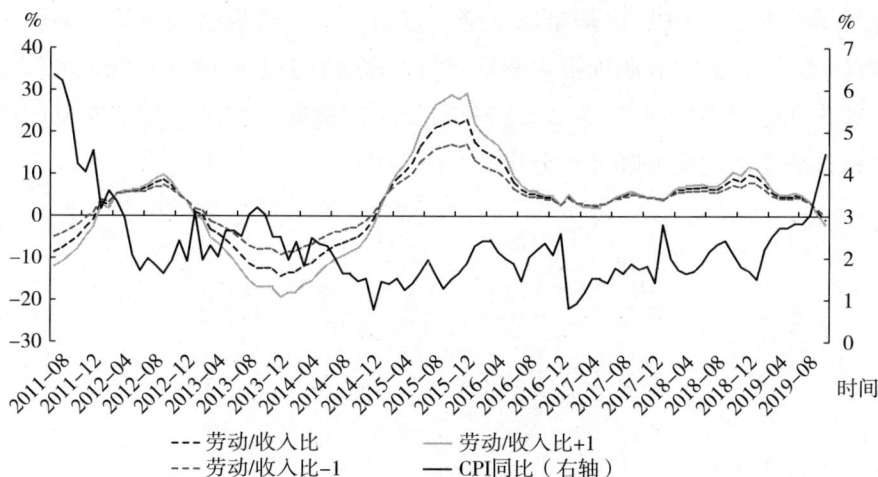

图 3-11 劳动 / 收入比参数分析

（数据来源：中国国家统计局、笔者绘制）

3.结论

我们需要关注DPIL的波动和长期中枢。DPIL是较CPI更好的币值稳定衡量指标，它的大幅波动往往预示着危机的种子正在萌芽。短期内，要控制DPIL的波动区间。DPIL是一个综合价格指数，包含CPI、工资价格、金融资产价格、房子价格，控制好DPIL就要求协调好上述价格因素的波动情况。短期内有三种方式来调控DPIL：e^{k_t}、R_t及劳动资本比。当$e^{k_t}-R_t$大于零时，劳动—通胀螺旋形成，可以通过降低e^{k_t}、提高利率、降低财富中的杠杆率稳定DPIL。长期要关注DPIL的中枢水平变化，要有一个长期的DPIL政策目标，作为市场的预期锚。劳动/资本比是一个长期变量，短期内可以通过控制杠杆率的方式加以调控。长期来看，资本税对国民收入分配结构改革，才能起到根本性作用。利率对于币值稳定的调控能力受劳动/资本比影响，不平等的扩大会减轻利率对币值稳定的控制效果。

当DPIL长期位于零以上，是否存在一种货币陷阱使DPIL无法回到零以下？观察日本DPIL在2009年以来的走势，一直维持在零以上。综合中国与其他多国的数据观察（多国数据请参照本文实证章节），DPIL中枢水平一旦跃升至零以上，就有可能难以回探至零以下。我们认为，这种趋势主要是劳动/资本比的不断恶化带来的。一旦非常规货币政策无法退出，就难以谈及收入分配领域的改革，DPIL也就难以下降，这是一个非常规货币政策的陷阱。要突破这个陷阱，必须大胆地推出非常规货币政策，并且在收入分配领域加以改革。如果DPIL长期为正，那么无法获得比上期更好的效用，社会家庭的内生动力将被消磨，社会面临分裂危机。

第四章

不平等

第一节 不平等的表现

不平等是效率与公平之间的权衡，有观点认为不平等是资本主义拥有的生产过剩的内在危机，实际上我们可以称之为市场经济下所有经济体都必须面对的问题，需要政府从根本上进行不断调控。从种种微观机制出发，重视不平等机制，因为它有可能导致灾难性后果。不平等机制是一种慢变量，当它不断积累成一种宏观现象时，往往使得社会发展动荡，此时再反思不平等有可能要付出极大代价。当然，不平等与效率提升之间存在复杂相互关系，如果一味追求效率，忽略公平，往往带来国民经济发展失衡。国民经济一部分掌握大量生产要素，另一部分只有劳动生产要素，却无法使用劳动要素来换取上述部门生产的产品，国民经济循环出现停滞。

回顾世界各经济体发展进程，国民经济发展失衡往往带来不可思议的经济现象。人们往往致力于应对危机，忽视了现象背后的长期机制。国民经济的一个部门快速发展，但是其他部门却没有能力购买它生产的产品。没有能力购买不是指不需要这个产品，是有购买需求，但无法提供足够购买力。这种经济现象往往是一种慢变量作用的结果，后续处置也将经历漫长过程。

一、美国

闻名世界的"大萧条"事件，关于大萧条时期起因、经过和治理反思的研究成果众多，我们比较熟悉的有凯恩斯主义的需求理论、货币主义的货币供给不足理论。其实，皮凯蒂在《21世纪资本论》中描述世界财富集中程度时认为大萧条之前的世界发展已经到了财富严重不平等的状态，这种财富严重不平等自然就会导致国民经济结构发展的失衡，出现比较离谱的经济学现象。国民经济一部分可以生产大量商品，但是另一部分却无法拥有购买力来购买另一部分提供的商品，无法实现生活水平的本质提升。不平等作为长期慢变量，可能是大萧条的根源之一。

有一个事件把人们的愤慨唤醒到此前从未有过的程度，这就是美国为了维持农业品价格继续上升而情愿摧毁粮食库存，而这正好发生在"大萧条"的岁月里，当时数百万失业者生活在痛苦和几成饿殍的境地中……这场危机的后果对欧洲人民而言同样是野蛮和粗暴的，而且这的确是一场可怕的震荡，摧毁了他们对现存社会秩序仅存的信念。到1932年，德国拥有700万失业者，这意味着每三个赚工资的人中就有一个靠失业救济金生活。在奥地利、匈牙利以及周边的国家，境况或相仿或更恶劣。对大部分人口而言，肉类、咖啡、水果已经成为无法获得的奢侈品，即便是餐桌上的面包也被切成薄片按量配给；然而，报纸却轻描淡写地叙述着百万吨的咖啡被倒进海里，小麦被焚烧，猪群被火葬，橙子被煤油浸泡以显得更光鲜……更悲哀的是，那些牧羊人只能喂饱自己而无法喂饱他们的羊群！

1933年9月，在罗斯福政府的价格支持计划下，600万头猪被杀，而且1/4的棉花年作物被翻耕。不单是欧洲人民闻风丧胆，与此同时，失业和饥馑也已遍布全美国。对猪的屠杀似乎是对美国公众神经的一次特别的打击，因为政策的特别取向是针对猪仔和怀孕的母猪。那些被例行公事地从农民家中围捕来的猪仔从屠宰场栅栏的缝隙中逃窜出来，这些栅栏本是为更大型动物设计的，之后它们在街道上瞎逛。与此同时，众多来自破败畜牧场的猪肉被送到救济机构，有些猪仔是那么地幼小，甚至它们的肉都无法有效地通过机器来宰割，也不能用来配种，而且会被立刻扔掉——有时被遗掷于恐怖的荒郊野外，使那里最终成为一个垃圾场。有时，加工设备超负荷运转也无济于事，只好将价值33万美元的猪肉随意丢弃至密西西比河中（Blakey，1967；《芝加哥每日论坛报》，1933；《华尔街日报》，1933）。

白宫被洪水般抨击此政策的愤怒信件和社论所淹没。"天啊！为什么要糟蹋这些能吃的好东西？"问这话的是乔治·比德尔（George Biddle）夫妇，当时他们家"几年来连一块猪肉排骨，甚至猪身上的任何一部分都没吃过"；"当男人、女人和孩子们饥肠辘辘时，我认为无论从法律、道德或宗教的立场，都无法把无害的猪肉丢进垃圾场。"一位报纸撰稿人咆哮着说，"我告诉你们，有些东西恰好太多了。"阿瑟·狄克逊（Arthur Dixon）写道："我居住在美国已经70年了……在这整整70年中，我从未见过像今天有这么多愚蠢的立法。对上百万头种猪和400万头小猪的残杀，以及销毁棉花、小麦等行为，都是我从未见过的最应诅咒、最荒谬和最邪恶的立法。"印第安纳州的一份报纸与阿瑟·凯斯特勒表达了同一种厌恶，认为"最近以来的暴行违背了上帝和人类的每一部法律"（Bla key，1967）。这些千夫所指的行径似乎与美国农民被教导的每一项原则都相矛盾，源自世纪之交的科学农业运动所带来的每一项生产率提高计划都付诸东流："有人问4-H猪俱乐部和大垃圾箱的价值是什么，难道它仅仅是要提高猪肉的产量然后再废弃它们？"（Jones，1933；有关早期提高农业效率的历史，参见Danbom，1979；Fitzgerald，2003；Olmstead和Rhode，2008）。

二、欧洲

让我们把视角移动到欧洲地区，罗伯特在《全球经济史》一书中详细整理和分析了世界范围内长时期的工资和商品服务价格变化数据，对这种不平等现象有深刻的描述，认识到国民经济部分发展的严重失衡。他在书中介绍了世界上众多国家的数据情况。

无论如何，用国内生产总值来衡量福祉可能会产生误导，因为它只计算了平均收入，而没有区分富人和穷人。计算"真实工资"（即人们的收入所能获得的生活水平）有助于有效解决上述问题。真实工资让我们得以了解普通人的生活水平，并且有助于解释现代工业的起源和发展，因为在劳动力最昂贵的地方，就会产生最大的动力来增加每个工人平均使用的机械数量。

本书关注的是体力劳动者。要衡量他们的生活水平，就必须将他们的工资与消费品价格进行比较，并且必须对这些消费品价格进行加权平均，以计算消费价格指数。本书所采用的指数是一个人维持"最低生活开支"所花费的成本（即维持生存所需的最少费用）。此时饮食有一半是素食。煮过的谷粒或者没有发酵的面包提供了生存所需的大部分卡路里，豆科植物成为富含蛋白质的有益补充，黄油或植物油提供了一点脂肪。1500年，世界各地的典型食物就是这些。有资料记载，德里附近的人们"没有其他食物，只吃一点青豆和米饭做成的杂烩饭。他们在晚上才混着黄油吃杂烩饭，白天只嚼一点干豆子或者其他谷粒"，这些苦力"几乎没尝过肉的味道"。

我们已经看到，英国的工资水平很高，大多数人买得起面包、牛肉和啤酒，不至于靠着燕麦粥勉强度日。更重要的是，就技术而言，英国的工资相对于资本价格来说比较高。16世纪末，在英格兰南部、法国和奥地利（这些都是欧洲大陆具有代表性的地区），工资与资本服务价格的比率大致相当。然而，到了18世纪中叶，英格兰的劳动力/资本比率要比欧洲大陆高出60%。到19世纪初，首次有了亚洲的数据。比较的结果是，印度的劳动力/资本比率比法国或者奥地利的更低。因此，印度更加缺乏经济激励，不愿意采取机械化方式进行生产。

这里有个问题：为什么秘鲁、津巴布韦、马拉维和印度不采用西方国家的技术，让自己也变得富裕起来？答案是，采用西方技术并不能带来收益。西方国家在21世纪所采用的技术代价高昂，劳动者分摊的人均资本数额巨大。只有当工资水平相对于资本成本较高时，采用这样的技术才有利可图。这表现为劳动者人均产出和人均资本之间的关系曲线逐渐变得平缓。与人均资本处于较低水平时相比，当人均资本达到较高水平时，要想把人均产量再提高，需要投入的人均资本就更多。只有当劳动力价格十分昂贵的时候，才值得额外投入这么多资本。在西方国家的发展过程中，高工资水平促使人们发明各种节约劳动力的技术，而这些技术的使用又推动生产率和工资水平继续上涨。如此循环往复，不断进步。如今的贫困国家错过了发展机遇。它们工资水平低，资本成本高，只好依靠陈旧的技术和低收入勉力维持。

书中对于国家之间的工资水平相对高低有比较详尽介绍，如果我们不考虑技术在国家之间的转移成本，以工资—资本相对比率为核心的分析框架告诉我们，劳动者工资水平适度增长，是有利于经济增长和技术进步的。当我们将视角拉长会发现，劳动工资相较资本的比率正是不平等最核心的体现形式。上述"大萧条"时期，工人工资都不足以支付自己基本生活消费所需购买的食品，一种看起来生产富裕但无人可以消费的荒唐局面就是如此诞生的。国家之间更是如此，一个贫穷国家工资水平低得无法购买富裕国家生产的产品和服务。那么，我们反过来想，是不是相对提高劳动者收入，就可以保持经济的不断循环、创新发展？答案可能还是悲观的，如果不考虑国际竞争的存在，当一国劳动者工资上涨时，自然让产业走向资本密集型的产业形态，当总需求可以同步扩张时这个循环是没有问题的。但是，工资水平上涨会优先分配给具有高人力资本的劳动者群体，人力资本机会与金融资产密切挂钩，收入通过人力资本进一步向金融密集人群集中。人力资本资源与金融资源处理比较公平的经济体有能力减轻这种不平等循环。如果这种不平等循环加剧，自然就会出现国民经济发展失衡的现象。外来移民在这种循环下尤为明显，移民可以获得较高的劳动收入，但是随着劳动收入的增长，他需要付出的生活成本也在增长，最终其生活水平和质量很难实现本质的变化。如果外来移民拥有良好的人力资本，就可以获得生活水平质的提升。

上述两部著作中对于不平等描述都有一个共同特点：劳动工资水平上涨速度无法追上满足一定生活水平所须支付的成本增长速度，要实现追赶成功必须将一部分储蓄用于人力资本提高投资，但是人力资本成本也随着社会共同追逐的情形下而不断提高成本。那么问题来了，为什么国民经济的一个部门不扩大投资满足贫困部门所需的生活品，将生活品的成本降低呢？也就是有什么机制在阻止着这种力量的出现，在市场条件下，贫困部门也有提高生活水平的需求，市场为什么就无法将生产成本降低呢？金融部门的信用扩张或许是主导因素。贫困部门在不断积蓄，将积蓄放入金融部门，金融部门对储蓄进行投资分配。在这个分配过程中，金融部门需要收取利润来满足自己的生活水平成本。一般情况下，金融部门生活水平提升速度就是投资成本。如果金融部门生活水平提升速度慢于全社会水平，那么富裕部门就可以以较低成本提供产品，使得贫困部门实现生活水平质的提升。但是，如果金融部门生活水平提升速度远远快于全社会水平，那么富裕部门就无法降低成本价格满足贫困部门生活水平提升的需要。在现实中，金融部门往往是生活生平提升最快的部门，要想完成国民经济结构上循环内生增长，必须保证金融部门生活水平提升速度不能远远高于社会平均水平。

三、印度

*Good Economics for Hard Times*对于印度经济体的表现也有简单描述：公司也需要劳动力。人们可能会说，在一个劳动力丰富的穷国，这至少不会是一个问题，但实际上并非如此。在印度最贫穷的邦之一奥迪沙邦，即使是没有技术的劳动者，也会坚持争取他们认为公平的工资，即使另一种选择是得不到工作，接受低工资的工人会受到其他人的惩罚。

根据具有全国代表性的全国抽样调查，在2009年和2010年，所有年龄在20岁至30岁之间，至少受过十年教育的印度男性中，有26%没有工作。这并不是因为没有工作岗位：30岁以下受过8年教育的人中，没有工作的比例为1.3%。事实上，30岁以上受过十年教育的人中，没有工作的比例约为2%。我们在1987年、1999年和2009年都看到了同样的模式，所以这并不是因为今天的年轻人就业能力差。有很多工作，只是没有这些年轻人想要的工作。他们最终会接受他们年轻时拒绝接受的工作，可能是因为随着年龄的增长，经济上的强迫性变得更强（现在养活他们的父母会退休或去世；他们会想结婚），而工作的选择也在减少（尤其是政府工作，其年龄界限通常接近30岁）。

在印度奥迪沙邦的一个实验中，当一个公司的员工感到工资任意变化时，他们会通过减少工作强度和更频繁地缺席来反抗，而在工资保持不变的可比公司中，由于他们每天上班都有固定的工资，他们这样做会损害自己的利益。在薪酬不平等的公司里，工人也不太可能通过合作来实现与奖励挂钩的集体目标。工人们愿意容忍薪酬不平等，但只有在薪酬不平等与绩效明确挂钩的情况下。

埃斯特在加纳发现了非常类似的情况。十多年前，约有两千名青少年被认定为通过了加纳高等中学（大致相当于十至十二年级）所需的艰苦考试，但由于缺乏资金而没有在前三个月入学。其中三分之一的人被随机选中，并为他们在整个中学阶段提供全额奖学金。在他们被选中获得奖学金之前，埃斯特和她的合著者询问他们的父母，他们认为进入中学的经济效益如何。父母们普遍感到乐观，平均而言，他们认为像他们的儿子或女儿这样的人，如果完成了中学教育，其收入几乎是没有开始学习时的四倍。此外，他们还认为这些收益将来自更多的政府工作机会，如教师和护士。毫不奇怪，鉴于这些信念，四分之三获得奖学金的孩子抓住了这个机会，完成了中学学业，而没有获得奖学金的孩子只有大约一半。此后，埃斯特和她的同事一直在跟踪这些青少年的进步，每年对他们进行一次采访。他们发现了许多积极因素：学生们在学校学到了有用的东西，这在许多方面改变了他们的生活；他们在衡量将知识应用于具体情形的能力的测试中都表现得更好；女孩在成家前等待的时间更长，生的孩子更少。

书中简单介绍了印度的就业、工资和人力资本投资的情况。生活质量也是印度劳动者进行工作和人力资本投资的关键因素。劳动者通过劳动收入来满足一定的生活质量，这要求劳动工资能够覆盖一定的生活成本，这个生活成本也包括付出劳动带来的辛劳。印度经济体中，失去工作的代价是没有劳动收入，因为这个劳动收入在边际上无法覆盖劳动者付出辛劳的汗水。这是一种非常低的平衡状态，阻碍了经济循环。当劳动者进行人力资本投资时，那些付出劳动少、可以获得平均生活质量的工作就成了首选。

四、日本

白川方明在《动荡时代》中反思了不平等问题对于日本经济发展的意义，表达了自己对于不平等问题与货币政策相互关系的看法：

以宏观经济稳定为目标的非传统货币政策在不同的国家产生不同的效果，也有大小不等的副作用或者成本。政策效果源于整体利率水平的降低，但如果长期持续地实施极端宽松政策，会给经济的供给侧和金融体系带来负面影响，可能降低长期的经济增长率。非传统货币政策的副作用或成本之一是对收入分配和资产分配的影响。传统的宽松货币政策也会影响收入和资产分配，不过需要满足的前提是，在景气循环过程中，相对利好时期和不利时期要交替出现。但是，如果宽松货币政策长期化、利率下调至极低水平的话，由于收入的有无以及赚取收入的工作性质的差异、资产持有规模以及资产类型的差异，所受到宽松货币政策的影响也会大不相同。这种影响长期存在，会加剧社会的不公平现象。问题是这种不公平现象超过社会容忍范围后会出现什么样的反响。

在讨论经济政策时，通常是假定社会福利变化在一定程度上近似于GDP变化。由于包括中央银行在内的宏观经济政策决策者的主要作用是实现相对短期的经济稳定，这个假定通常没有太大问题。但是要在"失去的20年"这么一个时间跨度内考虑经济政策，完全无视二者的差异就不合适了。作为宏观经济政策的制定者，重要的是，需要不时停下来具体思考一下形成GDP和社会福利差异的原因。

社会"阶层分化"现象是货币政策难以运作的重要因素。虽然不同国家形式有所不同，但在这方面，日本先于其他发达国家遭遇了各式各样的难题。经济收入差距的扩大。20世纪90年代以后的日本经济，不仅受到了泡沫经济崩溃及国际金融危机的影响，更受到了信息通信技术发展带来的超乎想象的冲击。企业直面如此巨大的环境变化，在抑制过剩的正式员工工资上涨的同时，还要谋求通过增加非正式员工的雇佣数量来削减工资成本。此外，较早遭遇老龄化及人口减少影响的地区，以经济为中心逐渐呈现凋敝景象。结果在各个维度，如正式员工与非正式员工、高技能工人与低技能工人、老年人与年轻人、以首都圈为中心的大城市与大城市之外的偏远地区之间，都呈现出社会阶层分化加剧的趋势。

过去就出现了对这种社会阶层分化现象的警告，不过就我自身来说，在20世纪90年代，我对这个问题的认识远不如现在清晰。我曾经乐观地认为，泡沫经济调整结束后经济增长率将得到恢复，经济进入上升轨道时社会阶层的分化现象就会得到缓解，我为自己的无知深感惭愧。国际金融危机后我的想法发生了很大转变。

第二节　不平等的本质

我们认为不平等本质在于机会不平等，如果机会不平等源自金融资源接触方式，那么财富越多的人就有更多信用，可以获得更大的机会，对整体经济带来失衡。国民经济的某一个部门应该可以通过劳动收入实现生活水平的提升，共享社会发展成果，如果一个部门的劳动收入积累永远或者说在一个较长时间段内都无法实现购买另一个国民经济部门生产的产品，而只能向该部门提供服务，这种国民经济结构难以平衡和循环、不平等问题会引发一系列社会政治乱象。我们认为平等的最基本条件就是国民可以通过劳动收入来基本改善自己的生活质量，和整个社会保持在相同的增速水平上。那么，问题的根源就在于劳动收入是否可以公平地和其他生产要素结合，共享发展的成果。

共同富裕、扩大中等收入群体是正确的方向，应该坚持。财富来源于储蓄、合理利用自身生产要素，从来都不是天上飘下来的，天下没有免费的午餐。第一部分引用了众多著作中对于不平等现象的描述和认识，我们认为如此多的不平等表现都源于不平等的本质——机会不平等。正如皮凯蒂所揭示的，机会不平等将导致金融资产收益增长率快于名义国内生产总值增长率，国民经济一部分被困在贫困中。因此，观察一个经济体的机会平等现象，要观察劳动工资收入差距、资本回报率差异以及综合比较劳动收入与资本回报的相对差异。资本回报率差异在现实中也是非常明显的，不同资本属性的回报差异很大。机会不平等向社会中不平等现象的传递机制可能包含如下部分。

一、科技

我们不能忽视科技这一重要现象，它与各种生产要素之间的互动机制必须认真考虑，不能忽视科技进步带来的社会冲击。不平等、贫穷与科技进步之间存在密切互动。一个深陷不平等的区域，由于贫困人口的基数过大，无法投资作高科技，即使出现高科技萌芽的种子，也会因为内生动力不足而在国际市场上失去竞争力。原始创新需要极高的前期投入，但是这些创新要素的争夺一般需要全球在同一个条件下进行。大家面临同样的成本。如果创新成功，产品可以向全球销售，那么这种投入回报就可以一直维持在世界前列，在生产要素竞争环节占据优势。但是，一般产品的销售都是从国内市场开始的，如果国内市场消费能力无法满足国际原始生产要素竞争的利润要求，也就无法实现走向全球市场的第二步。那么该企业收益率将远远低于国外企业。单从资本回报率看，企业很难有自主动力去从事世界前沿创新行为。问题的关键在于国内的实际购买力能否支持资本回报率，产品能否有更加广阔的国内市场。

为什么许多经济体有很多受过高等教育的人只能从事低附加值服务业？问题在于，科技创新与劳动工资需要相互匹配的循环被打破了。科技创新行为是一种资本密集型的产业行为，越是自我创新就越需要高额的前期投入，所需要的劳动力就业越少，支撑资本回报的需求市场就需要越多人口要素。科技越进步，就可以生产产品提供给更多的劳动力，在降低产品成本的同时，也需要更多的销售市场来满足前期的高额投入。关键在于，这种高额投入下的回报率是否也可以让其他生产部门共享，从而整体经济实现共享科技进步的成果。如果其他生产部门没有能力购买创新部门生产的产品，那么也就从根本上抑制了创新的产生。越是不平等，贫困部门越大，这种抑制效应就越强。

二、信用

金融周期与经济周期的联系越来越密切，金融周期更多地体现为信用周期的变化，常规货币政策下央行提供基础货币对信用周期进行调控，非常规货币政策作为应对危机的政策选项更多地体现为提供最终流动性保障。机会平等与信用扩张之间联系密切，如果机会足够平等，那么就不应该存在市场力量来干扰劳动要素的信用扩张过程。谁掌握了信用扩张的市场力量，谁就对社会公平带来影响。助学贷款就是一种非常正面的机会公平与信用扩张之间的互动。信用扩张的平等情况深深根植于经济体的金融结构和金融市场结构中。金融部门是连接储蓄与投资之间的关键经济部门，金融部门的市场力量尤为重要。进一步地，货币在国际储备体系中的地位也将对国际融资产生重要影响，从而影响世界范围内的信用扩张平等问题。

对于单个经济体来说，非金融企业融资结构对应着金融市场和机构构成。要观察一个经济体内部信用扩张的公平性，可以使用中小企业融资成本来作为代表性指标。一个比较奇怪的悖论是，如果所有的金融机构都认为大型企业首先应该在自己信用扩张的名单里面，且市场是充分竞争的，那么大型企业的融资成本应该会降低到中小企业也可以进入金融市场融资，且金融机构有利可图的状态。但是，有的现实是，中小企业无法进入金融机构的信用扩张名单里，而且从大型企业获得的融资利润永远高到中小企业无法入场。这是一个金融不平等的典型表现，金融市场出现了极大的市场力量，这种力量对于平等的破坏将是毁灭性的。中小企业融资被挤向民间融资，甚至大型企业成为中小企业的融资通道，这种信用扩张的不平等将产生广泛影响。我们怎么来衡量不平等，一是财富不平等本身，二是每个人获得金融资源的能力，或者说将自己的劳动资源和金融资源相结合的能力。

三、全球化

不平等并不会停留在单一经济体中，它会通过全球化的生产方式在世界范围内传递。对于一个经济体来说，它对于不平等问题的治理，必须与自身的外贸政策相互配合。不能只观察自己经济体的发展阶段，就自身谈问题，忽视外部影响可能忽视关键性问题。可以观察美国加利福尼亚州经济与墨西哥经济互动的例子。低技能移民的收入通常低于本地劳动力，叠加稳定的劳动力供给，雇佣者会偏向于价格更加便宜的低技能移民而非购买机械设备。1964年12月，墨西哥移民农场工人被赶出了加利福尼亚州，理由是他们压低了加利福尼亚州本地人的工资收入水平。但是事实证明，墨西哥工人的离开并没有对当地工人带来任何好处：工资和就业率没有上升。原因是，在低技能移民被赶走后，那些曾经严重依赖他们的地方农场做了两件事。首先，他们将生产机械化。例如，对于生产西红柿的农场来说，自20世纪50年代以来，可以使每个工人的生产率提高一倍的收获机器已经存在，但受移民低工资的影响，其采用的速度非常缓慢。在加利福尼亚州，采用率在1964年为0%（墨西哥工人离开的年份），到1967年达到100%。在俄亥俄州，由于当地从未引入低技能移民，使得机械化使用率没有出现任何变化。其次，农场主放弃了那些无法依赖机械化的农作物。例如，芦笋、草莓、生菜、芹菜和腌制黄瓜。墨西哥对美国经济产生了深远影响，这种劳动工资、资本回报、科技进步与全球化之间的影响是不容忽视的。

移民与不平等问题是全球化课题的古老话题。相比之下，如今从贫穷国家移民出来的人需要有足够的钱来支付旅行费用，需要有勇气（或高级学位）来克服通常对他们不利的移民控制体系。出于这个原因，他们中的很多人带来了非凡的才能、技能、雄心、耐心和毅力，帮助他们成为就业创造者，或抚养将成为就业创造者的孩子。美国创业中心（Center for American Entrepreneurship）的一份报告发现，2017年，在收入最大的500家美国公司（财富500强榜单）中，43%是由移民或移民子女创办或共同创办的。此外，在排名前25位的公司中，移民创办的公司占52%，在排名前35位的公司中占57%，在排名前13位的最有价值品牌中占9位。

四、币值稳定

第三章已经对币值稳定概念有了较为深刻的介绍，其本质就是劳动收入能否支撑生活水平提升。这个概念深受不平等因素的影响，我们在引用历史著作的时候已经有所体现了，模型部分也有深刻的直觉引导。最后，我们介绍一下不平等在宏观经济运行中的整体逻辑问题。为回答这个问题，我们首先引用索洛对皮凯蒂的评价文章中的表述，对不平等在长期经济增长中的逻辑具有非常直观的感受。

事实上，皮凯蒂推测，全球的资本/收入比将从2010年略低于4.5的水平提升到21世纪末的略高于6.5，从而使整个世界回到少数欧洲富国在19世纪时的状态。这一推测从何而来呢？或者更普遍地说，是哪些因素决定一个经济体的长期资本/收入比？经济学家对这一问题的研究已经有75年的历史，他们归纳出了被皮凯蒂当成长期经济"定律"的一个标准答案，其基本思路可以大致概括如下：

假设某个经济体的国民收入为100，以每年2%的速度增长（偶尔会有波动，但可以忽略）。再假设该经济体把10%的国民收入用于储蓄和投资，这样会增加资本数量，如国民收入为100时，资本存量将增加10。我们想探究的是，次年的资本/收入比能否维持不变，或者说能否在长期持续稳定？要出现这种稳定状态，资本/收入比的分子必须与分母一样保持每年2%的增幅。前面提到，当年的资本存量将增加10，因此原来的存量必须为500，既不能多也不能少。这样就能得到连续一致的变化过程：当年的国民收入为100，资本为500，资本/收入比是5；第二年的国民收入为102，资本为510，资本/收入比仍然是5。只要国民收入增长率为每年2%，储蓄率或投资率是国民收入的10%，以上过程就能够自动持续。更精彩的情景也可以成立：如果国民收入是靠资本和劳动共同创造出来的，并服从收益递减的古老法则，那么不管经济体的起跑位置如何，它都会因为内在的增长逻辑到达这一独特的、自我再生的资本/收入比水平。

请注意，从上述案例可以得出更为普遍的论点：如果某个经济体以每年g%的速率保持增长，并把每年s%的国民收入用于储蓄，则自我再生的资本/收入比就是s/g（在上述案例中是10/2）。皮凯蒂认为，全球的产出增长率在未来一个世纪中将从每年3%降至每年1.5%（该增长率为人口增长率与生产率增长率之和，而且两者都会下跌）。全球的储蓄率或投资率则被设定为10%，于是他预计资本/收入比最终将攀升到7左右（即10/1.5）。这是件将要发生的大事。皮凯蒂当然很清楚他所依赖的假设最后可能被证明是错的，没有人能看一个世纪那么远，但事情的进展完全有可能如他预测的那样。

现在，我们如果把资本回报率乘以资本/收入比，就能得到资本收入在国民收入中的占比（以下简称资本收入份额）。例如，假定回报率为每年5%，资本存量相当于6年的国民收入，那么资本收入就占国民收入的30%，剩下的70%则是劳动收入。于是在经过以上的各种准备工作之后，我们终于进入不平等的讨论议题，并涉及两层不同含义。首先，我们得到了一个功能性收入分配的结果，即劳动收入和资本收入的划分。其次，与劳动收入相比，财富总是更高度地集中在富裕人群手中（尽管美国近期在这方面显得较为异常），因此资本收入份额越大，整体收入在人们之间的分配状况就越不平等。人与人之间的不平等，无论是好是坏，对一个社会而言都是最重要的方面。

可惜这点经常未得到充分理解，所以有必要作一个简要的解释。从数学角度看，劳动收入在国民收入中所占的份额（以下简称劳动收入份额）完全等于实际工资除以劳动生产率。你愿意生活在一个实际工资快速提高但劳动收入份额下降（因为劳动生产率提高更快）的社会，还是一个实际工资和生产率停滞不前、劳动收入份额也没有变化的社会？从狭义的经济角度看，前者肯定更好，因为你是靠自己的工资生活，与你在国民收入中占有多大份额无关。但后一个场景可能在政治和社会的意义上更具优越性。如果少数财富所有者阶层在国民收入中占有的份额越来越高，他们就可能在其他方面同样获得对社会的支配权。我们未必要作上述非此即彼的选择，但从中可以得到更清晰的认识。

在大师对大师的评价中，与在白川方明在《动荡时代》里对于日本经济观察一样，劳动生产率是一个关键性指标，从简单公式上来看就是国内生产总值除以就业人口。有一种观点认为，劳动生产率的提高有利于经济增长，甚至摆脱人口老龄化的困境，这也是白川方明在20世纪90年代对日本经济的评价不是那么悲观的一个支撑因素。首先，在概念上劳动生产率增速一般为实际量衡量的指标，但是生活水平却应该由名义因素来衡量。其次，劳动工资的增长并不意味着生活水平的提高，就像人均国内生产总值一样，问题在于生活水平提高的成本也在不断上升。如果劳动收入和资本收入分配比例失衡，那么土地等资源品价格将会由资本收入力量支配，劳动收入增长将无法购买土地空间等生活水平提高的必需品。名义工资、劳动生产率与劳动收入分配份额都是需要关注的指标，我们不能忽视任何一项。在考虑实际生活水平提高时，劳动收入分配份额是不可忽略的重要指标。问题的关键在耐用消费品价格问题，在国内生产总值核算中，耐用品的价格上涨在实际工资购买力中非常关键，如果出现失衡，就有可能出现第一部分提及的离谱经济现象：国民经济的一部分具有庞大的生产能力，但是另一部分就是买不起，劳动收入无法购买商品。劳动生产率仅仅是统计指标上创造出来的一个数值，更少的就业人员创造更多的产出只是新增的概念，但是耐用品等一些已经早就被生产出来的产品价格是会变动的，这种变动受国民经济各个部分购买力相对变动影响。如果某一部分拥有绝对的购买力优势，这种耐用品的价格就由该部分掌握，也就是说分配份额很重要。即使工资可以增长，但是实际购买力却下降了。对于劳动生产率的理解，其实我们也可以认为它是资本密集度的一种衡量指标，它与长期经济增长之间的关系可能并不是那么简单：当人口总量减少时，劳动生产率的提高可以维持经济增速。劳动生产率提高，资本密集型产业进一步提高，如果无法保证劳动工资和耐用品价格上涨相互匹配，币值稳定就不断遭受侵蚀，劳动者收入的实际购买力下降，经济增长的潜力也被不断侵蚀。仅仅将增长潜力寄托于劳动生产率提高可能会适得其反。

第三节　衡量不平等

我们要继续回答怎么来衡量不平等这个问题。我们对于不平等本质是机会不平等的定义是一个比较抽象的概念，但是它可以生动体现在劳动工资差异、资本回报差异等微观经济现象中，文献众多。问题的关键在于数据可得性和可信性，这也对我们后续研究的国家案例产生了限制。一个非常直观的感受是，一个经济体要有宏观调控能力，它就应该掌握其内部的收入分配基本情况，对税收政策有绝对控制能力，即使有中央银行的铸币税支撑，如果没有财政政策配合，那么宏观调控仅仅会带来通货膨胀或者紧缩，每一次危机都是对币值稳定的破坏，而且是永久性破坏，这在前一部分案例中都有展示。我们应该反思这种问题对家庭、社会绝大多数群体劳动动力的激励情况，应对危机没有问题，但是我们应该对危机中出现的结构性变化有一个客观后期调整过程。我们始终坚定认为，财富来源于储蓄或者劳动，没有其他，打破这一规则就会对人们的长期预期造成影响，将一些问题推向前方，币值稳定、不平等问题被埋在了后面，弱势群体的声音被淹没在世界嘈杂的声音中。

机会不平等是一个抽象概念，要寻找来显示表达它的指标，历史上研究不平等的众多大师都有不同的思考维度和统计衡量指标，基本最终都体现为收入分配差距。由机会不平等到收入分配差距似乎是一件自然而然的事情。一旦形成力量集团，就倾向于自我强化，加剧机会不平等。机会不平等更像一种政治问题，收入分配差距更像经济问题，经济基础与上层建筑之间的密切联系已无须强调。引用皮凯蒂对于收入分配差距的描述统计量，这种统计方式是非常直观的。

从资本/收入比开始。收入是流量，它与某段时间内（一般为一年）生产和分配的产品数量相关。资本是存量，它与某个时点上所拥有的财富总额相关，是此前所有年份获得或积累的财富总量。衡量某个国家资本存量最自然而有效的方法是用这些存量除以每年的收入流量，从而得到资本/收入比。

事实上，2010年发达国家的人均国民收入为3万欧元，但显然并不意味着每个人都能获得这么多的收入。就像所有的平均数一样，这个人均收入数据也掩盖了极大的贫富差距。事实上，许多人的月收入低于2500欧元，而有些人的月收入则是平均值的几十倍。收入差距主要由两个原因造成：一是劳动收入的不平等。二是资本收入的不平等，而这正是财富极端集中的后果。人均国民收入是指既定总产出和国民收入在完全平均分配的条件下，分配给每个人的数量。

工资只是劳动收入的一种，但为了表述简单起见，有时会说工资不平等，实际上的意思是更广泛的劳动收入不平等。当然，劳动收入也包括非工资收入，它不仅在过去长期发挥着关键作用，在今天依然有着不可忽视的影响。资本收入也有不同的形式，它包括资本所有权带来的所有收入，它不依赖劳动，也不管在法律上如何分类（房租、股息、利息、版税、利润和资本收益等）。

从定义上讲，在所有社会中，收入不平等都是这两部分的总和：劳动收入不平等和资本收入不平等。这两部分中每种收入的分配越不平等，总的不平等就越明显。理论上，我们完全可以想象有这样的社会，其劳动收入极不平等，而资本收入不平等程度较低，或者正好相反，也可能两部分都高度不平等，也可能非常平等。

皮凯蒂在书中沿着财富收益率与国民收入增长率之间关系出发，来使用资本/收入比和劳动收入份额来描述一个经济体的不平等程度。这两个指标本身已经是一个比较综合性的统计指标了，它们的关系是相辅相成的。可以由一系列简单和含义明确的公式来表现。在这里，我们还是要强调耐用品在这两者关系的重要性，耐用品价格是生活品质提升的关键产品，它的价格由国民经济部分的相对购买力力量决定。也就是说，劳动收入份额和资本收入份额的平衡一旦被打破，就会作用在资本/收入比上，两个统计指标之间相互影响。

正如我们在前面提及的不平等的本质是机会不平等，而机会不平等又与金融部门的信用扩张力量存在密切联系，资本收入自然在金融部门发挥着更大的作用。劳动收入份额处于被动地位。进一步地，关于劳动的统计量，特别是平均性质的统计量具有一定的迷惑性，我们应该关注相关统计量本身是否依附于资本收入的相关性质。

在本书的动态价格指数框架中，使用了一个综合性指标来描述不平等问题，将资本/收入比和劳动收入份额来构造的统计指标：劳动/资本比。首先，这个统计指标是模型推导出来的，代表了劳动收入的通胀补偿能力，是衡量币值稳定的关键性因素。其次，我们需要在更加一般的经济增长理论中考察这个统计量具有的性质以及是什么因素主导了该指标的变化趋势。直观上，它的分母代表资本存量，分子代表劳动收入，都是相对于国民收入来说的。该指标数值越大，也就是说劳动收入较资本存量越多，在国民收入中支配力量越强，社会内部不平等程度越低。当然，这也有一定的平均含义在其中，也许忽视了经济体内部不平等一些分布问题。本书可以考察经济体内部不同群体之间的异质性差异，从理论上来讲会得出不同的实证结果。我们在国别研究中，注重了经济体整体的表现，对于经济体内部异质性问题，可能需要后续研究跟进。

劳动收入、资本收入不平等是整个分配不平等的全貌，通过劳动/资本比来描述这个全貌，其似乎涵盖了劳动收入和资本收入的全部因素，是描述不平等的视角之一。其中有一项问题可能是该指标的缺陷，就是超级经理人的出现。一般超级经理人的工资收入是很高的，如果把它算作劳动收入，那么以该框架衡量的劳动/资本比就不是很高。这是一种奇怪的统计现象，实际不平等程度在加深，但是我们的指标却没有显示出来。当然，这也是国民经济核算问题，这种超级经理人的收入应该算作劳动收入还是资本收入，这个问题值得进一步深入研究。

第四节　治理不平等

对于宏观政策来说，应该关注困难群体的生活水平提升问题，关注中产阶级的劳动收入和资本收入是否可以满足提升生活水平的需要，关注国民相对生活水平的变化，关注劳动收入对债务的偿还能力。

金融资源向信用弱势地位的国民经济部门扩张，支持创新部门扩张，可以靠两个工具：税收和资本市场。改革商业银行为主的金融结构，从信用认证、信息收集、风险管理、产品市场建设出发推动信用资源向中小企业扩张，坚持市场化方式，合理控制信用资源扩张中的垄断力量。

当然经济改革窗口也要讲究顺序和时间窗口，特别随着中国成为世界主要经济体，世界与中国经济发展的相互作用会更加密切，在考虑国内改革的同时要兼顾世界经济发展的窗口时期选择。改革总是要闯关的，一面是断头路，一面是未知路，这个路口拐弯有太大的阻力，但是总是要拐弯的。从本质上来说，不平等使得相当一部分人无法通过劳动来改变阶层，那么这个社会终将会停止流动，经历经济衰退。此外，不平等问题的解决措施也要不断评估与革新。不平等治理措施也将产生路径依赖，必须时时思考长期道路的后果，兼顾生产积极性。

第五章

DPIL 与商业周期

　　本章，我们将研究中心放到经济周期与币值稳定、不平等关系的讨论上。本章内容可以作为后续实证研究中币值稳定与失业率、经济增长率的关系探索的理论支撑。财富回报率与经济增长率之间的关系是理论的出发点和基础。财富回报率增速快于经济增长率，我们是不是可以像大数定律、牛顿第一定律一样认识它，它是不是经济运行发展的基础？我们首先引用索洛对于财富回报率与经济增长率关系的评价：

　　这一论证思路还有更强烈的启示，将带我们触及皮凯蒂的核心观点。回顾迄今为止的研究结论，历史和理论都表明，工业化资本主义经济体有资本/收入比缓慢趋于稳定的趋势，资本回报率也同样如此。该趋势可能受到严重衰退、战争、社会事件和技术变革的干扰，但最终会在平稳环境中重新确立。在皮凯蒂梳理的漫长历史跨度中，资本回报率通常高于基本的经济增长率，唯一的明显例外是1910—1950年这一段时期。皮凯蒂把这个特例归因于两次世界大战及其间的"大萧条"造成的破坏以及由此引发的高税收。

　　资本回报率超过增长率在理论逻辑上并没有必然性：一个社会及其中的个人可以增加储蓄和投资的数量，使得在收益递减规律的作用下，资本回报率被压缩到长期增长率之下。但我们知道，这种可能的状态从社会的角度看是不合理的，因为如果减少过高的资本存量，使回报率回升到与增长率持平的水平，可以使每个人的消费水平都有永久性提高，从而进入一个更理想的状态。虽然并没有"看不见的手"可以让市场经济摆脱上述反常状态，但它在现实中并未出现，或许是因为历史上的增长率水平一直不高，而资本则一直稀缺。总体而言，我们仍可以把资本回报率超过基本增长率作为一种常态。

　　在索洛的观点中，财富回报率与经济增长率的关系在于财富的储蓄是否足够多，能够使得财富在边际回报递减作用下降低到经济增长率以下。那么我们就有一个直觉推论：储蓄率越高的经济体，财富回报率超过经济增长率就越少，经济不平等状况就越低。当我们将名义价格因素、耐用品价格因素加入讨论之后，发现居民劳动收入份额的下降会导致耐用品价格购买力下降，居民无法实现储蓄率的提高，也就无法降低这种差距。在考虑储蓄和投资时，忽略耐用品价格因素将得出不可信的理论结果。

　　我们沿着商业周期的研究思路出发，探索中国经济问题。现阶段的中国经济周期与长期经济增长难以分辨，我们不能认为这是一个中国经济周期问题就对中国长期经济增长简单下结论。首先，潜在增长率在数量测算上，对过去历史的测算使用的是简单的滤波方法，对未来的判断也就是趋势外推，这种方法完全就是被动的。当我们去积极解决经济增长中的问题时，难道就无法改变经济长期潜在增长水平吗？这种方法论是值得思考的。其次，在理论上来看，潜在增长率可以分为三类：生产要素下的潜在增长水平、宏观调控下的潜在增长水平以及体制机制下的潜在增长水平。如果我们处理好商业周期问题，就能够对经济潜在增长水平造成影响。我们是要探索收入分配领域改革对于经济周期的意义。在传统商业周期理论以科技进步为核心的体系中，将收入分配领域问题加入其中，回答资本税改革的意义，为实践寻找理论基础。

从第四章的介绍中，我们对于收入分配领域中的不平等现象与科技进步的关系有了简单了解。接下来，本章将介绍商业周期理论的发展进程及其主要方法论体系和对于宏观政策的基本观点。从其发展历程来看，我们可以以1977年和1982年的两篇文章为分界点，将其分为前后两个阶段。

20世纪50年代后期和60年代初期，"菲利普斯曲线"中所体现出来的传统经济学认为，减少失业的不二法门是执行高通货膨胀政策。但是，到20世纪60年代后期和70年代初期，这一理论开始受到质疑。20世纪70年代，早期分析的缺陷日益彰显出来。基于现有理论制定的稳定政策根本无法达到经济政策的目标。西方世界的经济一直处于一种滞胀状态——失业和通货膨胀并存，但是盛行的理论却无法对此作出解释。与此同时，宏观经济波动并非仅仅缘于需求波动也表现得日益明了。供应方面的波动在商业周期中的作用变得越来越突出。在1977年和1982年发表的两篇相关论文中，芬恩·基德兰德和爱德华·普雷斯科特对宏观经济的发展提供了新的分析方法。

20世纪80年代以前，经济学家一直把长期增长和短期宏观经济波动当作两个现象分别进行研究，所使用的方法也不同。长期增长被认为是由总供给决定的，技术发展是其推动力；商业周期被认为是由围绕长期增长趋势的总供给的某些要素导致的。这两种观点之间没有真正的联系。传统经济理论把宏观经济波动主要归因于需求的变动；经济政策分析则集中在解释应该执行什么样的货币和财政政策来抵消需求的波动，但几乎没有人致力于解释实际经济政策运作。直到20世纪70年代，凯恩斯和"大萧条"的"遗产"还统治着商业周期和稳定政策的研究。经济学家把宏观经济波动主要归因于需求的变动。

1982年，基德兰德和普雷斯科特发表文章对这一现象进行了彻底检讨，为宏观商业周期分析奠定了微观经济学基础。在他们的商业周期模型里，技术发展的现实波动使国内生产总值、消费额、投资额、工作时间都产生了变化，而家庭和企业对消费、投资、劳动力供应等许多因素的预期都影响到商业周期的变化。他们的模型已在现代宏观经济学中得到了广泛的应用。

在这里我们将转向经济周期的研究。我们在实证研究中发现，除去金融危机前一段时间，币值稳定的DPIL指标与失业率波动具有明显相关性，这自然就与经济周期理论联系在了一起。我们在前面强调劳动/资本比是一个经济体中的慢变量，它会影响经济长期经济增长问题。我们将不平等问题融入币值稳定之后，这个概念就与就业相互关联在了一起。对于通胀与失业率之间关系的研究成果众多，特别是价格因素与失业率之间关系就是著名的菲利普斯曲线问题。这种研究成果给出的政策处方也非常明确。当我们将一篮子商品价格衡量的通胀指标推广到以效用衡量的币值稳定指标之后会发现更加稳定的相关性关联，这说明我们在以往的研究中忽视了不平等在经济周期中的作用。

商业周期理论涉及众多宏观经济指标之间的关系研究，以及与经济运行关系指标中相一致的宏观经济政策调控方式。应对商业周期现象，我们重点关注失业率的波动现象，这也与实证分析相对应。对于失业率的观点主要有两点：一种是古典经济学的自然失业率观点，一种是凯恩斯主义的摩擦失业率观点，也可以说是非自愿失业率存在的程度是否大到需要政府调控来处理非自愿失业率上升问题。在币值稳定DPIL框架中，我们认为是存在非自愿失业的，特别是DPIL上升，币值贬值，非自愿失业率就会上升，经济周期需要政府来调控该问题。

第一节　菲利普斯曲线

菲利普斯曲线的演进过程可分为两个阶段，1975年之前和1975年之后。1975年之前，菲利普斯曲线研究存在广泛共识，理论和数据实践没有出现较大分离。1975年之后，石油危机下，菲利普斯曲线的数据实践发生大规模迁移，因此，也出现了两种研究思路和实证路线。

菲利普斯发现通货膨胀与失业之间的负相关关系，并由萨缪尔森和索洛推广。随后一段时间里，政策制定者认为只需付出少量的额外通胀成本，就可以减少失业，实现失业率与通货膨胀之间的某种平衡。然而，弗里德曼、菲利普斯和卢卡斯的自然利率革命推翻了政策可以权衡的政策空间，支持长期货币中性。

1975年后，由于石油危机改变了通货膨胀和失业率的传统关系，菲利普斯曲线理论分成了两个方向。第一个方向于20世纪70年代末在计量经济学实践、理论探索和中级宏观经济书中出现，试图在一个连续、动态框架中恢复通胀与失业的权衡框架，是一种坚定的凯恩斯主义思想。该方向认为通货膨胀率是由过去通货膨胀率长期滞后的持久性和惯性主导的。过去的通货膨胀不仅限于影响未来预期的形成，而且由于固定期限的工资和价格合同而产生的纯粹的持久效应以及滞后于过去的通货膨胀的原材料、最终产品的价格变化，在需求和供给冲击下，通货膨胀会脱离过去的惯性值。

第一种方向反映了菲利普斯曲线对需求、供应和惯性的三方面依赖。需求由失业率或产出缺口来代表，明确的供应冲击变量包括食品、能源和进口的相对价格变化，生产力的趋势增长变化以及尼克松时代价格控制的影响。该方法解释了20世纪70年代和80年代初通货膨胀和失业的双峰是供应冲击的结果，并对20世纪90年代末通货膨胀和失业的低谷进行了对称的分析。它强调通货膨胀和失业可以是正相关的，也可以是负相关的，取决于冲击的来源、政策反应和滞后反应的长度。

第二个方向是由一些模型代表的，在这些模型中，预期没有被固定在向后看的行为上，而是可以对当前和预期的政策变化作出反应而跳跃。这个方向包括政策的可信度、政策制定者和私人代理人形成预期的博弈模型以及从价格黏性的替代理论中得出的前瞻性的新凯恩斯主义的菲利普斯曲线（NKPC）。这些理论的共同特点是缺乏惯性，排除了对供给冲击变量的任何明确处理、预期通胀能够对新信息作出跳跃式反应以及由于"理性疏忽"等摩擦而对准确的预期形成造成的其他障碍。

1975年后的方法中哪种是正确的？对于理解 Sargent（1982）提出的四次大的通货膨胀以及其他有货币不稳定历史国家的相对快速的通货膨胀，模型中的预期可以对政策作出反应，这一点至关重要，例如阿根廷。但是，第一个方向无疑是理解第二次世界大战后美国通货膨胀演变的正确计量经济学框架，而

NKPC的替代方法被应用于美国数据时一直是一种经验性的失败。

第二节　技术进步驱动的经济周期

第一次世界大战后早期的凯恩斯主义分析依赖于总体变量之间的一系列关系（简化形式），旨在总结各种结构关系之间的相互作用。尽管每一种这样的关系都是由消费者和企业行为的微观经济理论所激发的，但它通常不是明确地从这种理论中得出的。更重要的是，不同的宏观经济关系在应用宏观经济分析中一起使用时，并不是基于一个共同的微观经济结构。

这种商业周期模型被广泛用于实际预测和以政策为导向的货币和财政政策干预的评估当中。到20世纪70年代中期，卢卡斯指出了这种方法的严重问题。不能指望其简化形式的关系对政策制度或宏观经济环境的变化具有稳健性。当基于历史数据看似稳定的宏观经济关系在20世纪70年代出现断裂时，宏观经济发展强调了这一批评。特别是，新的滞胀——高失业率加上高通货膨胀——对菲利普斯曲线造成了破坏，该曲线早先似乎在通货膨胀率和失业率之间建立了稳定的负相关关系。20世纪70年代的经验也对商业周期主要由需求变化驱动的主流观点提出了质疑。相反，当代的宏观经济波动似乎主要是由供应冲击造成的，如1973—1974年和1979年的石油价格急剧上升以及1970年代中期全球范围内的生产力增长放缓。

卢卡斯建议在更坚实的基础上制定一个新的宏观经济理论，即在一个明确的微观经济结构上，而不是在假定的总体关系上。这个结构将包括对消费者和他们的偏好、公司和他们的技术、这些代理人的信息、他们在什么具体市场上互动等的假设。在这些深层参数的基础上，总体变量的一般均衡含义将被推导出来，并与数据相对应。消费者的偏好和企业的技术不可能受到财政或货币政策制度或宏观经济环境变化的影响，尽管消费者和企业的行为会受到影响。因此，基于微观经济基础的定量分析可能对这种制度的变化更加稳健，从而在政策分析中比基于历史总量关系的模型更加有效。

遗憾的是，卢卡斯的指导方针并没有相应的操作处方。开发一种替代性的宏观经济模型方法，使其甚至可以满足从健全的微观经济基础中得出主要宏观经济变量的联合预测的最低要求，这似乎是一项艰巨的任务。这种理论必须是动态的，以便在企业和家庭的最佳前瞻性行为的基础上对投资、消费和其他跨时决策进行适当建模。在萨金特的开创性工作之后，存在着带有理性预期的简单动态模型，并且正在进行关于如何从经济学角度估计这些模型的研究计划。然而，这些模型存在严重的简化，基本上需要通过一些线性关系来代表经济或部分经济现象。1980年前后，传统的（基于可能性的）动态非线性模型的计量经济学出现，其形式足够丰富，可以在宏观经济定量分析中使用。

凯德兰和普雷斯科特1982年的论文在几个方面改变了宏观经济分析。事实上，它为卢卡斯的建议提供了一个蓝图。在他们的建模中，凯德兰和普雷斯科特依靠的是新古典主义增长模型的随机版本，该模型后来成为许多宏观经济建模的核心。他们表明，技术冲击，即围绕使经济长期增长的技术正增长趋势的短期变化，可能是产出波动的一个重要原因。在今天的宏观经济模型中，供给冲击通常与需求冲击一起发挥重要作用。在他们的模型求解中，凯德兰和普雷斯科特依靠数值求解和计算机模拟，达到以前的经济学中没有实现的新高度。现在，经济模型的数值分析是经济学研究生工具包中不可缺少的元素。在他们的实证中，凯德兰和普雷斯科特依靠的是所谓的校准，这是一种在面对新模型与数据时简单但有参考价值的估计形式。从那时起，新的宏观经济理论就经常使用这些方法与数据进行比较。在这些方面，凯德兰和普雷斯科特的工作不仅改变了商业周期分析的基本方法，也改变了我们对各类型冲击重要性及其传播机制的看法。

凯德兰和普雷斯科特认为技术冲击可能是短期产出波动的重要来源，因此似乎很自然地转向了新古典增长模型——罗伯特·索洛（1956）的研究增长理论的主力军。使用新古典增长模型的另一个原因是与区分"短期"（周期）和"长期"（增长）的问题有关，因为长期必然是一连串短期的加总。此外，增长理论和商业周期理论中所关注的大多数变量都是一致的。

凯德兰和普雷斯科特的出发点是，在美国及许多其他西方经济体中，在其经济大约100年里以平均每年2%左右的速度增长，产出增加了7倍。他们的假设是：技术增长可能是一个重要的决定因素，不仅包含长期的生活水平，也包含短期的波动。在实践中，衡量技术增长的一种方法是依靠增长核算，这是索洛（1957）开发的另一个工具。基于对经济运行的某些假设（规模收益不变、完全竞争和市场清算），与凯德兰和普雷斯科特研究的模型经济相一致，这个方法说明了产出增长中由于投入（主要是劳动力和资本）的增长而产生的部分。剩余部分"索洛剩余"——被解释为技术增长。凯德兰和普雷斯科特（1982）假设技术冲击的标准差与索洛残差的大小相同。基于索洛残差的测量，技术增长随时间的变化相对较大，其中很大一部分出现在商业周期的频率上。后来，经济学家们使用了更精细的方法。

在概念上，凯德兰和普雷斯科特研究了一个完全竞争和没有市场摩擦的封闭经济动态随机一般均衡模型。在这个模型中，技术冲击如何转化为产出运动？t时期的正技术冲击代表着全要素生产率的增长率高于平均水平，也就是说，经济利用给定的资本和劳动供给生产产出的能力大幅提高。更高的生产力提高了工资，所以t时期的劳动力供应增加，因为工人发现工作比休闲更有利可图。因此，有两种效应有助于提高t时期的产出：生产力提高的直接效应和劳动力投入增加的间接效应。资本的回报也会增加，但t时期的资本存量是预先确定的。因此，如果t时期的技术冲击是可以预见的，那么t时期的资本回报率的隐含增加也可能导致以前时期的投资增加，从而通过第三个间接渠道提高t时期的产出。

第t期产出的增加有动态的影响。部分增加的产出被消费掉了，而其余的则被用于储蓄和投资。这一部分的占比取决于消费者的偏好和生产力冲击的预期持续时间。理论和微观经济证据表明，人们希望在一段时间内平滑消费，而暂时增加的产出中被储蓄的部分取决于对平滑消费的偏好。预期生产力冲击消失的速度越慢，储蓄和投资就越有利可图。凯德兰和普雷斯科特以他们的技术增长系列数据为基础，其特点是显著的正自相关，发现了导致对当前冲击的投资反应高于技术增长在一段时间内不相关的情况。这就提高了$t+1$时期的资本存量，而由于自相关的原因，技术仍然高于趋势。因此，高于正常劳动供给的激励因素仍然存在，而且如果资本存量的增加很大，技术冲击有足够的自相关性，$t+1$时期的劳动供给将比t时期更高于趋势水平，投资也将如此。

这些动态效应构成了模型的"传播机制"，即一个临时技术冲击的"冲动"形成了未来宏观经济变量的路径。该机制是稳定的，也就是说，冲动的影响最终会消失，因为技术增长过程是平均回归的，而且资本回报率的下降会使投资回归到趋势。

该理论提供的宏观经济变量的时间序列与数据大致一致。由于传播机制的存在，所有的宏观经济总量都显示出高自相关和高共动性，投资的波动性高于产出的波动性，而产出的波动性又高于消费的波动性。经济经历了繁荣和萧条，经济衰退的原因是低于平均水平的技术增长导致工人工作时间减少，消费者投资减少。凯德兰和普雷斯科特的基线模型用微观经济研究的参数进行校准，并用估计的技术增长过程的冲动进行模拟，产生的产出波动相当于第二次世界大后美国数据中观察到的那些波动的70%左右。

凯德兰和普雷斯科特研究了一个动态、随机的一般均衡模型。该模型中的均衡是一个数量和价格的随机过程，即给定价格过程，消费者和企业选择数量，以实现预期效用最大化和利润最大化。在一个成熟的动态模型中，对价格的未来演变的无偏预测是优化行为的一个要素。凯德兰和普雷斯科特只考虑了一种消费品和一种"无限期"的消费者（可以解释为一个王朝的家庭：一连串的父母和子女对后代的利他主义偏好）。此外，与标准的新古典主义增长模型一样，凯德兰和普雷斯科特只假定了一种生产技术：基于资本和劳动投入的总生产函数。他们还假设市场没有摩擦，所以任何均衡都是帕累托最优。这为他们提供了便利，因为标准的福利定理使他们能够利用优化理论找到并确定均衡的特征。由于均衡为代表消费者提供了最好的结果，他们可以避开价格机制，通过解决一个"社会规划问题"直接找到均衡数量。基于这些数量，均衡价格可以很容易地从效用和利润最大化的一阶条件中检索出来。所有这些简化都在随后的文献中得到了研究和放松。

尽管有这些大幅度的简化，凯德兰和普雷斯科特发现有必要使用数值分析来描述平衡的特征。在这样做的过程中，他们将数值分析的现有见解应用于手头的问题，并使用计算机辅助的模型解决方案。今天最先进的商业周期模型比凯德兰和普雷斯科特分析的模型要复杂得多，经济模型的数值分析已经发展成为经济学中一个独立的子领域。

将模型与数据进行比较是另一项具有挑战性的任务。由于模型的复杂性，无法真正使用标准的计量经济学方法，即选择模型的参数以获得与商业周期数据的最佳拟合。由于涉及动态、随机优化问题的数值解决，即使是为一组参数值生成模型输出也是相当困难和耗时的。在各组参数值之间进行搜索以获得最佳拟合被认为是不可行的。相反，凯德兰和普雷斯科特采用了"校准"的方法。他们选择参数值来匹配数据中的一个子集，而不需要解决整个随机模型。特别是，他们选择参数值来匹配某些长期的宏观经济统计数据（如战后平均利率和平均资本产出率）和微观经济数据（允许偏好的参数化）。

根据一些"基本事实"而不是模型所要解释的商业周期属性来选择参数的想法促使了"校准"一词的出现。显然，校准是一种简单的估计形式，因为模型参数是在一个明确规定的算法中选择的，以适应整体数据的一个子集；在这种情况下，估计是基于微观经济和（长期）宏观经济数据。然而，该方法是非常实用的。它允许在不求解完整模型的情况下进行参数化，而且对于模型的具体变化能否更好地解释数据，它给出了明确而有用的方向。如今，鉴于计算机技术和计量经济学方法的进步，这类商业周期模型的结构性估计可以进行，并且被商业周期分析家们积极追求。

值得一提的是，一种重要的新文献包含了上述讨论的几个扩展。通常被称为新凯恩斯主义商业周期研究，这种文献研究了基于价格和/或工资调整过程中的摩擦的商业周期的货币模型（Rotemberg和Woodford，1997；Clarida、Gali和Gertler，2000；Dotsey、King和Wolman，1999）。这些新凯恩斯主义模型是围绕着与凯德兰和普雷斯科特的模型非常相似的核心而建立的，但它们也包括关于企业改变价格的成本的微观经济假设，这些假设通常是在垄断竞争下的互动。价格制定或工资制定的决定被明确地建模为前瞻性的和基于理性预期的。这使得分析结构类似于凯德兰和普雷斯科特的原始工作，新凯恩斯主义研究者也借用了他们的分析工具。由此产生的模型可以产生菲利普斯曲线。货币冲击对产出产生潜在的巨大影响，而货币政策可以产生或稳定短期波动。这种类型的模型也被证明对凯德兰和普雷斯科特所发现的货币政策的时间一致性问题的更复杂分析非常有用。

新凯恩斯主义框架已被应用于不同货币规则和机构设计的积极和规范性分析。由于基础理论建立在明确的微观经济假设之上，对政策实验的评估是直截了当的：模拟不同政策方案的模型，可以很容易地比较不同代理人的结果福利水平。因此，该模型不仅允许定性的，而且还允许定量的福利分析。考虑到卢卡斯的批评，这样的政策评估也很有吸引力。由于这些模型是在深层参数的基础上制定的，它们应该比总的简化形式关系对政策的实施更加稳健。总之，新凯恩斯主义方法综合了早期的凯恩斯主义分析和源于凯德兰和普雷斯科特工作中的实际商业周期分析。

第三节　货币驱动的经济周期

名义变量——货币数量、一般价格水平、名义利率——在技术驱动商业周期模型中不起作用，这种遗漏的结果之一就是这些理论不能清晰地反映通货膨胀问题或者观察到的货币、价格与真实经济活动的变化之间的联系。这样的遗漏实属缺憾。货币变量放到只有真实变量的模型中非常容易，只要让货币供给对于真实事件有所反应，但并非是其发生的原因就行了。用这种方法可以使模型与我们观察到的变量的联合运动相吻合，并为其他名义变量的运动提供一个货币账户。

但是实际情况可能并不是那样。将货币引入新古典动态结构体系中，使用现代术语重新表述货币、通货膨胀和利率理论。这使我们可以从理论上重新表述货币引起衰退的解释都包括什么内容。货币的价值表现在交换上，而不是在使用中。所以要研究货币，我们先要研究交换——交换如何发生，什么特征使它能赋予货币价值。交换发生在市场上，商品的价值在于它们被人使用时的价值。为了建立一个货币经济模型，我们需要假设交易是分散的。我们希望我们采取的研究方式能最小限度地修改原有的真实经济周期理论，这样做的目的是保留原有理论解释重要的实际观测结果的强大能力。商品如果被购买，必须是用提前获得的货币来支付。这种简单的环境允许统一处理个人货币需求的投资组合和交易两个方面，并且可以计算货币一般均衡。当在证券市场交易时，代理人将一定数量的完全替代的财富在现金和其他证券之间分配。为了确定这个投资组合中现金的回报，代理人盼望这样的事实，他能很快处于一个完全不同的交易环境中，在那里资产不是完全替代的，现金可以实现某一交易而其他证券则不能。

当在商品市场中交易时，类似的代理人盼望这样的事实——接下来现金存货可以在未来的证券市场上交易。在这两种情况下，在任一给定的交易环境中，货币的预期价值取决于交易环境。通过假定一个对现金和信用商品具有明确偏好的个人，以及明确地给出能够提供信息的时间，我们仅仅通过研究代理人在这个集中化或分散化的市场上活动的边际条件，就可以获得所有的古典货币理论。

一方面，假定偏好和生产商品的技术跟上述技术驱动的商业周期模型中的完全相同，另一方面，假定交易遵循前面的货币模型，代理人在每期开始阶段进行证券交易，然后用这种交易获得的现金在随后的阶段中购买消费品。把劳动看作一种信用商品，因而工人在期末获得报酬，同样投资性商品也被看作信用商品。

在这个模型中假设一个不稳定的货币供给，用随机过程来建模，货币供给的参数在不同时间保持不变而且为代理人所知晓。这些货币流动是否随真实变量的变化而变动都无关紧要：统计外生性不起作用。在什么条件下货币扩张将和真实变量扩张相联系，比如像有利的技术冲击导致的扩张，又是在什么时候货币紧缩会与真实产出和就业的下降相联系？

我们需要知道这些货币量的波动是怎么发生的，人们关于波动又有什么样的信息。首先假设他们是通过证券市场上的公开市场操作来实现的，并且人们知道交易的数量。在这样的环境下，从上一部分的讨论中我们可以很明显地看出，货币数量变化的直接影响是纯粹的单位变化。只要这种变化不会对货币量或其他变量的未来变化传递某种信息，那它就仅仅会导致证券和商品名义价格的成比例变化，而对相对价格或其他实物的数量不会产生影响。然而一般货币量的变化会传递未来变化（这取决于货币变化的随机过程的特征）的信息，正是这些预期效应导致相关真实量的变化。在这种情况下，仅仅是预期的货币变化发挥了作用。

这些预期效应是如何起作用的？假设发生的某个事件表明，在本期和下期之间将有一次货币扩张。这是指，当前货币扩张会呈现正的自相关，或者同样地，当前货币紧缩会呈现负的自相关。那么名义利率将上升（这些结果其实是同步发生的，只是我们为了说明问题，才把这些结果排成了链式顺序），现金商品将相对信用商品变得更贵，包括闲暇和投资商品。人们将消费更多的闲暇和更多的信用商品，就业将下降。对投资则有两方面的影响。基本上，通货膨胀税会上升，人们将减少货币的持有，代之以需要使用货币的行为。对于货币紧缩引起的真实紧缩，它随后会引起扩张预期，从而导致代理人减少使用现金的行为，比如工作和花费。目前我们还没有证据表明这种膨胀税的效果是可以忽略的。这种非中性也许会在真实经济周期中起作用。如此多的因素同时作用，才使得对经济周期的经验研究如此困难。

　　有观点认为，货币紧缩的真实效果与我们讨论过的通胀税的作用迥异，货币紧缩不仅通过紧缩的信息起作用，而且紧缩会产生直接的影响。这个直接的影响就是名义价格不随货币量的变化而同比例地变化。也就是说，货币经济周期模型很可能是基于某种名义价格的黏性而建立的。模型预期货币量的变化将产生纯粹单位的变化，价格成比例变化而数量和相对价格不变，但观察的结果是，价格的变化比成比例变化来得小，而数量的变化是不适当的。把传统的智慧放在一边，要证明这样一个事件并不容易。传统的做法是仅仅向模型中加入某种形式的价格黏性，放弃初始的均衡条件中的一个。把理论一贯性的条件放在一边不予考虑，这种经验式的解决方法也不起作用。价格黏性的问题使它的作用飘忽不定。有时货币量的变化的确仅仅是单位的变化，有时又似乎有很大程度的非中性影响。宏观经济学家尝试使用各种分类，来决定在不同的情形下使用的理论：当经济充分就业时使用古典模型，反之则使用价格黏性模型。在长期情况下使用古典模型，在短期使用价格黏性模型。但是没有人设计一套可用的判断标准，确定特定时刻经济处于何种状态，所以这样的分类除了在事后提供一个对经济事件的说明外别无益处。它们只是假设代理人的行为，而不是试图在偏好、技术或者潜在博弈的结构方面寻找这种行为的原因，这突出了理论的无用性。

　　货币量的变化从古典意义上讲是应该只有纯粹的单位效应，但仅仅从渐近意义上讲如此，而非常复杂的非中性动态效应是同时发生的。这些模型成功地表明长期的中性可以和短期的黏性相统一，泰勒关于美国经济的证据显示了这种把古典理论和价格固定理论统一起来的经验方法的前景。而且，如泰勒所正确观察到的，我们有大量的有关合同行为的独立证据，从而使得特定的宏观经济学假设能够用某些模型中假设的形成时滞的方法检验，而这种方法用于检验其他固定价格模型中的拍卖行为则是行不通的。

　　合同理论的思想在膨胀税之外提供了一个解释名义价格黏性或货币非中性的新理论，这与垄断起了相同作用的老观点类似。其中暗含的观点颇有道理：既然在竞争理论模型中，货币中性与事实并不相符，那么用其他互动形式的假设代替竞争假设将会使有关货币和价格的预测更为符合事实。既然非竞争性模型处于萌芽状态，那么这个推测也就应该有着巧妙优势。但是这样就过于注意货币中性定理的细枝末节而忽略了对均衡本质的研究。垄断理论得出的观点是，货币单位不起作用，人们可以自由地将垄断条件下的均衡价格标准化，就像在竞争条件下的均衡一样。事实上，在非完全竞争下均衡的存在性要比竞争模型下的更难以确定，但中性理论以如果均衡存在就有相关性质的形式出现，它们的证明通过表明名义均衡量乘以一个普通的正数可以得到另一个均衡来实现。像这样的结果并不是竞争均衡所特有的，也不是现代合同理论或者其他的非竞争性理论所特有的。

第四节　币值稳定 DPIL 驱动的经济周期

当我们回顾了需求驱动、技术驱动、货币驱动的经济周期基本模型和理论之后，我们就具备了讨论币值稳定与经济周期关系的基础。币值稳定涉及货币、收入分配、真实产出与效用福利问题，相对价格问题是连接上述理论并最终解释我们实证研究结果的关键。

要回答我们在实证研究对于DPIL与失业率之间的关系，我们首先要明确两个问题。第一，失业率和真实产出波动一直以来是经济周期研究的重点，我们不断探索经济周期理论的微观经济学基础，目前的新凯恩斯理论从黏性出发探讨经济周期理论，并且发展出了菲利普斯曲线，只不过它的通胀指的是一篮子商品价格的通胀。经济周期理论框架越来越复杂，已经变得不再那么简洁美丽，我们应该是忽视了什么问题，从我们的发现来看，不平等在经济中的作用被忽视，它应该是黏性之外的重要因素。第二，失业与产出波动哪一个应该是经济周期研究的中心问题。经济的核心应该是人类共享发展成果，失业问题不应该是一个附属问题，它应该和产出波动一样重要，甚至在某些阶段更加重要。通过探究实证发现，我们要从失业理论出发，探究两个问题，第一，为什么就业会与币值稳定相关联，在企业和劳动者两个方向分别存在什么样的机制作用。第二，金融危机前后，为什么DPIL与失业率的关系发生分离。我们进一步探索币值稳定相关因素在一般均衡理论中的机制，最终与前面失业率研究相结合，探究一般均衡中忽视的不平等的作用机制。

后文实证中展现了DPIL与失业率之间的联动关系，为了探究其驱动机制，我们将先提供一些直觉上的支撑依据。在直觉方面，我们会从两个方向出发，一个是从DPIL本身的构成出发，它涵盖了耐用品、非耐用品、资本回报与不平等因素，是一个综合性指标，我们也将从多个方向进行考察。其实，我们已经在前面对不平等问题有了一个较为深刻的解读。我们将在这里重点解读耐用品价格问题，它是一个十分重要的因素，我们可以特指它为土地，也就是土地市场建设问题。我们对于大宗商品价格危害已经有了较为深刻认识，几次石油危机都深刻改变了世界。但是不同经济体土地制度不一样，土地问题更加集中于单一经济体中，但是总是容易让人忽视。由于美国经济体中土地市场竞争较好，这使世界上众多经济学家忽视了土地市场不同市场结构所产生的经济后果。土地市场和大宗商品价格一样，都对经济体产生深远影响。由于房贷周期较长，土地价格的波动带来的经济周期有可能远超大宗商品价格问题。

第五节　共同富裕与科技进步

我们对于科技进步的渴望和重视从未下降，将科技进步视为经济发展的第一生产力，追逐科技的脚步也从未停止。科技驱动的经济增长和经济周期带来了财富的同时，也要求我们不能忽视共同富裕，明白全民共享发展成果的重要性。我们在前面理解和建立币值稳定驱动的经济周期时，一个明确的政策观点就是不平等问题会影响币值稳定，从而带来经济的扩张和衰退，甚至影响长期经济增长。科技与分配的关系，就是效率与公平的问题。首先引用*Barriers to Riches*中关于科技进步在经济发展中作用的观点：

这部专著代表了我们对经济发展问题思考的演变。我们都是通过提出储蓄率决定增长率的模型来开始我们对发展问题的调查的。当我们开始系统地研究数据时（Parente和Prescott，1993），我们被迫放弃了这个概念框架。我们得出的结论是，相对收入水平才是理解发展问题的关键，而非增长率。

从广义上讲，这些事实提出了一个相对收入的理论。这些事实还决定了该理论必须考虑到所有国家都能获得的可用知识的增长。该理论（Parente和Prescott，1994）试图解释为什么所有国家都没有同样有效地利用这些知识。该理论的重点是企业决定采用更好的技术。它强调了影响企业在生产中使用更多可用知识的投资额的障碍，即政策扭曲。我们证明这样一个模型与美国的增长事实和关键的发展事实是一致的。

随后，我们意识到，我们的理论在总体水平上与新古典主义增长理论的双资本存量版本是同构的，即全要素生产率（TFP）的跨国差异。一个国家总体水平上的全要素生产率是制约该国企业技术选择的障碍的函数。

实际表明，新古典主义增长模型加上无形资本和全要素生产率的差异，可以解释发展的模式。有些人——特别是Mankiw等（1992）和Young（1995）——声称，用第二种资本形式增强的新古典主义增长模型和全要素生产率没有差异的情况下，可以解释这种模式。因此，我们从数量上探讨了这种说法的正确性（Prescott，1998）。从定量理论的方法来看，我们发现这种说法并没有得到证实。

我们研究了各国壁垒差异和全要素生产率差异的证据。大量的证据表明，这种差异是存在的，而且对理解国际收入差异很重要。我们发现，尽管各国都能获得相同的知识储备，但它们并不都能同样有效地利用这些知识，因为一些国家的政策导致了障碍，有效地阻碍了企业采用更多的生产性技术和改变更有效的工作方式。

我们从这个研究中得出结论，这些障碍普遍存在，以保护特定生产过程中投入的专业供应商的既得利益。这一见解很重要，因为我们的技术采用模型未能解释为什么存在障碍以及为什么它们在不同国家之间存在差异。我们将这一见解正式纳入一个发展模型（Parente和Prescott，1999），并说明授予和保护业内人士的垄断权如何导致低劣技术的无效率使用。有了这篇论文，我们就有了一个全要素生产率的差异理论。有了这个理论和我们的技术采用模型，我们就有了经济发展的理论。

最后，我们认为，内部人将不可避免地获得支配工作实践的权力。我们需要建立一些制度，使这些内部人在行使这种权力时不至于阻碍有效的生产。这种制度之一是禁止各州干涉州际贸易和货物及人员在各州之间的自由流动。国际贸易协定是实现这一目标的另一个机制。有了这样的安排，那些与当前工作实践联系在一起的既得利益集团就不会为使用给定要素价格的最佳可用技术而设置障碍。这种做法的收益是巨大的，不是1%或2%，而是1000%甚至2000%。一旦实现，整个世界没有理由不像领先的工业国家那样富有。

我们的观点是，国际收入的差异是各个社会应用于商品和服务生产的知识的差异所造成的。这些差异的产生并不是因为每个社会中可利用的知识存量的某种根本性差异。相反，这些差异是国家特定政策的主要结果，这些政策导致了对工作实践和在公司层面应用更好的生产方法的限制。许多限制或障碍是为了保护当前生产过程中的利益集团而设置的。在单个生产单位层面上的这种障碍意味着在总体层面上每单位综合投入的产出的差异，也就是全要素生产率（TFP）的差异。因此，国际收入的大部分差异是全要素生产率差异的结果。

作者在书中强烈认为全要素生产率差异、技术的应用是造成国家之间贫富差距的主要原因，而垄断力量是造成全要素生产率、技术应用程度差异的最主要的原因。对于币值稳定来说，垄断力量、市场力量、信用扩张的市场势力会都造成不平等问题，从而影响币值稳定，也是带来经济周期问题的重要方面。

第六节　如何维持币值稳定

在币值稳定的概念中，价格指的是经济体中整体的价格。除了商品与服务价格，还需要将房地产价格纳入其中。如果单单只关注商品和服务价格的变动，那么就容易忽视居民实际货币价值。

为了更好地说明衡量币值稳定不能忽略房地产价格，这里先引用一下2017年普利策非奖（Pulitzer Prize for General Nonfiction）得主Matthew Desmond的著作*Evicted*.

在Matthew Desmond调查的美国中部地区，不少底层居民无力负担居住成本。按照书中的描述，房东受法律保护，有权利在租户到期前驱逐租客。这种行为导致部门居民居无定所，常常因为较小的事件而被驱逐。此外，要求租客有一定的信用基础，而信用基础的积累则与财富完全挂钩，这导致本来贫穷的阶层可能连租房的权力都没有。在贫穷难以被突破与法律保护房东的双重影响下，居无住所的惶恐常年萦绕在底层居民左右。对于底层居民而言，想要突破信用的风险首先需要积累财富，而积累财富的基础是生活安定。受制于信用基础与财富挂钩，贫穷的居民似乎陷入了一种陷阱，一个四周由信用、财富筑造的陷阱。在这里，我们聊一下跨代效应。如果父母没有积蓄，那么后代有很大的概率无法进入大学学习，部分甚至在初中就离开校园。同时，上一代的贫穷导致后代的成长环境较差。儿童在成长的过程中有较大的概率接触毒品、枪支等违禁品。

2011—2013年，我在书中描述的地区生活了两年，其中在书中描述的中部城市密尔沃基、格林贝以及芝加哥南部地区生活过。在两年的生活中，较为引人注目的有两种群体。第一种是美国本土（拥有国籍）的有色人种（以黑人居多），他们大多拥有稳定的住所，但是和长辈住在一起的。在我所前往的地点中，有接近半数是三代人居住在一起。在这类社区中，犯罪率一般较高，而由于税收较低，警察对犯罪的打击力度远不及其他高税收地区。在贫穷与高犯罪率的影响下，多数青少年无法按时或完成高中的学习。由于学历的缺失，这些青少年在走向社会后难以获得一份收入稳定或是收入可以足够养活自己的工作。在这样的背景下，他们很容易再次陷入前辈的歧途，踏上违法获利的道路。如此一来，这部分群体会陷入一个旋涡，一代代居住在相同的社区中。第二种是来自拉丁美洲的非法移民（不具备美国国籍），由于身份的问题，他们没有固定的住所。为了避免警察的检查，他们会选择租住在亲戚或者是一些居民家内的阁楼中。来自拉丁美洲的移民多数会参与工作，就算是因为身份问题所获取的报偿远低于他们应得的。比起前一种群体，他们为了生存更加努力。但是，身份成了这部分群体最大的阻碍。受身份的限制，他们几乎不可能获得正常的薪资水平，背后的主要原因是雇用他们的雇主承担了大量的风险。并且，由于部分后代并非出生在美国，这意味着孩子同样也受到国籍的限制。他们无法参与公立学校，也无法外出。在走访的家庭中，我观察到这部分儿童中有较多无法使用英语交流。在一些极端的案例中，一些孩子从未踏上过家门口的街道，他们的活动范围限制在室内以及带有围栏的花园中。对于这部分群体而言，只有当下一代出生在美国（出生在美国可以获得国籍）时，他们才有机会过上正常的生活。通常，在下一代工作后，他们的生活质量会大有改善。在我认识的朋友中，不少人会把孩子送进私立学校并最终进入大学学习。

我在那两年的生活经历与Matthew Desmond 在著作Evicted中描述的境况高度相似。根本上，如果居民无法在一个经济体中安居乐业，那么他们就无法正常地进行生产。在一个社会中，特别是作为经济头号强国的美国，如果底层居民长期没有固定住所，那么这个问题是需要被重视的。正是因为如此，我们在构造DPIL的过程中将房地产价格纳入其中，与商品及服务价格一同呈现币值稳定的概念。DPIL不仅仅关注了居民最基本的柴米油盐，同样也关注了柴米油盐的载体。

为了维持币值稳定，稳定CPI与房地产价格是首要条件。居民安居乐业，这是维持经济体有序生产的基本条件。安心生活才能安心工作，人人安心工作的经济体才有可能出现正增长。在这里，我们将分别讨论如何维持生活物价水平以及房地产价格水平。我们默认房地产价格与租金价格是同向且密切关联的，这意味着房地产价格水平可以充分反映租住等住房支出。

观察全球主要经济体物价水平发现，价格中枢水平在不断走低。这说明居民在获得同等效用商品或服务时所需要支付的真实值相较昨天有所下降；通俗地说，居民以同等工作量可以换取比过去更多、质量更好的商品及服务。

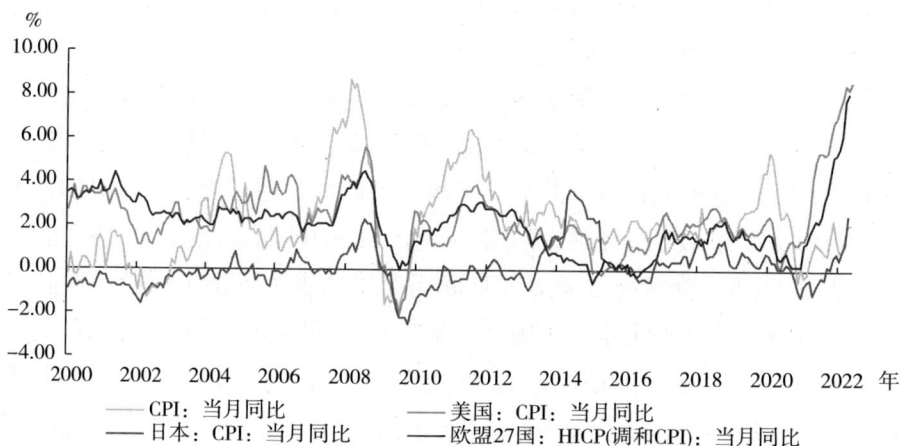

图 5-1 全球主要经济体物价水平

（数据来源：Wind 数据库）

一、物价管理

在讨论物价水平时，我们着重讨论食品价格，因为食品价格是居民生活的基础，是经济有序生产的保障。在现实中，食品价格受环境、供应链、劳动力、技术等多种因素的影响，接下来我们将一一讨论。

自古以来，农业与气候息息相关，这样就有了"看天吃饭"的说法。飓风、洪水、干旱等一系列自然灾害和气候变化都与农业产出紧密联系。在过去的数年中，极端天气导致粮食价格大幅跳升，在部分地区引起了社会、经济和政治动荡。在2006—2008年，世界大米的平均价格上涨了217%，小麦上涨了136%，玉米上涨了125%，大豆上涨了107%（数据来源：英国卫报）。谷物生产地区的干旱是这次世界粮食价格危机的主要原因，它引发了粮食骚乱和一些地区的政治变革。

从长期来看，全球变暖已经开始损害全球农业生产。在过去的30年中，全球粮食价格上涨了近20%。全球农业产出的下降并不是由降雨量减少而引起，而是因为较高的温度导致植被脱水，从而减少授粉并导致光合作用减慢。2011年，*Nature*上一篇名为*Human contribution to more-intense precipitation extremes*的文章首次确定了人类温室气体排放与北半球极端降水之间的直接关系。该研究得出的结论是，由于气候变化，在过去50年中，任何一天强烈降水的可能性都增加了7%。尽管如此，在当前的气候模型模拟中，特定极端天气事件与气候变化之间的联系仍然难以追踪。除了洪水和干旱等极端事件外，气候变化还需要农业适应气温上升和季节变化等压力因素。气候变化对农业的影响，加上世界人口不断增长，发展中世界收入增加，从而促使需求增加，威胁着全球粮食安全。联合国粮食及农业组织（FAO）的世界食品价格指数在2011年1月两次创下历史新高，这充分表明资源稀缺。国际粮食政策研究所的研究显示，到2050年，全球变暖可能会使玉米、小麦和大米的价格进一步上涨至少2/3。如果不采取缓解措施，威胁将随着时间的推移而增加。到2030年，气候变化可能使小麦产量从2000年减少1.3%~9%，到2050年减少4.2%~12%，到2080年减少14.3%~29%。

解决气候变化对农业产出的冲击有两种办法：一是减缓全球变暖；二是采取新的手段应对变化。当前，这两种方法均在推行。其中，减缓全球变暖具有滞后效应，同时，这需要全球共同努力，单单一国的努力只会是杯水车薪。短期来看，各国政府更加关注采取新的手段以维持农业产出。在2008年12月16日，中国气象局气象科普苑刊登了一篇名为《从看天吃饭到精准农业》的文章。为了减少气候灾害对农业生产带来的风险，中国农业气象工作者做了大量研究。其中包括：利用立体、多元信息加强灾害的监测、预测和防御工作仍是今后研究的重点。地基监测中以固定和流动监测资料为基础，结合空基无人小飞机、微波资料，配合天基不同分辨率的卫星遥感资料，开展以"土壤—作物—大气"多圈层立体监测、多学科融合的农业灾害监测体系，并开发业务应用平台；农业气象灾害预警技术研究对象，将从农业粮食、经济作物向果树、蔬菜、观赏植物等种植类型拓展；在技术上将进一步综合天基、空基、地基和下垫面的多元信息。利用温室设施、遮阳网、地膜覆盖等适合国情的设施搭建小气候。在现代生物技术层面进行基因研究、组织培养、胚胎移植、发酵与酶工程、生物制药等。当前，作为全球人口最多的国家，中国的食品供给能力远优于其他发展中国家。在技术的帮助下中国食品供给充足，价格常年平稳有序。

在过去的近60年中，全球化进程不断加速。在全球商贸的助力下，全球商品价格出现大幅度下降。全球化可以降低全球食品价格水平主要源于各地区产出的最优化，例如，俄罗斯适合种植小麦及玉米，美国适合种植大豆等。这种跨地区的食品贸易不仅有利于降低食品价格，更有利于让全球居民营养更加均衡。

表5-1为2019年各国出口占全球占比。

表 5-1　2019 年各国出口占全球占比

国家	美元（千）
美国	89719182.63
德国	39143404.74
英国	32834074.66
中国	31656304.90
日本	27173445.97
法国	27139176.83
荷兰	26819981.57

数据来源：WITS。

理想状态下，全球贸易是低摩擦的。这意味着只要美国有稳定且充足的大豆产能，那么在全球供应链完备的条件下全球其余国家应该不需要对大豆供给抱有担心。只要能够支付大豆价格，那么原产于美国的大豆就应该能持续供应。但是，实际情况并非如此。地缘政治、不稳定的供应链、金融环境等问题都将影响全球供应链。当全球供应链受到冲击时，产品价格就会出现上涨。如果我们假设全球贸易是处于低摩擦的理想状态下的，那么商品生产成本的上升就是导致消费者终端购买价格上升的唯一因素。在有摩擦的现实状态下，商品从生产到出现在消费者眼前需要经过较多的环节，任意环节出现成本波动就意味着终端价格出现波动。

2022年以来，俄罗斯与乌克兰出现摩擦，导致欧洲地区能源供应紧缺，居民难以支付高昂的能源价格。在以往，欧洲长期依赖于从俄罗斯进口能源商品。俄乌冲突爆发后，欧佩克随后表明不会提供更多的石油以应对欧洲能源短缺问题。这意味着欧洲在短时间内找到可以替代俄罗斯能源出口国的想法难以实现。导致欧洲能源价格上行的主要因素是地缘政治。在俄乌冲突爆发后，欧盟对俄罗斯出口产品进行了严格限制，导致欧洲市场能源商品供应短缺。就俄罗斯而言，能源商品的生产成本并没有出现上涨。在全球供应链框架下，能源商品供需本身并未失衡，但地缘政治堵塞了正常的供给渠道。

此外，供应链本身也具有较高的不稳定因素。2021年底，部分发达国家与地区新冠肺炎疫情有所好转，全球消费需求逐步回暖。在全球化的背景下，低产品附加值的商品通常由发展中国家生产并出口至发达国家。全球消费需求的复苏使得发达国家对低附加值产品需求快速上行，但是，全球复苏并不均衡。发展中国家无法获得足够的疫苗导致其恢复速度远慢于发达国家。受新冠肺炎疫情影响，发展中国家无法满足发达国家日益增长的需求，导致商品价格在发达国家地区急剧攀升。同时，全球运力不足导致全球贸易运费大幅度上涨，加剧了终端价格上行的态势。

金融在供应链中担当了重要角色。在全球供应链中，各国所使用的结算货币难以保持一致。在当前的全球贸易结算体系中，美元、英镑、欧元为主要结算货币。但是，在结算后，企业一般会将其兑换为本地货币以用于企业的继续发展。此时，如果该国兑美元、英镑、欧元等结算货币汇率出现大幅度波动，那么企业或买家将蒙受损失。例如，2022年俄乌冲突爆发以来，俄罗斯卢布快速贬值，导致俄罗斯出口企业受损严重。

为此，在全球化的大背景下，供应链、产业链中的每一个环节都可能影响消费者终端价格。纵使全球贸易框架再完善（例如 WTO 等），也无人能控制每一环节的风险变化水平。近年来，美国有意回迁部分产业至美国境内就是希望在解决供应链难题的同时创造更多就业岗位。确实如此，若供应链、产业链均在一个地区内部，且使用同一种货币结算，风险将更加可控。此外，如果供应链的各个环节都可以得到统一调控，那么资源的配置将得到优化。

在中国，仅使用了全球7%的耕地用于种值，但养活了全球20%的人口。政府主导的"菜篮子工程"计划成功的通过提升配置效率、管理模式降低了生产成本，稳定了终端消费者价格。

为了解决中国市场供应短缺问题，经国务院批准，农业部在1988年提出"菜篮子工程"。起步于1988年的"菜篮子工程"，是在我国经济体制转轨和国民经济快速成长时期，解决城镇居民食品消费问题的一项战略性措施。这项社会经济工程旨在增加蔬菜、肉类、禽蛋、奶类、水产品、水果等主要鲜活农产品供给，内容涵盖生产、加工、流通和宏观调控，地域涉及全国大中城市和鲜活农产品主产区。

菜篮子工程共经历了四个阶段。第一个阶段，1988—1993年，该阶段首次提出"菜篮子市长负责制"，着力于解决城市的副食品稳定供应。截至1993年底，全国已建立农副产品批发市场2080个，城乡集贸市场8.3万个，其中农副产品专业市场达8220个。该阶段菜篮子工程初步实现了农副产品数量大规模增加、种类不断丰富，初步形成了以蔬菜、肉、水果和蛋奶为主的"大市场、大流通"的发展格局。第二阶段，1994—1999年，该时期目标是将"菜篮子"工程扩展到城乡结合地区甚至郊区，着力于建设具备规模的菜篮子生产基地与市场体系。生产侧大力推进"设备化、多产化和规模化"的三化政策。"设施化"是大棚化得到普遍发展；"多产化"是种植种类与产量提升；"规模化"是在数量和种类上形成规模效应。1994年底，全国肉类总产量达4499.3万吨，禽蛋1479万吨，水产品总产量达2146.4万吨，水果总产量达3499.1万吨，蔬菜面积达1.34亿亩。1995年起实施了新一轮"菜篮子工程"，该阶段重心由过去以生产基地建设为主，转向生产基地与市场体系建设并举。1995年，农业部公布了全国23家首批定点鲜活农产品中心批发市场。同年，农业部实施了大、中城市"菜篮子"产品批发市场价格信息联网。1996年，农业部出台《农业部全国"菜篮子"工程定点鲜活农产品中心批发市场管理办法（试行）》，支持培育了一大批重点鲜活农产品市场；1997年，全国农副产品批发市场发展到约4000家。全国已初步形成了以中心批发市场为核心，连接生产基地和零售市场的稳定的"菜篮子"市场体系。该阶段主要有四大特点：加大基地建设，向区域化、规模化、设施化和高档化发展。既发展城郊的"菜篮子"，也积极发展广大农村的"菜篮子"，城乡协手共建"菜篮子"工程，形成了一批全国性的农区基地。为了适应城镇居民对菜篮子产品提出的"鲜活、优质、营养、方便、无虫害"消费要求，各地在广泛采用良种、良法、提高产品产量和质量；探索新的流通方式，积极推进产供销贸一体化经营。第三阶段，1999—2009年。该时期进入"菜篮子"快速发展阶段，重心是提高农产品的安全性。1999年9月，全国召开第十二次"菜篮子"工程产销体制改革经验交流会，会上正式提出国内"菜篮子"的供求形势从长期短缺转向基本平衡，表明"菜篮子"工程全面从发展数量向追求质量的升级，并且基本满足了最初的供给目标。第四阶段，2010年至今。"菜篮子"工程进入体制与机制的优化时期。2010年中央出台1号文件，该文件聚焦"菜篮子"工程的体制与机制建设；2011年，国家发改委会同农业部等部门编制了《全国蔬菜产业发展规划（2011—2020年）》，提出了蔬菜产业长期发展的思路、布局、重点与政策措施。2017年1月，国务院办公厅印发《"菜篮子"市长负责制考核办法》，以适应新时期公众对"菜篮子"的新要求，聚焦考核产品生产能力、市场流通能力、质量安全监管能力、调控保障能力和市民满意度五个方面（上述资料整理自农业部）。经过40多年的努力，中国食品供给充裕，食品价格稳定，为经济生产奠定了稳定基础。在币值稳定层面，长期稳定的供给与价格使得货币在食品的购买力常年维持稳定水平。

二、房价管理

食品的充足供给是居民生活最底层的保障，除此之外还要考虑居有定所。保障居民的基本需求是经济生产的必要条件。上文引用书籍 *Evicted* 简单阐述了居民居有定所的重要性。房价的高企对经济的冲击是不可忽视的。我们将房价上行可能带来的问题总结如下：

（1）房价上行带动租金价格上行

一手房屋成交价格的上行会带来房屋租赁价格的抬升。在现实中，房屋租赁用户基本为两种：年轻人（储蓄不足）以及外来务工人员。高企的租赁价格如果与实际工资脱钩，那么租赁价格的上行会给租赁群体带来压力。

101

（2）资金流动性降低导致消费回落

如果住房占家庭收入的更大份额，家庭在其他商品上的支出将更少。住房供应的增加和住房成本的下降会带来其他商品和服务消费的增加，从而刺激其他部门的增长和就业增长，这可能会产生乘数效应。

（3）劳动力减少

更高的住房成本阻碍了劳动者搬到或留在就业机会更大的城市。这导致企业不得不提高工资以满足职工在城市的生活成本。在较高的住房成本压力下，多数增加值低的企业将离开大城市，寻求人力成本低的地区。

（4）贫富差距加大

当房价上行时，租赁价格同步上行。这将使得房屋所有者获利增加，由于房屋所有权是积累长期财富的重要工具，而房主的孩子更有可能成为房主，这可能会进一步加剧后代的财富不平等现象。在长期的财富积累后，房主可能会不断购置新房来扩大收益，这将导致租赁群体难以从租赁身份转换至房主。

基于上述内容，我们相信房价的上行不仅仅是市场价格的问题。2007年3月26日，广州市公开表示："住房问题已经不单纯是一个经济问题、社会问题，更是一个政治问题。"控制房价，让居民能够依靠工资收入支付购买所在地的房屋是维持币值稳定的必要条件。否则，工资收入无法为劳动者带来稳定居所，货币的实际价值将难以维持在有效水平。

实践经验表明，解决住房问题一般都要靠"两条腿走路"——对中低收入群体提供政府保障性住房，对高收入者提供商品房。中国当前欠缺的是保障性住房，中低收入者不得不从商品房市场寻找属于自己的住房，需求高涨，而适合的普通住房却供给不足，最终导致房价快速上行，普通劳动者无力支付并被迫退出市场。从数据来看，当前中国全国对房价增速的管理是合理且到位的。但是，结构上，在北京、上海、广州、深圳四个超大城市中，房屋的租赁价格还处于高位。

为了管理中国房价，2016年底的中央经济工作会议首次提出："房子是用来住的，不是用来炒的。"房住不炒，明确了居住是房产的首要作用，而非交易商品。中国政府为抑制房价过快上涨做出了较大努力，方法包括在购房需求过热时收紧信贷、提高第二套自有住房的信贷门槛、落实土地供给、加强房地产市场价格管理和监测、打击囤积等违法行为等一系列方式，严格执行房住不炒的核心思想。

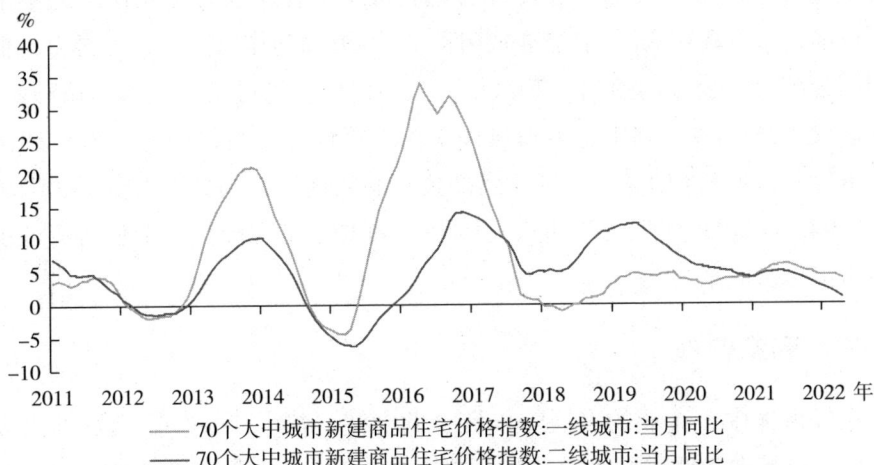

图 5-2　中国 70 个大中城市新建商品住宅价格指数对比

（据来源：Wind 数据库）

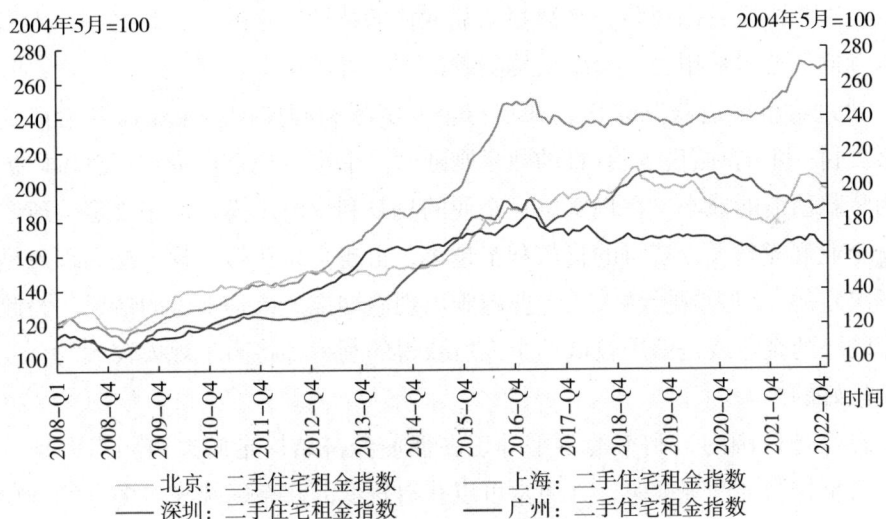

图 5-3　全国主要城市二手住宅租金指数

（数据来源：Wind 数据库）

当前，中国一、二线城市住房成本仍在高位。虽然房价增速水平已经回落，但租房成本仍在高位波动。在住房层面，提升币值稳定的最终目标是让居民可负担住房成本。可以通过提升居民名义工资收入或者降低住房成本来达到。目前，中国政府为了达到这一目标，在两方面均作出了较大的努力。根据中国国家统计局公布的数据，2021年，全国居民人均可支配收入35128元，比上年名义增长9.1%。其中，城镇居民人均工资性收入增长8.0%，农村居民人均工资性收入增长14.1%。根据住建部公布的数据看，2021年，全国40个城市新筹集94.2万套保障性租赁住房。预计，不断增加的保障性租赁住房将逐步降低城市中住房成本。

三、利率管理

在经济体中，企业的发展需要资金的支持。技术研发、固定资本投资、土地、人员等在初期需要大量的资金支持。对于企业，筹集资金的方式一般有接受投资、向银行贷款以及自有资金。接受投资与持有自有资金属于直接融资，受第三方干预较小。从目前市场看，多数具有科技属性的企业有赖于接受投资。这是由于其高风险、高回报、显性快的特性决定的。除此之外，大多数企业倾向于通过从银行等金融机构贷款的方式筹集资金。

通过金融渠道获取的资金并不与企业实际利润挂钩。企业需要为借贷的资金支付一定的利息，而利息的数量则通常由借出方规定。贷款利息可以被理解为贷款所需的成本。在现实中，企业的贷款利率由规模、信用决定。通俗地讲，企业规模越大，获得的贷款利率越小，也越容易获得贷款。这一现象是由市场决定的，因为规模越大的企业越难出现逾期拖欠或是不还的情况。为此，规模较小的企业或是信用较低的个人所获得的利率都将高于规模较大的企业和信用较好的个人。

在全球范围内，利率的不平等正在促使经济结构走向失衡。当大型企业需要资金扩张生产规模时，其通常可以获得较低的利率以及来自多方的贷款。中小企业通常需要通过承诺支付更高的利息来获得贷款。对于部分小微企业，特别是创新型企业，在某些时候甚至出现无法获得贷款的现象。在部分市场化程度稍弱的地区，借贷的不平等以另一种方式呈现：公有企业比私有企业更容易获得贷款。

在 Abhijit V. Banerjee 与 Esther Duflo 的著作 *Good Economics for Hard Times*

中描述了相关的案例：

印度的经济具有极大的黏性，体现为好公司不会成长，坏公司不会退出。这两个事实是密切相关的：好公司不能成长的事实也有助于解释为什么坏公司不会退出。如果最好的企业能够快速增长，它们通常会压低商品价格，因此除了那些即使在价格低的时候也能赚钱的高效企业外，其他企业都会被淘汰，最终在市场上呈现寡头状态。同样的道理，它们会推高工资和原材料的成本，进一步打击规模较小的企业。相反，如果企业只维持较小的规模，只服务于当地的需求，那么效率较低的公司可以很容易地在本地的市场生存。

资本市场是其中的主要阻碍。在蒂鲁普尔，当地资本市场的问题较为显著。在印度生产力最高的T恤衫集群中，生产力最高的企业无法借到足够的资金来追赶生产力较低的当地公司，其中的原因在于金融部门。印度的银行部门存在严重的问题，他们通常尽量避免向蓝筹股借款人以外的任何人贷款。这导致许多雄心勃勃的印度年轻企业家因无法获得正常贷款而放弃计划。在金融支持不公平的背景下，印度企业所获得的资源也呈现不平等状态——生产率较高的公司往往比生产率最低的公司拥有更少的土地和建筑物。与印度不同，自20世纪90年代以来，中国的银行经历了重大改革，目的是允许不同的参与者进入金融市场。但是"四大"国有银行仍然倾向于向有政府背景的项目提供贷款。除此之外，中国金融市场中还存在不少其他商业银行，通常可以向地方中小企业提供一定的支撑。

利率的不平等导致金融资源出现倾斜。蓝筹或是有政府背景的企业及项目可以轻易地拿到低利率贷款。这导致初创型企业无法获得足够的启动资金，小型企业无法进行正常的扩张，这将最终导致创新力下降。在整个社会层面，大型蓝筹企业会依靠金融优势快速成为行业寡头，进一步阻止其他创新企业的成长。通过不断以低廉价格并购小微企业，寡头将不断成长，成为跨行业巨头。有政府背景的企业和项目同样会不断扩张，挤压私营部门的利润和生存空间，最终同样走向创新停滞。

四、杠杆管理

与利率相同，贷款杠杆在市场中也存在极大的不平等。高杠杆贷款是一种依靠信用将风险后置的融资模式。在现实中，信用是获取高杠杆的唯一途径。这使得大型企业，特别是国有企业很容易获得大额贷款。在《朱镕基讲话实录》中，朱镕基总理曾多次质问为什么一些国有企业在没有效益的情况下还可以依靠金融机构的"输血"来正常发放工资等福利待遇。在中国，计划经济体从1956年开始至1992年结束。在计划经济体下，最终经济产出是大目标，部分国有企业收支不平但也必须继续运作。例如，钢铁、煤炭等能源企业，因为这部分企业生产一旦停止，经济增速就有可能陷入停滞。但是，在计划经济结束后，收支不平的问题需要被重视解决。在市场经济下，无论是私营部门还有公有部门，企业应该是盈利的，这也是企业存活的标准与红线。在中国，部分金融机构沿革了老的标准，持续为效益较低的国有企业提供高杠杆贷款，导致金融风险不断增加。金融风险的增加意味着经济上行不确定性的增加，也同样是居民风险的增加。中央政府早已对朱镕基总理提出的问题作出了修正，积极解决风险质押的问题。同时，逐步加强对市场资源公平利用的监督，减少不平等。

2016年9月22日，国务院发布《国务院关于积极稳妥降低企业杠杆率的意见》。核心目标为贯彻落实党中央、国务院关于推进供给侧结构性改革、重点做好"三去一降一补"工作的决策部署。旨在促进建立和完善现代企业制度，增强经济中长期发展韧性。

2017年9月25日，国家发展改革委发布的消息显示，中国企业杠杆率呈现稳中趋降的态势，债务风险趋于下降。下一步，国家发展改革委将把国有企业降杠杆率作为主攻方向，出清僵尸企业，继续推动市场化债转股，支持企业兼并重组。由于在统计时没有区分国有企业和私营部门，所以只能看到中国整体杠杆率的下降。根据国际清算银行（BIS）公布的数据，截至2017年一季度末，中国总体杠杆率为257.8%，同比增幅较上季度末下降4.7个百分点，连续4个季度保持下降趋势；环比增幅较上季度末下降0.8个百分点，连续5个季度保持下降趋势。这说明2016年开始的积极政策是有效的。

2021年1月19日，在国新办举行的2020年央企经济运行情况新闻发布会上，国务院国有资产监督管理委员会秘书长、新闻发言人彭华岗表示，接下来的任务重心将由降杠杆向稳杠杆转变。这说明降杠杆的基本目标已经达成。虽然没有具体数据作为支撑，但是新闻发布会上透露，2017年以来，国资委全面推进中央企业降杠杆减负债防风险工作，取得了比较明显的成效。首先是控负债率，国资委专门出台了降低负债率的指导意见，提出11条具体措施，制定了负债率分类管控方案，按照管控线和警戒线实施分类管控，与中央企业逐户签订三年负债率的目标，通过强化监测通报、督促约谈等举措，推动中央企业严格落实目标。其次，中央加强了重点债券风险管控。严格控制高风险企业短期债券占比，防止集中兑付风险，严格控制资金投向，要求企业将资金高效投入到主责主业，严控超越财务能力的投资，严禁挪用资金空转套利。最后，全面加强高风险业务管控。在国资委的带领下全面排查金融及金融衍生业务的风险，严控对外担保、PPP等高风险业务，坚决禁止融资性贸易（上述内容总结自国新办举行的2020年央企经济运行情况新闻发布会）。

截至2021年第四季度，中国实体经济部门杠杆率与非金融企业部门杠杆率增速均呈现快速下行。虽然没有证据证明中国在对私营部门与公有部门的不平等得到了解决，但是，公有部门杠杆率的快速下行将有助于市场恢复平衡。

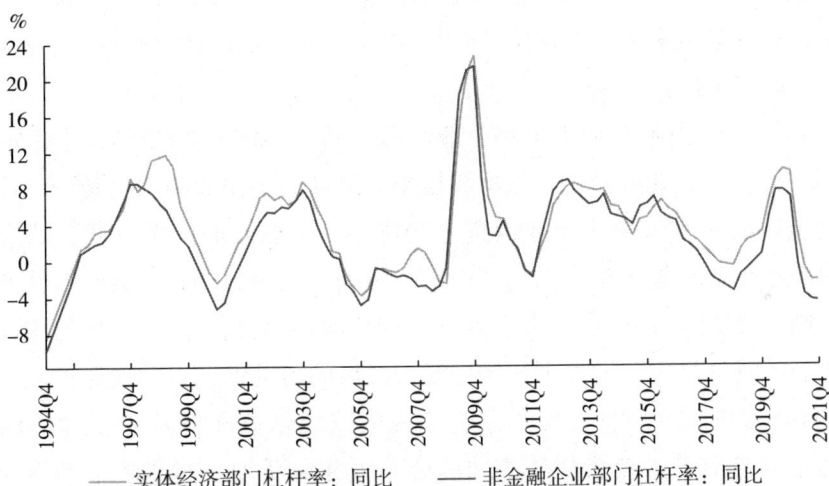

图 5-4　实体经济部门杠杆率与非金融企业部门杠杆率

（数据来源：Wind 数据库）

近年来，中国政府鼓励大型国有银行设立专门的分行或部门为小企业服务，并要求银行在城镇和小城市增加更多子公司，以便将服务扩展到更大比例的小企业。小银行、私人银行、乡村银行、小信贷公司和其他新的融资组织已经得到了政府的支持并获得了发展。2009—2017年，中小企业贷款占商业贷款总额的比例增加了10.36个百分点。份额保持在65%的水平。

根据OECD在2020年报告公布显示：在中国，超过98.64%的公司规模为雇佣员工人数在300人或以下的小企业，占总GDP的60%以上、税收收入的50%、创造就业的75%和出口的68%。2018年，新业务创建达到历史新高，共有6700万家新公司成立，比2017年增长了10.4%。2017年，中小企业贷款存量增加到464773亿元人民币，比2016年增长14.7%。2014—2017年，中小企业贷款份额从54.60%增加到64.96%。同期，短期贷款与中小企业贷款总额的比率从56.10%降至41.62%。2017年，由抵押品支持的中小企业贷款比例降至50.28%，下降了1.77个百分点。

2018年，中小企业和大公司的利率分别为5.17%和5.07%，分别下降了0.61和0.33个百分点。中小企业和大型企业之间的利率利差已缩小到0.1，这意味着中小企业的融资成本较低。此外，中小企业平均收取的额外贷款费用，约占银行贷款总额的1.3%。2018年，影子银行业的一年利率从13%到15%不等，来自正规银行贷款的利差约为9%。同年，中小企业贷款申请拒绝率为3.69%，比2017年下降了0.38个百分点。

近年来，中国不断加强中小企业政策支持。2009—2018年，中国提出了一系列政策调整，如差异化存款准备金率政策和中小企业独家信贷分配计划，以鼓励金融机构扩大中小企业信贷。2018年，中国政府四次下调存款准备金率，向中小企业释放了更多的信贷资源。中国人民银行创建了有针对性的中期贷款机制（TMLF），以支持中小企业以3.15%的有利利率融资。央行增加了对中小企业的贷款供应，增加了4000亿元人民币的再融资和再贴现业务。

2014—2018年，中国政府实施了一项鼓励创业和更具创新性的国家战略，通过放松监管、提供优质高效的公共服务以及加强对非法市场行为的监督力度，为改善商业环境作出了许多努力。2018年，中国政府通过清理行政许可，对商业制度进行了持续改革。这些改革和随后几年的其他改革强烈鼓励了创业，并推动了18300家每天创纪录的高点新成立的公司（数据来源于OECD）。

2015年，中国银行业监督管理委员会就银行向中小企业贷款提出了三项"不应低于"的运营原则：

（1）中小企业贷款的增长率不应低于商业贷款总额；

（2）接受贷款的中小企业数量不应低于上年获得贷款的中小企业数量；

（3）接受的中小企业贷款申请百分比不应低于上年接受的中小企业贷款申请的百分比。

2018年，中国银行业监督管理委员会进一步提出了更严格的"两加二控"经营原则：

（1）"两次增长"：信贷不超过1000万元人民币的中小企业贷款同比增长不应低于商业贷款总额；未偿贷款的中小企业数量不应低于上年；

（2）"两个控制"：合理控制中小企业贷款资产的质量，合理控制中小企业贷款的综合成本，包括相关的利率和银行服务费。

类似的政策支持还有多种，例如地方的专项支持基金、产业投资基金等。中国政府利用政策的独立性弥补了部分市场中的不足。利用行政手段强制弱化了金融对企业支持的不平等问题。与其他国家不同，中国政府更加注重经济体内结构的平衡发展。为了帮助中小企业，中国颁布了《中华人民共和国中小企业促进法》以改善中小企业经营环境。在新冠肺炎疫情的冲击下，中国政府更是高频次的为中小企业提供纾困工具。

第七节　全球市场：加大金融工具对中小企业的支持

商业银行对大型或具有政府背景的企业的偏好是无法彻底消除的。这是因为投资人均有低风险的投资偏好。站在全球资本市场，多数资本工具都是为大型企业服务的，例如利率互换（Interest Rate Swap）工具是不平等再次扩大的表现。PE/VC又通常含有一定的不对等条例，使得企业在自由与资金成本上必须作出选择与妥协。梳理历史，我们发现不少新的技术源于小型公司。大型企业在具备一定规模后会出现创新力的下行。这主要是源于创新成本提升以及欠缺新的技术蓝图。从商业案例中可以发现大量的中小企业通过技术反超大型企业的案例。例如，特斯拉在2021年全球范围内交付了约94万辆汽车，梅赛德斯奔驰乘用车全球交付约200万辆。特斯拉作为汽车界的新秀正在以前所未有的速度赶超百年造车企业。为此，全球需要重视中小企业，给予支持。通过更加科技的手段甄别风险，绕过陷阱，投资真实高效的中小企业以助力经济发展。

一、英国——另类投资市场（Alternative Investment Market，AIM）

另类投资市场（Alternative Investment Market，AIM）成立于1995年，以取代自1980年以来一直在运营的未上市证券市场（USM）。USM的特点是监管松散，而AIM的监管更宽松。伦敦证交所的主要市场要求潜在上市者至少存在三年，市值至少为70万英镑，至少浮动其股本的25%，并有足够的周转资金进行至少一年的交易。AIM没有这些要求，这意味着规模较小、快速增长的创业公司可以使用其作为通过股票发行来寻求外部投资的通道。从本质上讲，AIM允许有想法和梦想的小公司寻求直接融资。

宽松的监管和规模较小的上市公司意味着，AIM股票比主要市场上的股票风险更高。通常，小的企业拥有更少的富余资金，其抵御风险的能力就将弱于大型企业。2000年互联网泡沫破裂时，AIM受到沉重打击，在2000年至2005年下跌了近一半（而富时全股指数同期仅下跌了16%）。当2008年信贷紧缩来袭时，数十家公司通过退市放弃了AIM。多数是因收购、破产或资本池枯竭导致的财务压力而被迫离开。

企业在2009年继续离开证券交易所，尽管2010年数量略有稳定，但政府仍然认为有必要在其2010年预算中刺激AIM。为了填补AIM的中小企业（SME）可用资金缺口，政府允许ISA（提供便捷免税储蓄的个人储蓄账户）投资AIM股票，以加强其韧性。

在AIM市场中，目前约有1100多家公司。自1995年成立以来，已有来自全球各地的3600多家公司加入，在募集规模达到了600多亿英镑。许多在AIM上市的公司在一年内离开，离开的理由有两种：一是经营不善导致破产；二是成功并转向伦敦证交所等主要市场。

AIM与伦敦证交所的富时100指数一样，并不只留给英国企业。在AIM上市的220多家公司来自英国境外，包括新西兰石油和天然气勘探者Kea Petroleum。在AIM上市的中小企业通常希望筹集100万至5000万英镑。

AIM是过去25年左右英国经济中市场放松管制的一个案例。AIM是一个平台，允许更多公司通过金融手段融资。AIM为全球政府树立了一个全新的标杆——以公开市场的方式将小企业的定价权交予投资者。公允价值使得有未来前景的小企业快速显现，而没有未来的则快速退出。AIM实质上将本来对小企业高不可攀的直接融资模式进行了下放，让金融工具的获得性更加公平且高效。

二、中国——北京证券交易所

北京证券交易所（以下简称北交所）的上市标准低于目前其他主板，并实行注册制，审核2个月。

1. 市值不低于2亿元，最近两年净利润均不低于1500万元且加权平均净资产收益率不低于8%，或者最近一年净利润不低于2500万元且加权平均净资产收益率不低于8%；

2. 市值不低于4亿元，最近两年营业收入平均不低于1亿元，且最近一年营业收入增长率不低于30%，最近一年经营活动产生的现金流量净额为正；

3. 市值不低于8亿元，最近一年营业收入不低于2亿元，最近两年研发投入合计占最近两年营业收入合计比例不低于8%；

4. 市值不低于15亿元，最近两年研发投入合计不低于5000万元。

后疫情时代，中小企业恢复速度远慢于大企业速度，从2021年企业中报来看，上、中游利润大幅度上升，下游制造业企业则要承压大宗商品价格所带来的涨价叠加上中游企业对利润要求。从PMI指数来看，截至2021年8月，大型企业、中型企业、小型企业的PMI指数分别为50.3%、51.2%、48.2%，中型企业PMI指数在新冠肺炎疫情后首次赶超大型企业，小型企业连续4个月低于50%临界点，景气程度偏低，生产经营压力巨大。

从全国层面看，中小企业对于国内纳税、就业、科技创新均具有重要意义。中小企业的稳定发展意味着经济、社会的稳定发展。发展好中小企业有助于促进社会稳定、推动创新驱动发展。截至2021年8月，工业和信息化部公布了三批共4921家"专精特新"企业名单，其中上市公司302家，占总数6.14%；可预见，北交所将为剩余企业带来巨大的机会。

在融资市场中股票市场具有一定的补充与调节作用，北交所的建立有助于稳定社融增速，在一定程度上促使社会资金供需达到平衡。2021年上半年宏观经济整体处于紧信用的状态；宏观环境不稳定导致银行不愿意放贷、市场预期差导致的企业不愿意借贷等自然行为；宽货币并未传导至宽信用，整体社融同比增速持续下降。在整体融资方式下行时股票市场融资往往具有自动调节的机制。通过重启IPO、放松再融资规则、注册制等政策性手段辅助，北交所的建立在一定程度上将减缓当前社融增速持续下滑的趋势，从而以资本市场助力实体经济发展。

三、北交所建立多层次资本市场体系

在北交所出现之前，中国大陆已存在深圳证券交易所（以下简称深交所）、上海证券交易所（以下简称上交所）两家全国性证券交易市场，外加全国中小企业股份转让系统（新三板）以及各省一家的区域性股权交易市场共同构成当前我国多层次、分工明晰的资本市场体系。长期以来，新三板流动性较差，参与企业质量差距较大，导致当下发展受限。2020年7月，新三板精选层设立，在原有基础上创建新的筛选机制。2021年2月，上交所与深交所相继发布了新三板精选层科创板、创业板转板上市办法，明确转板条件。北交所的建立势必打破原有资本市场龙头格局，建立以上交所、深交所及北交所为龙头的新格局。

宏观层面看北交所的设立致力于解决中小企业融资难的问题。目前，新三板企业通过"基础层—创新层—精选层—转板"的路径完成上市，按照目前已公开的信息，北交所使用的注册制将促使精选层企业无须转板直接完成上市；此举将大幅度缩短中小企业融资时间。

当前，A股市场对专精特新融资支持较弱。目前市场各个办款的上市要求对企业基本面及市值均设立了相对新三板较高的准入门槛。企业需具备一定规模、完善的商业模式和稳定的盈利前提下提交上市申请。即便科创板和创业板准入条件相对放宽但相对于中小企业来说门槛仍然较高。工业和信息化部目前4921家专精特新企业中A股上市企业共304家，其中高门槛是中小企业融资的一大难题。在4921家专精特新企业中75%公司市值小于100亿元，其中仅3家具备500亿元及以上市值。在这300余家公司中科创板和创业板上市公司达到217家，其中2020年单年上市达到134家，充分说明金融市场视角正在倾斜。

当前，新三板精选层挂牌公司平均流通市值12.5亿元，作为与新三板精选层制度平移的北交所，这些公司很可能成为未来第一批北交所上市公司。从行业分布来看，主要集中在资本货物、技术硬件设备等制造业、医药等行业，与"专精特新"中公布的行业特点重合度较高；从基本面上看，这些公司的成长性、运营状况、科研投入整体较为良好，在部分维度领先A股市场的其他板块。

上市门槛继续降低。目前，在科创板和创业板上市的企业最低的预计市值要求分别为10亿元和50亿元，而当前新三板精选层的挂牌公司平均流通市值仅为12.5亿元，即便存在转板通道，这类企业赴科创板或创业板上市的难度也相对较大。而北交所的设立将有望进一步降低企业IPO的门槛。

从融资能力看，当前科创板最低市值在10亿元左右。目前除了4921家中上市的304家，还有4617家专精特新企业未上市，其中大部分属于高端制造业。高端制造业目前对融资需求较强主要是其研发和生产投入较大的特性导致。

短期看，初步预期2022年底的北交所上市企业或在100~200家。目前由精选层平移至北交所的公司有66家，结合北交所公布的征求意见稿，粗略统计在不考虑行业属性的情况下，目前在创新层仅基于财务层面大致符合北交所上市要求的公司有590家，由此来看北交所短期并不缺乏由创新层可进入北交所的公司。若假设北交所在2022年下半年左右正式开市，且按目前的IPO节奏，预计至2022年底，北交所的上市企业可能会达到100~200家。

微观层面，北交所当下的价值在于促进中小企业融资；中观层面促进短、中期社会稳定发展、就业持续增长、政府收入增加的优势；宏观层面，当下规模中小的高端制造业中的部分在未来将在实质上不断弥补产业链中的缝隙。

第六章

实　证

第一节　关于资本/收入比的说明

工业革命以来，资本的性质发生了彻底的改变，由于后者的资本利得更高，在工业革命后，农地形式的资产逐步被工业资产、金融资本以及城市房地产资本所取代。要理解资本/收入比的长期变化，不仅要理解资本性质的变化，还要理解资本收益率（r）和经济增长率（g）的关系。资本收益率（r）包括利润、股利、利息、租金和其他资本收入，以总值的百分比表示；经济增长率（g），即年收入或产出的增长率。

皮凯蒂在《21世纪资本论》中给出了一个研究不平等的详细框架，引入了资本主义第一基本定律和资本主义第二基本定律来对资本收益率进行定义，并推导出了资本收益率（r）和经济增长率（g）的关系。我们首先来介绍一下资本主义第一基本定律和资本主义第二基本定律的基本内容和含义。

资本主义第一基本定律定义了资本收益率r、资本/收入比β与国民收入中资本收入的比重α的关系，可用如下公式表示：

$$\alpha = r \times \beta$$

举例来说，如果$\beta=600\%$，$r=5\%$，那么$\alpha=r \times \beta=30\%$。理解第一定律的关键点在于，该等式的构造使得它在任何时间地点都成立。我们可以将它视为关于资本收入在国民收入中所占比重的定义（或是个关于资本收益率的定义，取决于哪个参数更容易测量），而不是一条定律。这里g代表经济增长率，即年收入或产出的增长率。

资本主义第二基本定律则描述了长期的资本/收入比的均衡状态，即储蓄较多而增长缓慢的国家将在长期中积累更多的资本（相对于收入而言）。从长期来看，资本/收入比β与储蓄率s及增长率g有着如下简单明了的关系：

$$\beta = s/g$$

该公式意味着更高的储蓄率和更低的增长率会带来更高的资本/收入比。

首先，它是一条渐近式的定律，这意味着仅仅在长期才有效。因为财富积累是需要时间的，可能需要数十年的时间才能让第二定律$\beta=s/g$生效。因此，需要注意，第二定律并不能解释资本/收入比可能遭受的短期冲击。资本/收入比短期的不规则变化的主要原因是房地产价格（包括住宅和商业地产）及金融资产（特别是股票）价格的极度不稳定。

其次，不同于第一定律，第二定律（$\beta=s/g$）是对动态过程结果的描述，它代表着一种理论上的均衡状态。如果某个国家永远把s比例的收入用于储蓄，国民收入的增长率始终保持在g，那么其资本/收入比将越来越接近于$\beta=s/g$，并稳定在一定水平。

从资本主义第二基本定律我们可以得到以下启示：储蓄较多而增长缓慢的国家将在长期中积累起更多的资本（相对于收入而言），而巨额资本则反过来会对社会结构和财富分配产生重大影响。如果房地产或股票价格涨速快于其他价格，那么即使没有任何新增储蓄，β（国民资本的市场价值与国民收入年流量之比）也能达到很高水平。

最后，皮凯蒂提出了著名的$r>g$用来解释财富不平等的长期演变趋势，即如果资本回报率大于经济增长率，那么财富将倾向于通过资本利得来积累而不是劳动收入来积累，并且会向富裕人群集中，加剧财富不平等，推高资本/收入比。

同时，在此也一并对"国民财富"或者"国民资本"定义进行说明。我们沿用皮凯蒂书中的定义，将"国民财富"或者"国民资本"定义为在某个时点某个国家的居民与政府所拥有的全部物品的市场价值之和。这包括了非金融资产（土地、住宅、企业库存、其他建筑、机器、基础设施、专利以及其他直接所有的专业资产）与金融资产（银行账户、共同基金、债券、股票、所有形式的金融投资、保险、养老基金等）的总和，减去金融负债（债务）的总和。

第二节　美国

表 6-1　美国的经济周期和价格经济时期划分

时期	年份	时期经济状况	主要事件	表现
成立年代	1790—1811	低通胀、平均失业率、预算盈余、GDP 温和增长	基本政府机构的建立，联邦主义者与杰斐逊主义者的辩论，大农业经济，小工业	好
1812 年的战争	1812—1815	通货膨胀率翻倍，（假设）失业率上升，预算赤字显著，国内生产总值增长放缓	农业封锁，燃烧华盛顿，占领底特律，新奥尔良战役	一般

时期	年份	时期经济状况	主要事件	表现
中期工业革命	1816—1860	通货紧缩、中度（估计）失业、预算盈余、GDP 快速增长	1837 年的恐慌，工业革命的开始，昭昭天命	好
美国内战	1861—1865	高通胀、低估计失业率、巨额预算赤字和适度的 GDP 增长	内战，解放宣言	差
镀金时代	1866—1889	通货紧缩、适度失业、预算盈余和 GDP 快速增长	重建、"狂野西部"、工业革命、劳工运动的开始、铁路的迅速扩张、谢尔曼反托拉斯法	优秀
进步时代	1890—1920	第一次世界大战前低通胀和预算赤字、适度的失业率和 GDP 增长	1913 年联邦储备法，引入所得税，大规模生产，第一次世界大战	好
咆哮的 20 年代	1921—1929	低通胀、失业率和预算赤字，GDP 增长率高	梅隆减税，汽车和电话的快速增长	优秀
大萧条	1930—1940	通货紧缩和低通胀、极高的失业率、适度的预算赤字、GDP 两次收缩，然后是增长	新政，引入社会保障，广泛的商业监管上升	差
第二次世界大战和战争退役	1941—1947	温和通胀、快速下降和低失业率、史无前例的预算赤字、GDP 快速增长	第二次世界大战、核裂变和原子弹	一般
战后繁荣	1948—1967	极低的通货膨胀率、失业率和赤字率以及相对较高的 GDP 增长	冷战的开始；朝鲜战争，越南战争的开始，劳工运动的高峰	优秀
第一次现代停滞	1968—1981	以高通胀率、失业率上升、适度的预算赤字和 GDP 增长放缓为特征的经济表现恶化	冷战的延续、越南战争、大社会、医疗保险、医疗补助、水门事件丑闻、滞胀	一般
里根革命与新经济	1982—2000	低通胀、失业率下降、中等至高预算赤字和较高的 GDP 增长率	里根革命、冷战升级和结束、海湾战争、北美自由贸易协定、互联网兴起、科技泡沫	好
第二现代停滞	2001 年至今	相对较低的通胀和失业率、适度的预算赤字和 GDP 增长放缓	"9·11"恐怖袭击、伊拉克和阿富汗战争、房地产泡沫、银行危机	一般

数据来源：5minuteeconomist。

一、价格水平波动

整体来看，美国近60年的价格数据波动相对温和，资产价格和CPI在-15%至10%的区间内波动，相较于其他国家50%乃至三位数的变动而言较为温和。美国CPI同比在20世纪60年代后期开始进入上行通道，这是美国现代以来的第一次经济停滞，历史上也称为"滞胀时期"。随后，布雷顿森林体系瓦解、越南战争、三次石油危机、美苏冷战持续，多重因素叠加导致美国政府赤字增加，经济增速放缓，CPI快速上行，通胀维持在5%以上的高位。第一次与第二次石油危机使美国CPI两次触及10%高点，房价也呈现出类似的趋势，但其高点的到来早于CPI，在CPI到达高点时，房价同比增速已经受投资者悲观情绪影响走入低谷。在1974年和1980年CPI两次高点时期，美国30天利率相应上行以应对极高的通胀。1981年，里根总统推出里根改革，在大幅减税的同时，美联储主席沃尔克严格控制货币供应量与利率，使得美国CPI快速下行，美国房价趋稳回升。

1990年，美国与大多数发达国家一样，在20世纪80年代的经济过热后开始走向衰退，美国房价和资产价格在这一时期大幅下行，达到同比-5%的负增长。为此，美联储降低利率以促进经济走向复苏，美国30天利率中枢自此落入0.5%以下。伴随着北美自贸区建立、互联网兴起以及低利率，美国经济再次步入快速增长，美联储从1994年2月开始加息，先后加息共7次，从3%加息至6%，30天利率开始回升，美国房价在这一时期逐步走高。进入21世纪，互联网泡沫随着美联储1999年的加息破裂，资产价格大幅跳水，房价跌幅相对较小。2001年"9·11"恐怖袭击直接引发新一轮的经济衰退，美联储随之开始了新一轮的降息，利率来到1%附近，房价及资产价格持续上行，CPI维持在温和水平。

随着美国经济的恢复，美联储于2004年6月再度开始加息，房地产泡沫破灭，房地产价格大幅缩水，从2005年高点近7%的同比增幅转入负增长。2006年次贷危机开始显现，并在随后的一年时间席卷全球，房价延续房地产泡沫的破裂跌入谷底。美联储在国际金融危机不断发酵的背景下开启了新一轮降息，在国际金融危机高潮时，美联储将隔夜利率降至0%。随后房价小幅反弹，CPI大幅下行。随着房价在2012年触底反弹，CPI也逐渐走向温和上行。

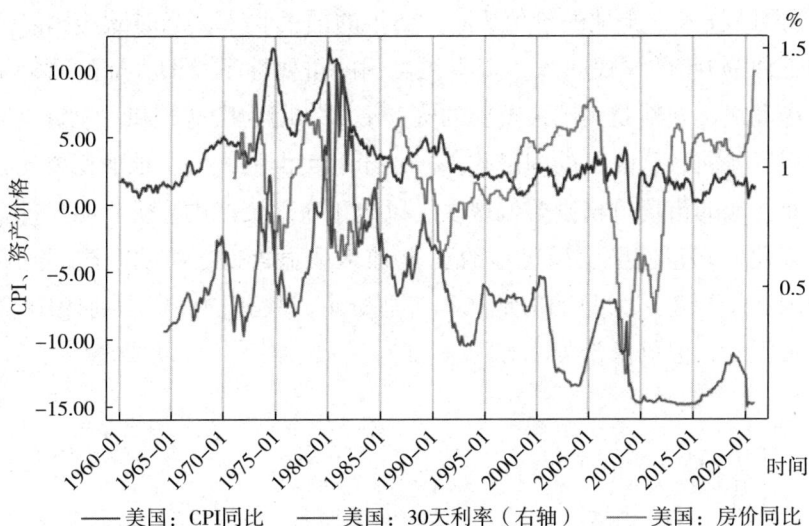

图 6-1 1960—2020 年美国价格水平变动

（数据来源：美国统计局、Wind 数据库、OECD）

二、美国的收入分配问题

（1）资本/收入比

美国的资本/收入比的变化轨迹整体呈"U"形曲线，但是相比于欧洲更为稳定，基本稳定在4%～5%。其中，主要出现了三次较明显的波动。美国的资本/收入比在20世纪初两度上探到接近6附近。之后，在1915—1920年，美国的资本/收入比出现了第一次急跌，一度下探到3.5左右，之后快速回升，在1933年一度冲高回6%的高点。在1933—1943年，美国的资本/收入比出现了更大幅度的连续下跌，下跌了近2/3。在1943年，美国资本的总价值仅相当于2～3年的国民收入。1943年之后，美国的资本/收入比整体呈震荡上行趋势，在2007年重回5以上的高位。在2008年出现了近期最后一次明显的下降，资本/收入比下降到4附近，之后快速修复，在2017年后回到5以上。

从19世纪到20世纪初，美国的资本/收入比一直比欧洲国家低，这反映出在当时美国的社会不平等更小。即在新大陆，新来的移民通过几年努力就可以缩小与富裕阶层之间的差距，缩小财富差距的速度要比欧洲快得多。首先，是土地价值的差异，根据皮凯蒂的测算，美国在独立后的1810年，国民资本仅为3年的国民收入，土地的价值为1～1.5年的国民收入。当时欧美国家的国民资本则近似为7年的国民收入。资本在美国的重要性不及旧大陆的欧洲国家。在18—19世纪，农地是美国最重要的资产形式，因为房地产和工业资本需要长时间的积累才能达到几倍的国民收入。由于北美洲的人均土地面积要比欧洲大得多，而土地的市场价格则要低得多，以至于农地资产的总价要明显低于欧洲大陆。因此，19世纪北美殖民地的资本/收入比显著低于英法两国。到20世纪初，美国逐步积累了大量的房地产和工业资本，使其国民资本到1910年接近5年的国民收入，但仍低于英法等国。

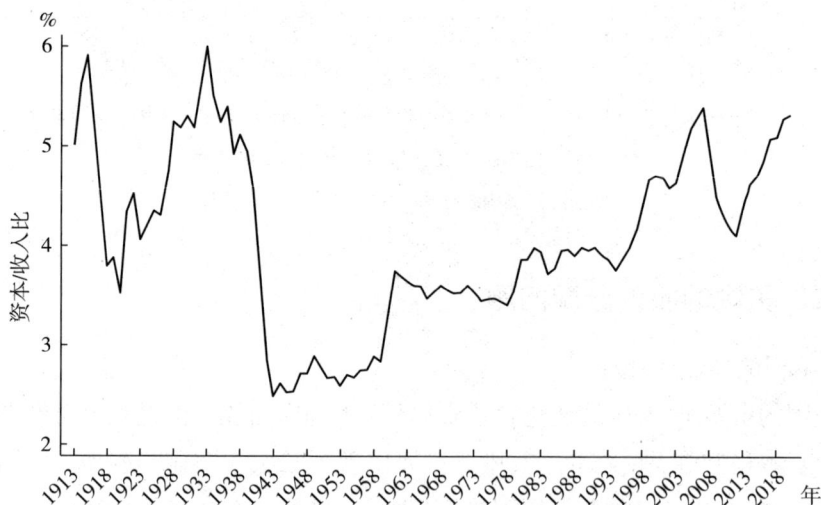

图6-2　1913—2020年美国的资本／收入比

（数据来源：Wind）

其次，资本在美国和欧洲历史中的另一个重要的区别是国外资本在美国的资本的占比较小。由于美国是第一个取得独立的前殖民地，美国本身没有成为一个殖民大国，也就没有拥有巨额的海外财富。即使在第二次世界大战后，美国为交战国提供资金，从欧洲国家的债务人变成了债权人，美国的净国外资产依然处于较低的水平，根据皮凯蒂的测算，仅为国民收入的10%。之后在20世纪末、21世纪初，虽然美国跨国公司在世界各地进行了大量的投资，但同时美国也接受了欧洲以及其他地区对美国的投资（即资本流入，FDI），所以其海外资产一直保持在较低的水平。

最后，奴隶制以及拥有商品属性的奴隶在美国早期的财富积累中也起到了重要作用。根据皮凯蒂的测算，在1800年，美国近500万的总人口中，有20%是奴隶。美国奴隶的总市场价值在18世纪后期和19世纪上半，相当于美国1.5年的国民收入，几乎与农地的总价值相同。总体而言，如果把奴隶市场价值加入其他所有类型的资本，南方的资本价值总量将超过6年的国民收入，将接近于当时欧洲大陆的水平。在没有奴隶的北方各州，其总财富水平则要低得多。

20世纪，美国的资本、私人财富在两次世界大战中受到了较大冲击，资本/收入比应声而落。第一次世界大战期间（1914—1918年），公共债务由于战争开支迅速扩大，在经济动荡时期影响到了国民的储蓄率，美国的资本/收入比大幅下降，但在1920—1933年迅速回升。在"大萧条"时期（1929—1933年），美国的资本/收入出现了上升趋势，这主要是由于国民收入增速下跌幅度高于资产价格的下跌幅度导致的。在1933—1938年，美国经济逐步从"大萧条"中恢复，美国资本/收入比开始下降，这主要是由于罗斯福总统实施了一系列的扩张性财政政策，进行一系列大规模的公共投资，尤其是对基础设施的投资，经济增长率（g）出现了快速的回暖。在第二次世界大战时期（1939—1945年），因美国房地产与股票价格跌至历史低谷，导致储蓄率（s）也降至极低水平，美国的资本/收入比出现更大幅度的急跌。到20世纪50年代，美国的国民资本仅相当于2~3年的国民收入。总而言之，20世纪世界范围内剧烈的军事、政治和经济冲突对资本的冲击，对美国的影响要远小于欧洲国家，它的资本/收入比也因此显得更为稳定。

在第二次世界大战结束后美国的资本/收入比开始提升，并一直保持上升趋势后在21世纪初趋于稳定，到2020年，国民资本的总价值为5~6年的国民收入。第二次世界大战后资本/收入比出现大幅回升并稳定，$r>g$在其中发挥了重要作用。换言之，资本收益率（r）大于经济增长率（g），意味着财富将倾向于通过资本利得来积累而不是劳动收入，结果是财富向富裕人群集中，加剧财富不平等，推高资本/收入比。

由于战争的破坏和战时的技术进步，美国在战后重新获得了较高的经济增长率，房地产与股票等资产价格也逐步回到了正常的价格区间，储蓄率s逐步回升。战后资本稀缺，资本的边际收益更高，同时，市场机制和产权的不断完善，也推高了资本收益率。其中，2008年附近的资本/收入比大跌，主要是由于2008年的国际金融危机戳破了房地产和股市的资产泡沫，导致资产价格大跌造成的。平均而言，第二次世界大战后，$r>g$依然存在，即资本收益率大于经济增长率，推动美国资本/收入比不断上升。值得注意的是，在长期，资本收益率出现下滑，而由于科学技术的进步，长期经济增长率虽然放缓，但仍高于18世纪前的水平，r和g的差距小于18世纪前。

但是战后的资本/收入比和财富集中度，并没有恢复到战前的水平，这可能与战后社会发生的一些结构性变化使r和g的差距缩小有关。首先，两次战争后的高税收和通胀等政府再分配手段的实施推动了美国公共财富的积累和财富再分配。美国加大了对资本收入征税的力度，并发展了累进税制和不动产税，降低了收入的不平等。为缩小收入差距，在累进税制方面美国比欧洲走得更远。第二次世界大战后的公共债务的收益被高企的通货膨胀不断蚕食，巨大的公共债务和较高的通货膨胀成为一种实现再分配的新方法。通货膨胀和经济增长使美国在20世纪50—60年代的公共债务降至了较低的水平，因此在1970年积累了一定的公共财富。

欧洲和美国储蓄率和增长率的结构性差距，可以解释在长期（从第二次世界大战后到21世纪初）欧洲的资本/收入比再次超过美国的原因。这可能是由于欧洲相对于较低的经济增长率，低人口增长率导致的欧洲r和g之间的差距比美国更大。同时，在各个国家中，私人储蓄率通常为国民收入的10%~12%，但在美国和英国仅为7%~8%，而日本和意大利高达14%~15%。从长期来看，美国经济结构有着相对较高的增长率和较低的储蓄率的特征，可以一定程度上解释其第二次世界大战后较低的资本/收入比。

（2）劳动/收入比和劳动/资本比

劳动/资本比的直观含义是居民未来劳动收入折现和与当前总财产的比值，可以将劳动收入和资本收入联系起来，综合反映了财富不平等情况的变化。1950年以来，美国的劳动/收入比和劳动/资本比整体呈震荡下行态势。居民未来劳动收入的折现在当前总财产的占比越来越小，意味着不平等问题的逐步加剧。1950—1965年，美国的劳动/收入比和劳动/资本比均出现了较大幅度的下降。在1965—1985年，劳动/收入比快速冲高后持续下探至0.6附近的低位，之后在0.61附近波动。劳动/资本比则在1965—1980年在5.5附近震荡，在1980—1985年随劳动/收入比一同回落，之后在4.5附近震荡。这一时间段，美国经济受美苏冷战、越南战争、三次石油危机等多重因素影响进入"滞胀时期"，经济出现巨大的波动和衰退，劳动/收入比也呈现出巨大波动和下滑趋势。

　　1991年，苏联解体，美苏持续了44年之久的冷战结束，美国进入历史上最长的经济增长时期之一，劳动/收入比一路上升，再次冲高至0.64的高位。2000年前后，投机性互联网泡沫的破灭、商业支出和投资的下降以及"9·11"恐怖袭击结束了十多年的增长，劳动/收入比开始一路回落，在2010年达到历史低位，降低到0.59附近。劳动/资本比则在4附近震荡。

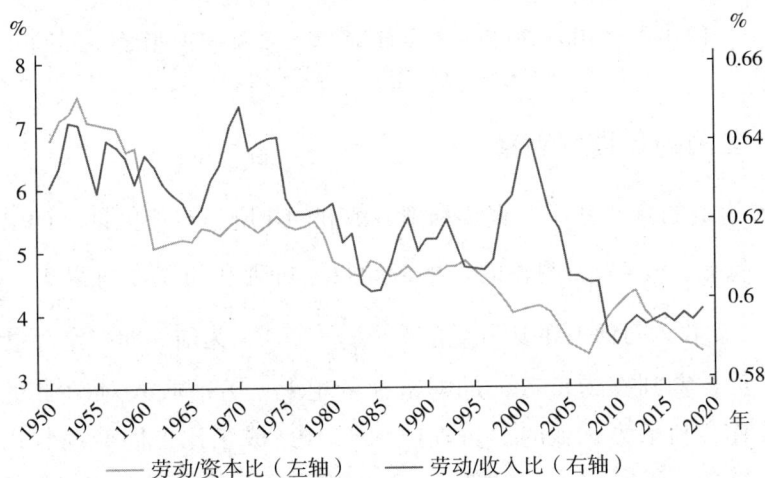

图 6-3　1950—2020 年美国的劳动 / 收入比和劳动 / 资本比状况

（数据来源：WID、FRED）

三、美国的名义利率与经济增长率的关系

　　经济增长黄金律的内容是，要想使每个工人的消费达到最大，则对每个工人的资本量的选择应使资本的边际产品等于劳动的增长率。体现在经济指标上即GDP名义增速与名义利率比值等于1。从美国的历史经济数据来看，美国的名义利率与GDP增速比值始终保持在0.9~1.1，在大多数年份，这一比值小于1。近60年的利率和经济增速数据验证了经济增长黄金律的存在。

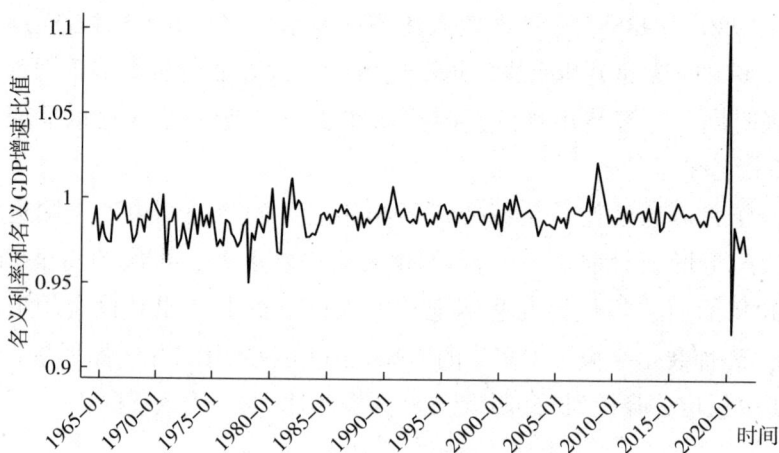

图 6-4　1965—2020 年美国名义利率与名义 GDP 增速比值

（数据来源：美国统计局、Wind 数据库）

四、美国的负真实利率

$e^{ke}-R_e$ 为负的真实利率，真实利率一般和 GDP 增速有相关性。DPIL 包含了经过真实利率（$e^{ke}-R_e$）调整的未来劳动收入折现和与现在财富比（$\frac{\gamma_{t-1}}{W_{t-1}}$）财富扣减。劳动收入对 DPIL 的边际效应为 $\frac{e^{kt}-R_e}{W_{t-1}}$，$W_{t-1}$ 为前一期财富存量。一般情况下，负真实利率为负数，即财富存量越大，劳动收入对 DPIL 的扣减越少。当负真实利率为正数时，劳动收入与 DPIL 成正比，即劳动收入增长越快，DPIL 越高，工资—通胀的螺旋上升趋势明显。其中，财富越少的人，劳动收入上升带来的 DPIL 上升越高，工资—通胀螺旋上升压力越大。

美国的负真实利率整体在 -1%~0.5% 震荡，多数时间维持在 0 以下。在经济出现衰退前后，负真实利率会出现较大幅度的波动，甚至拉升到 0 以上。1973 年石油危机使油价快速上涨，加上 1973—1974 年股市崩盘，美国经济出现滞胀衰退，负真实利率快速拉升，在 1975 年升至 0 以上。2000 年前后，投机性互联网泡沫的破灭、商业支出和投资的下降以及 "9·11" 恐怖袭击，结束了 20 世纪 90 年代的增长，负真实利率再次快速拉升，在 2000—2004 年一直维持在零以上。2007 年，美国的次贷危机导致美国房地产泡沫破灭，能源和食品价格飙升、房产价格下降，美国大量金融机构倒闭，并引发了 2008 年国际金融危机。此次经济危机的隐患在负真实利率中已有预示，负真实利率在 2006 年前后便开始大幅拉升，并在2010年后保持在0以上。2018年，中美贸易摩擦升级，对中美两国的进出口贸易产生负面影响，使得本已出现下行趋势的负真实利率再次拉升并开始剧烈震荡，在2019年甚至冲上1%。

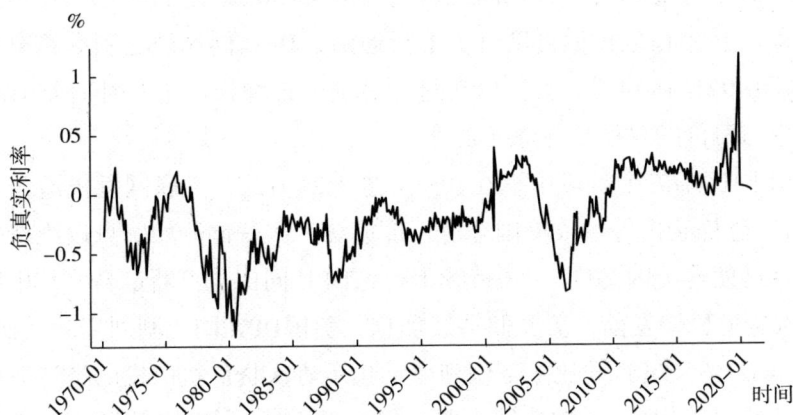

图6-5 1970—2021年美国的负真实利率历史进程

（数据来源：WID、FRED、Wind 数据库）

五、美国 DPIL 同比历史进程

DPIL同比变化意味着本国货币购买力的变化，当DPIL同比为正值时，意味着本国货币购买力正在持续缩减。当DPIL同比为负值，意味着本国货币的购买力正在持续提升。DPIL同比的剧烈变化反映出本国货币的币值稳定正经历较大波动。

美国DPIL同比整体波动幅度大于其他国家，从时间尺度上来看，DPIL同比可以分为两个较大的阶段，一是1970—2000年，二是2000—2020年。第一个阶段，美国DPIL中枢在-20%，布雷顿森林体系瓦解前期，美元危机袭来，大量美元被抛售，布雷顿森林体系难以维系，在1971年崩塌。布雷顿森林体系崩塌后，美元贬值，DPIL同比小幅上行。此后美国CPI快速下行，利率上行有效地抑制了DPIL同比增速，DPIL同比在1973年增速降至-30%。此后，随着美国利率下行，石油危机导致CPI上行，DPIL同比短暂维持正增长。此后随着80年代初房价大幅回落，DPIL同比再度转入负增长，在1980年一度维持-40%的增速。在这一时期，美国DPIL同比受利率影响因素较大。

进入20世纪80年代，美国经济在里根改革下快速复苏，并在20世纪80年代末过热。CPI温和上行，房价快速上行，DPIL同比中枢小幅回升。美国经济在1990年转入衰退，DPIL同比或提前预示着房价等资产泡沫的破碎，当美联储于1989年再度加息，DPIL同比迅速回落至–30%，房价在第二年迎来持续下跌。美国利率在危机后再度进入下行通道，DPIL同比缺乏利率约束开始反弹，并于1992年达到零，房价也在这之后走入正增长。这一时期美国DPIL同比受利率与房价的双重影响持续波动。

DPIL同比第二个阶段中枢在10%。进入21世纪，互联网危机泡沫破灭、"9·11"恐怖袭击等导致美国经济再度放缓，美联储开始降息以维持美国经济增长，这使得美国房价、CPI持续上行，DPIL同比也不断走高，其中枢达到10%。次贷危机爆发前，美联储持续加息，美国DPIL同比剧烈变动，2006年1月回落至–21%，DPIL同比上下剧烈变动预示着次贷危机引发的经济危机即将袭来。此后尽管房价、CPI持续走弱，但接近于0的利率使得DPIL同比再度重回10%的中枢并一直延续至2020年。

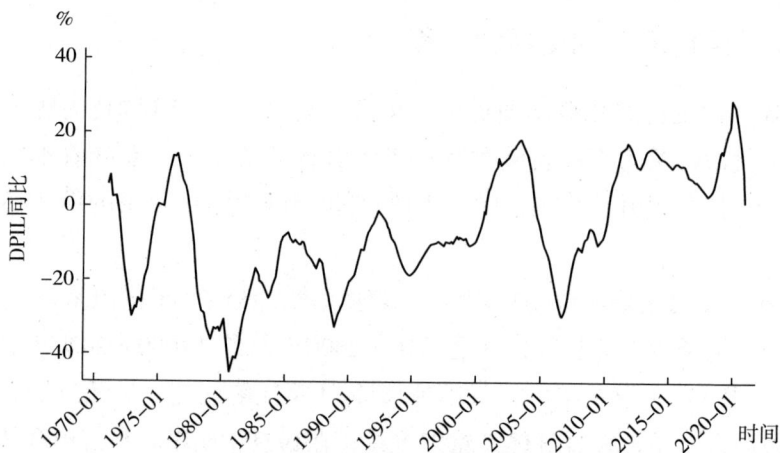

图6-6 1970—2020年美国DPIL同比历史进程

（数据来源：WID、FRED、Wind数据库）

六、美国的 DPIL 同比与失业率

通过时间序列和相关分析，综合二者的分析结果，美国的DPIL同比波动

和失业率基本上呈正相关关系。

首先，时间序列上，美国的DPIL同比波动和失业率基本呈同向变化，尤其是在几次较大的经济衰退中呈现明显的同向拉升。在两次石油危机、2000年的经济衰退、2008年国际金融危机这几次较大的经济冲击中，美国的失业率和DPIL同比都同步出现了大幅升高。两次石油危机和2008年国际金融危机，失业率和DPIL同比攀升的幅度最大。其中，在1981—1985年和1996—2000年美国的DPIL同比波动和失业率则短暂地呈反向变化。1980—1985年，第二次石油危机造成的通货膨胀得到控制，美国经济从"双底"衰退中复苏，但美国的失业率仍然相对较高，尤其是在制造业和建筑业工人中，因此形成了失业率上升，DPIL下降的情况。在20世纪90年代初的温和衰退之后，美国进入经济扩张期。1993年美国经济增长稳定，失业率稳步下降，1995年房价开始反弹，随着个人电脑和互联网接入的普及，互联网经济兴起，股票等资产价格走高，DPIL同比缓慢上升。

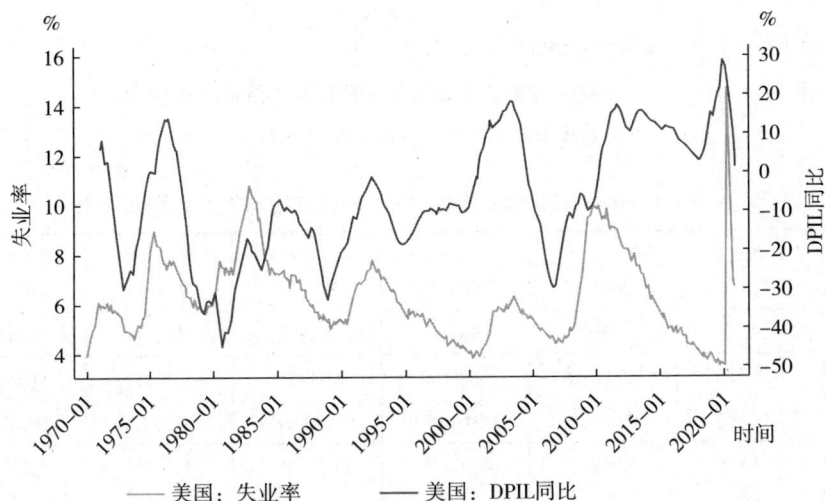

图6-7 1970—2020 年美国的 DPIL 同比波动与失业率历史进程

（数据来源：WID、FRED、Wind 数据库）

其次，通过散点图可以看出，若直接对美国的DPIL同比波动和失业率整体进行分析，二者的相关性较弱，不适合直接进行简单的线性回归分析。由表6-2中的模型1可得，整体的回归方程为Unemployment=−0.003 DPIL+6.287，

R^2=0.001。但二者在局部存在较为明显的线性正相关或负相关。同时，结合时间序列图观察到的二者的变动关系，可以发现美国的DPIL同比波动和失业率之间的关系在不同时间段有较大差异，可以分时段进行回归分析。大部分时间段中（除1981—1985年和1996—2000年外），美国的DPIL同比波动和失业率基本呈正相关，DPIL同比波动每增加1，失业率将上升0.03~0.09个百分点。

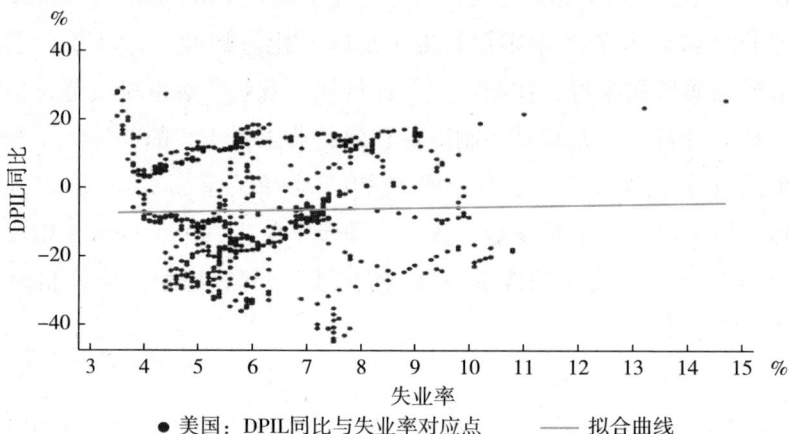

图 6-8　1970—2020 年美国的 DPIL 同比波动与失业率

（数据来源：WID、FRED、Wind 数据库）

表 6-2　1970—2020 年美国的 DPIL 同比波动与失业率回归结果

	（1）1970—2021 年	（2）1970—1980 年	（3）1981—1985 年	（4）1986—1995 年	（5）1996—2000 年	（6）2001—2021 年
	失业率	失业率	失业率	失业率	失业率	失业率（%）
DPIL	0.00320	0.0303**	−0.0160	0.0897**	−0.0914**	0.0249**
	（0.00482）	（0.00571）	（0.0148）	（0.00428）	（0.0148）	（0.00938）
_cons	6.287**	6.862**	8.005**	7.582**	3.842**	5.967**
	（0.0829）	（0.111）	（0.328）	（0.0612）	（0.121）	（0.120）
N	599	119	60	120	60	240
R−sq	0.001	0.224	0.016	0.790	0.346	0.028
rmse	1.678	0.986	1.213	0.354	0.440	1.950

显著性水平：** 表明 $p<0.01$，* 表明 $p<0.05$。

数据来源：WID、FRED、Wind 数据库。

七、研究结论

1. 美国的财富不平等状况在第二次世界大战后回升

美国的资本/收入比的变化轨迹整体呈"U"形曲线，但是相比于欧洲更为稳定，基本稳定在4~5。20世纪全球范围内剧烈的军事、政治和经济冲突对美国的影响要远小于欧洲国家，它的资本/收入比也因此显得更为稳定。第二次世界大战后，美国经济恢复，资本/收入比出现大幅回升，$r>g$在其中发挥了重要作用。1950年以来，美国的劳动/收入比和劳动/资本比整体呈震荡下行趋势，居民未来劳动收入的折现在当前总财产的占比越来越小，意味着不平等问题在逐步加剧。

2. 经济增长黄金律适用于美国

从数据来看，美国的名义利率和名义GDP比值在大多数时候维持在1以下，在少数经济衰退时期，如2008年国际金融危机，这一比值达到1以上。尽管名义利率与GDP的比值存在波动，但这一比值在大多数时期维持在1附近，验证了经济增长黄金律的存在。

3. 经济震荡下DPIL同比大幅波动

美国历史上多次重大经济衰退前后，DPIL同比均出现了较大的异常波动，或由于利率变动，或由于房价、美元指数的波动。与其他国家相似，在2008年国际金融危机前，美国DPIL同比出现了大幅回落的情况，这一变动早于金融危机近两年，当DPIL同比偏离正常趋势超过40%时出现2008年国际金融危机。

4. 美国DPIL同比受美联储政策影响较大

DPIL同比的变动受到多个变量的综合影响，房价、利率、经济冲击、物价以及汇率等都会对DPIL同比产生影响。但在不同时期，上述变量作用于DPIL的强度存在差异，在美国自由市场环境下，资金流动顺畅，美联储政策变动带来利率的变动能够顺利地传导至DPIL。从我们观察的时间段来看，当利率上行时，美国的DPIL通常会大幅下行，当利率下行时，则会回升，当DPIL同比波动过大时，在一定程度上会引发衰退。

5. DPIL同比与失业率间基本呈正相关关系

从时间序列上看，美国DPIL同比和失业率之间呈同向变化，尤其在几次较大的衰退中都呈现了明显的同向拉升。石油危机、互联网泡沫以及2008年国际金融危机都出现了这一趋势。

第三节　日本

一、价格水平波动

第二次世界大战中，日本的经济和生产能力都遭受重创。第二次世界大战后，在美国的帮助下，日本开始战后重建，大举对制造业进行投资。进入20世纪50年代，日本经济由衰退转向增长，这一增速甚至超过了战前。城市吸纳了大量的农村劳动力，但这也相应地带来了住房短缺问题，缺口约为420万套住房。日本政府于1950年成立了GHLC（Government Housing Loan Corporation of Japan），即政府住房贷款公司，其贡献了战后至今住房建设数量的30%，约为2000万套。激增的住房需求和住房投资推动日本房价在20世纪50—60年代维持高位增长，其同比增速一度超过30%。进入20世纪60年代后，住房缺口逐渐被填补，房价同比增速开始下行。20世纪60年代中后期，随着日本制造业的崛起，消费主义开始盛行，这在事实上推高了通胀，资产价格也在这一时期开始回升。

进入20世纪70年代后，日本的资产价格相对稳定，但1973年的第一次石油危机打破了宁静。日本外向型的制造业受到冲击，经济增速开始下滑，石油价格的上行带来了巨大的通胀压力，日本CPI同比在20世纪70年代中期一度超过20%，房价等资产价格由于居民对未来经济前景的担忧而快速下行，其同比跌幅触及近-20%的低点。随着石油危机的缓解以及日本经济动能的转换（半导体以及消费电子行业的快速崛起），CPI与房价逐步回归温和区间。

1985年，日本与英国、美国、法国等国签订了《广场协定》，旨在减少贸易不平衡。日元兑美元大幅升值，超出此前预期，极大影响日本出口，日本政府在1986—1987年大幅降低贴现率，从5%分多次降至2.5%，货币政策不断宽松，推高房价和资产价格，房价增速在1990年触及高点，房价和资产价格1991年在日本收紧货币政策后开始快速下跌，这一阶段被称为"日本资产价格泡沫"或"泡沫经济"。此后日本经济开始下行，此后的30年被称为"失去的

30年"，日本CPI和房价维持在相对稳定水平，房价和CPI在2008年国际金融危机呈现与其他国家类似的变化即CPI先上后下，资产价格上行后大幅回落，并在国际金融危机后逐步恢复，维持在相对温和情况。

日本30天利率数据由于数据时间轴相对较短，其在2008年国际金融危机期间迎来大幅上行，此后大多数时候基本维持在0利率附近，以期望经济恢复，但事实上，日本经济仍未从20世纪80年代的深坑中走出，经济增长陷入停滞。

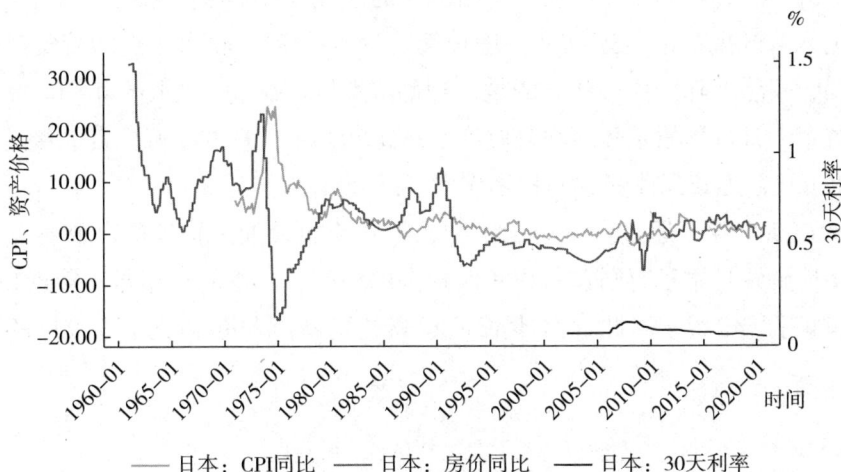

图 6-9　1960—2020 年日本价格水平变动

（数据来源：Wind 数据库）

二、日本的收入分配问题

1. 资本/收入比

日本的资本/收入比的时间序列较短，其变化轨迹整体呈现为先上升后下降的"A"形曲线。日本资本/收入比在1990年达到高峰，日本国民资本的总价值相当于8年的国民收入。之后一路下行，日本的资本/收入比在2020年下降到6附近。

1990年前，日本资本/收入比大幅上升和日本战后经济恢复和资产价格泡沫有关。第二次世界大战后，美国为日本提供援助并大量投资其制造业。随着日本城镇化和工业化进程的推进，日本的房地产和工业资产等资产的存量和价

133

格都有显著提升，日本的资本/收入比也持续上升。由于工业品出口积累的巨额贸易顺差，广场协议签署后口元升值及日本央行过度宽松的货币政策，日本国内对股票市场和房地产市场的投资和投机盛行。在20世纪80年代，日本的股票和房地产都出现了巨大的价格泡沫，并在1989年末达到顶峰。在20世纪80年代，日本的私人财富价值从初期的略高于4倍的国民收入膨胀到20世纪80年代末的近7倍。

1990年后，日本泡沫的破裂导致经济增长长期停滞，日本的资本/收入比一路下滑。随着1990年日本资产价格泡沫的破裂，日本房价和股价一落千丈，日本进入了长期的通货紧缩和低增长期。日本的资本/收入比也随着资产价格的走弱，一路下降。值得注意的是，和德国类似，在过去的几十年中，受益于贸易盈余，日本积累了较多海外资产。截至2020年，日本净海外资产接近国民收入的70%，为其国民资本的积累作出了巨大贡献。

从长期来看，通过资本第二定律，增长率放缓加上持续的高储蓄率，可以很好地解释日本私有财富可以不断提高的原因。日本的年储蓄率接近15%，增长率略高于2%，因此，日本长期积累的资本存量可以达到6~7年的国民收入。

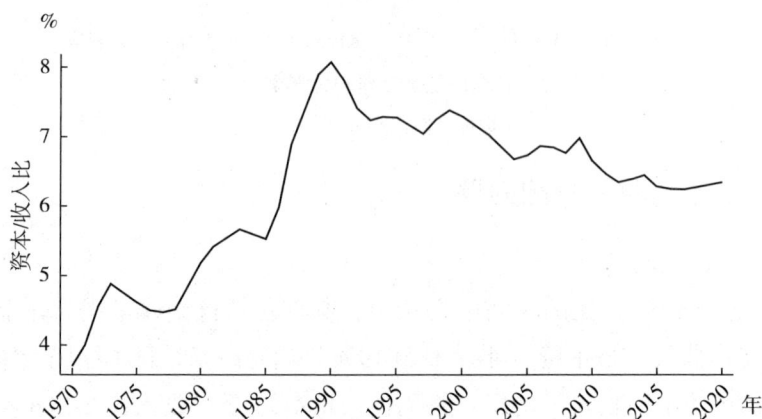

图 6-10　1970—2020 年日本的资本 / 收入比

（数据来源：WID）

2. 劳动/收入比和劳动/资本比

劳动/资本比的直观含义是居民未来劳动收入折现和与当前总财产的比

值，可以将劳动收入和资本收入联系起来，综合反映出财富不平等情况的变化。日本的劳动/收入比整体呈震荡下行趋势。但是由于日本的资本/收入比在1990年后的持续下行，日本的劳动/资本比在1990年前持续下行，在1990年后则趋于稳定，进入缓慢上行区间。即日本居民未来劳动收入的折现在当前总财产的占比先降后升，意味着日本不平等趋势在1990年后出现了反转，开始减弱。

在20世纪80年代日本资产价格泡沫膨胀时期，日本的劳动/收入比和劳动/资本比均有较大幅度的下降，日本的财富不平等情况有所加剧。在20世纪90年代初期，日本的经济泡沫初步破裂后资产价格大跌，资产收入大幅下跌，日本的劳动收入受到的冲击相对较小，劳动/收入比出现了上升。之后亚洲金融危机爆发，日本进入长期的通货紧缩和持续衰退，劳动/收入比不断下行。但劳动/收入比的跌幅相对于资本/收入比的跌幅较小，1990年之后，日本的劳动/资本比呈缓慢上升趋势，日本的财富不平等状况有所减弱。

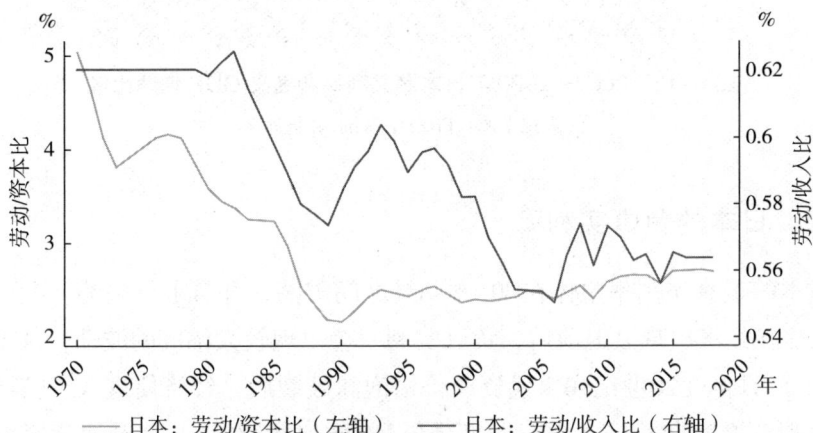

图 6-11　1970—2020 年日本的劳动 / 收入比和劳动 / 资本比

（数据来源：WID，FRED）

三、日本的名义利率与经济增长率的关系

日本名义利率与名义GDP增速间同样维持着1的比值，两者中枢始终维持在1附近。在部分经济衰退或过热时期，两者比值可能出现异常波动，但其

偏离也维持在正负0.002范围内。2008年国际金融危机时期，两者比值位于1之上，最高触及1.0015，但随着经济的复苏，这一比值再度回归1附近。名义GDP与名义利率仍旧遵从经济增长黄金律。

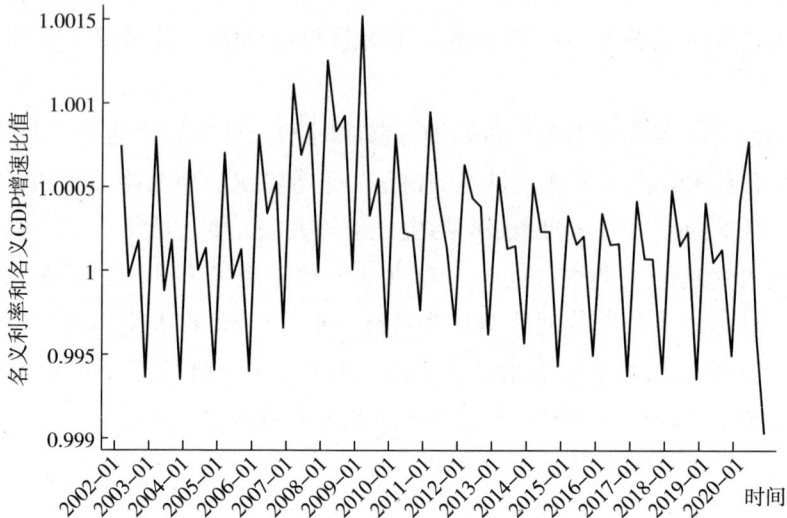

图6-12　2002—2020年日本名义利率和名义GDP增速比值

（数据来源：FRED，Wind 数据库）

四、日本的负真实利率

日本的负真实利率整体在-0.8%~1%之间震荡，并有上行趋势。我们观察到：往往在经济出现衰退前后，负真实利率会出现较大幅度的波动，甚至拉升到0以上。日本在20世纪90年代资产价格泡沫破裂后，经济便进入了长期的通货紧缩和低增长期，日本央行一度降低利率以刺激经济、抑制通货紧缩，但收效甚微。日本的负真实利率长期在0附近上下震荡，也反映出日本经济长期停滞的危险状况，其中有两次剧烈波动。第一次是在2007年，美国的次贷危机导致美国房地产泡沫破灭，并引发了2008年国际金融危机，日本经济也受到重创，负真实利率出现剧烈波动。第二次是在2013年，首相安倍晋三政府为刺激经济采取了一系列扩张性货币和财政政策，负真实利率出现剧烈的波动，一度接近1%。

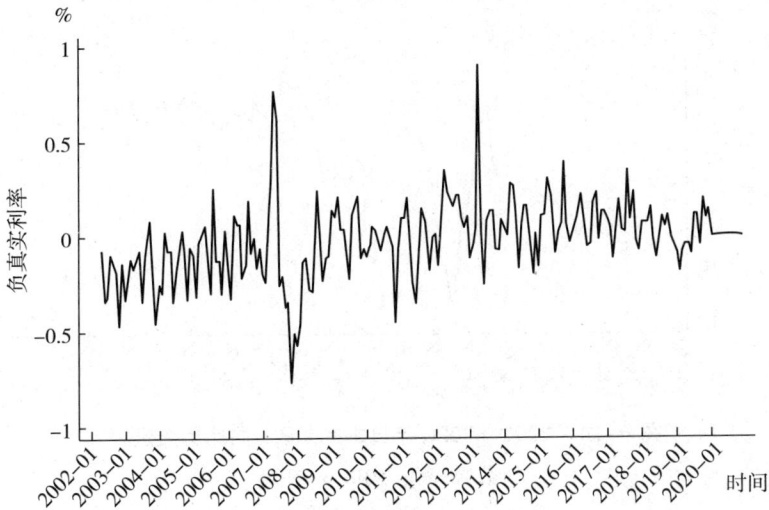

图 6-13 2002—2021 年日本的负真实利率历史进程

（数据来源：WID，FRED，Wind 数据库）

五、日本的 DPIL 同比历史进程

日本的DPIL同比变化相对稳定，在-15%~10%的区间内波动，从时间尺度来看主要分为两个阶段，一是2002—2008年，二是2009—2020年。在第一个阶段，DPIL同比的中枢位于-5%，在2008年国际金融危机前，DPIL同比进入上行通道，由负增长转入正增长，在危机前快速上行并达到高点，在危机爆发后的衰退时期，DPIL同比快速下行，触及低点-14%。随着日本经济从国际金融危机中逐渐恢复，DPIL同比中枢达到零，这延续了金融危机前的上行趋势。2011年3月11日东部强震，对日本制造业造成巨大冲击。此后，安倍政府为了缓解日本经济的下行趋势，开始实施"三支箭经济"刺激政策，CPI快速上行，DPIL同比保持5%的上行趋势。2018年，由于全球经济增速放缓、美国在全球挑起贸易摩擦，公众对美联储加息过快的担忧助长了全球投资者对未来的担忧，全球资产价格缩水。而日本经济对外依赖性极强，相应地，日本DPIL同比开始小幅下行，并在2020年1月重回零附近。

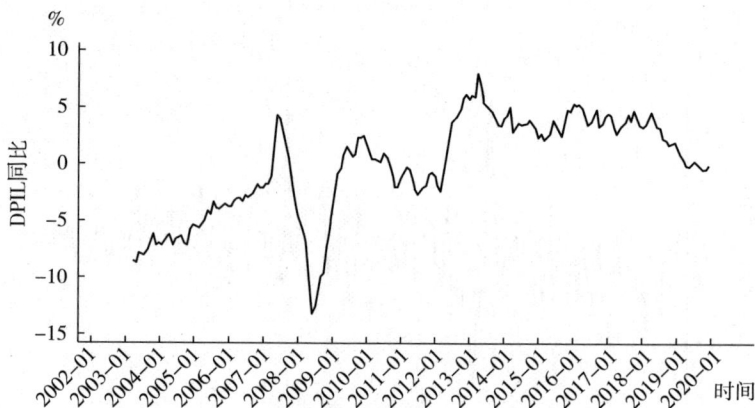

图 6-14　2002—2020 年日本的 DPIL 同比历史进程

（数据来源：WID，FRED）

六、日本的 DPIL 同比与失业率

通过时间序列和相关分析，综合二者的分析结果，日本的DPIL同比波动和失业率在2008年之前呈显著的负相关关系，在2008年后呈正相关关系。

首先，通过散点图可以看出，若直接对日本的DPIL同比波动和失业率整体进行分析，二者呈负相关关系。由表6-3中的模型（1）可得，整体的回归方程为Unemployment=−0.0959 DPIL+3.846，R^2=0.210。

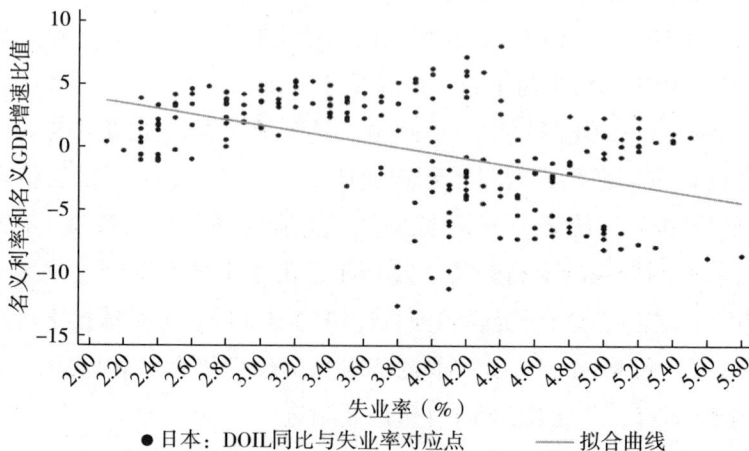

●日本：DOIL同比与失业率对应点　　——拟合曲线

图 6-15　2002—2021 年日本的 DPIL 同比波动与失业率

（数据来源：WID，FRED，Wind 数据库）

同时，结合时间序列图观察到的二者的变动关系，可以发现日本的DPIL同比波动和失业率之间的关系，在不同时间段有较大差异，可以分时段进行回归分析。DPIL同比的趋势分析上面已经详细说明，日本的失业率则基本呈震荡下行趋势，仅在2008年国际金融危机和2020年两次较大的经济冲击中出现较大的升高。

2008年国际金融危机前后的两个时间段中（2002—2007年和2010—2012年），日本的DPIL同比波动和失业率基本呈负相关［表6-3的模型（2）和模型（4）］。平均而言，DPIL同比波动每增加1，失业率将分别下降0.143个和0.059个百分点。这两个时间段中，日本从"失落的十年"和2008年国际金融危机中勉强走出，DPIL同比仍处于上行通道，但居民就业有所恢复，失业率呈震荡下行趋势。

2008年国际金融危机期间和2013年安倍新政实施之后（2008—2009年和2013—2020年），日本的DPIL同比波动和失业率基本呈正相关［表6-3的模型（3）和模型（5）］。平均而言，DPIL同比波动每增加1，失业率将分别上升0.104个和0.203个百分点。在2008年国际金融危机中，日本经济陷入更大的衰退，DPIL同比和失业率均发生剧烈的波动和拉升。在2013年后，安倍政府采取的一系列扩张性财政政策，缓解了日本的经济下行趋势，DPIL增速放缓，DPIL同比和失业率均呈下降趋势。

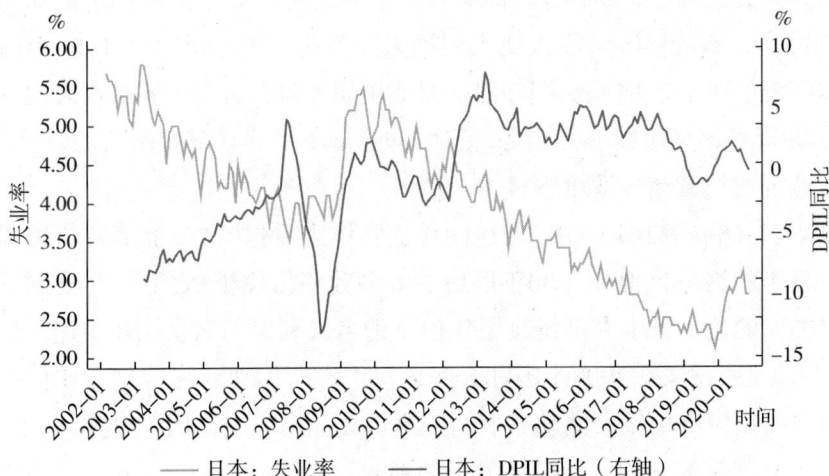

图 6-16 2002—2021 年日本的 DPIL 同比波动与失业率历史进程

（数据来源：WID，FRED，Wind 数据库）

表 6-3　2002—2021 年日本的 DPIL 同比波动与失业率回归结果

	（1） 2002—2021 年	（2） 2002—2007 年	（3） 2008—2009 年	（4） 2010—2012 年	（4） 2013—2021 年
	失业率	失业率	失业率	失业率	失业率
DPIL	−0.0959**	−0.143**	0.104**	−0.0594**	0.203**
	（0.0113）	（0.0139）	（0.0108）	（0.0197）	（0.0187）
_cons	3.846**	3.830**	4.951**	4.677**	2.446**
	（0.0554）	（0.0635）	（0.0803）	（0.0600）	（0.0588）
N	213	57	24	36	96
R−sq	0.210	0.727	0.776	0.145	0.443
rmse	0.805	0.272	0.296	0.358	0.430

显著性水平：** 表明 p<0.01，* 表明 p<0.05。

数据来源：WID，FRED，Wind 数据库。

七、研究结论

1. 日本资本/收入比在1990年经历转折

日本的资本/收入比的时间序列较短，和其他欧美国家不同，在第二次世界大战后，其变化轨迹整体呈先上升后下降的"A"形曲线。在1990年，日本资本/收入比上升到8，达到最高，之后一路下行，日本的资本/收入比在2020年下降到6附近。在1990年前，日本战后经济恢复，资产价格产生泡沫，推高资本收益率，$r>g$ 在资本/收入比大幅回升中发挥了重要作用。1990年后，日本泡沫经济的破裂、增长长期停滞，日本的资本/收入比和劳动/收入比一路下滑，劳动/资本比呈缓慢上升趋势，日本的财富不平等状况有所减弱。

2. 经济增长黄金律适用于日本

日本名义利率与名义GDP增速的比值整体来看保持在1上下，与美国不同的是，日本的这一比值在2000年以后的大多数年份位于1之上。与美国以及其他国家类似的是，日本在经济衰退年份下的名义利率与名义GDP增速比值通常在1之上，这一现象在2008年国际金融危机中有所体现。尽管这一比值在日本经济衰退的年份出现较大波动，但经济增长黄金律依旧适用于日本。

3. DPIL大幅波动预示着经济危机的到来

2008年国际金融危机前，日本DPIL已经出现大幅波动，于2007年从−3%跃升至5%，而后在2007—2008年迅速跌破-10%，这一波动超出了以往日本DPIL同比的变动范围。DPIL同比大幅波动，一方面是由于利率的快速上行，另一方面是由于经济过热带来的CPI上行，这预示着即将到来的经济衰退。2008年7月，DPIL同比触及低点，紧接着，8月全球经济迎来大衰退。与美国以及其他国家类似，在经济衰退前，日本的DPIL也出现了较大的波动。

4. 日本DPIL与失业率之间的关系因冲击类型而出现差异

与美国不同的是，日本的DPIL与失业率的关系并非一成不变的。在2008年国际金融危机的前后（2002—2007年和2010—2012年），失业率与DPIL基本呈负相关关系，DPIL同比每增加1%，失业率平均下降0.101个百分点；在2008年国际金融危机时和2013年安倍新政后，失业率和DPIL同比呈正相关，DPIL每上升1%，失业率平均上升0.154个百分点。

5. 日本货币政策对DPIL同比变动影响较大

与美国相似的，日本资本市场限制较少，资金流动顺畅，利率的变动对房价、CPI传导通畅，相应地上述变量对DPIL同比传导同样较为顺畅。2003—2013年日本DPIL同比波动较大的时期，多来源于利率的影响，房价和CPI对DPIL同比产生的影响相对较小。

第四节　德国

一、价格水平变动

整体来看，德国的资产价格、CPI以及利率波动相对温和，其变动范围和美国类似，资产价格和CPI在-5%~10%波动，利率在0~1.5%波动。东西德合并前，西德的经济增长在20世纪70年代前中期陷入停滞和衰退，出于对未来前景的担忧，西德房价增速在这一时期快速下行，并在1976年触底。20世纪70年代前期的经济部长Schiller是为数不多的凯恩斯主义者，坚信政府有义务平滑和调整商业周期，尽管其很快就因为经济增长依旧疲软而引咎辞职，但西德利率在这一时期变化幅度较大，通过提升利率降低通胀或降低利率以促进经济增长。1976年后，西德经济增长开始逐渐恢复，利率和房价开始有序上行，房价增速恢复到衰退之前的近5%，利率也重回1%。1978年的第二次石油危机导致石油价格快速上涨，CPI快速上行。紧缩的货币政策被用于抑制高位运行的通胀，利率快速上行。此后，进入20世纪80年代后，通胀持续处于高位，经济增长逐渐放缓，失业率开始上升，这使得西德央行不得不开始下调利率并放松流动性以支持经济复苏。尽管在80年代，西德的经济增长和膨胀有所改善，但其并未恢复到之前的增长水平和价格水平，持续负增长的房价反映了居民对未来经济增长的悲观情绪。低迷的房价在20世纪80年代末期开始改善，并在进入20世纪90年代后开始实现了近5%的同比增长。东德、西德于1990年合并，西德经济在全球衰退的大环境下仍然实现了高速增长，达到5.7%，与之相反，东德并入西德后艰难地开始向市场经济体制转型，大量人员失业，经济滑坡，因而德国政府执行了宽松的财政政策，支出大幅增长，推高了通货膨胀。

20世纪90年代，德国的经济奇迹已然进入尾声，经济增长持续维持低位，通胀相对温和，房价在负增长和低增长间徘徊，尽管德国的利率不断下行，但这并没有刺激德国经济从持续的衰退中走出。进入21世纪后，互联网泡沫的破灭以及美国传导的经济衰退致使德国在2003年经历短暂衰退，房价再度进入负增长区间。欧元区宽松的货币政策使利率再度下行，推动房价和CPI温和上行。2008年国际金融危机来临后，房价及资产价格和美国等国家一样，大幅下行，德国央行随之进一步执行欧元区宽松货币政策，利率进一步下行，推

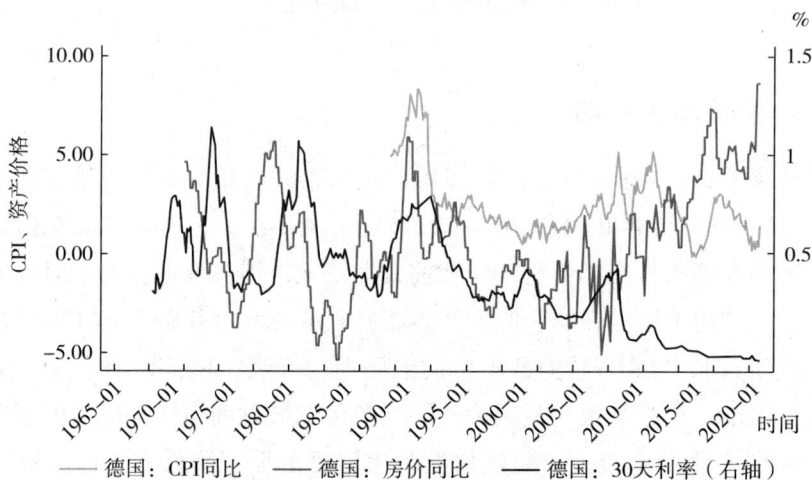

图6-17 1965—2020年德国的价格水平变动

（数据来源：Wind 数据库、FRED）

动德国经济从危机的大衰退中走出。其他国家恢复的需求使德国的出口快速增长，进一步加速德国经济的恢复，德国CPI、房价快速上行。宽松的货币政策使房价等代表性资产价格在接下来的十年维持高速增长，CPI在2010年以来整体维持相对温和的状态，但其在2015年由于全球低迷的需求和下行的油价短暂降至0.1%。随着利率的下行和欧元区的刺激政策，CPI逐渐回升，房价持续维持在5%以上的增长水平。2017年，由于全球经济增速放缓，依赖出口的德国经济也开始放缓，需求的减少导致商品价格下行，CPI于2020年1月降至低点。

二、德国的收入分配问题

1. 资本/收入比

德国的资本/收入比的总体的发展轨迹类似于英法等国，整体也呈"U"形曲线。和其他国家类似，从长期来看，由于资本利得在住宅和商业中的占比更高，德国的农地资产让位于住宅和商业地产以及工业和金融资本。德国的资本/收入比在19世纪末、20世纪初在7附近波动。之后，在1915—1945年，德国的国民资本同样在两次世界大战中受到了较大冲击，资本/收入比一路震荡下跌，在1945年，德国资本的总价值达到历史低位，仅相当于2年的国民收入。1945年之后，德国的经济在战后得到恢复，由于r>g，资本/收入比整体呈震荡上行趋势，在2020年重回5以上的高位。值得注意的是，第二次世界大战后资本/收入比的回升幅度整体要低于英法等欧洲国家。

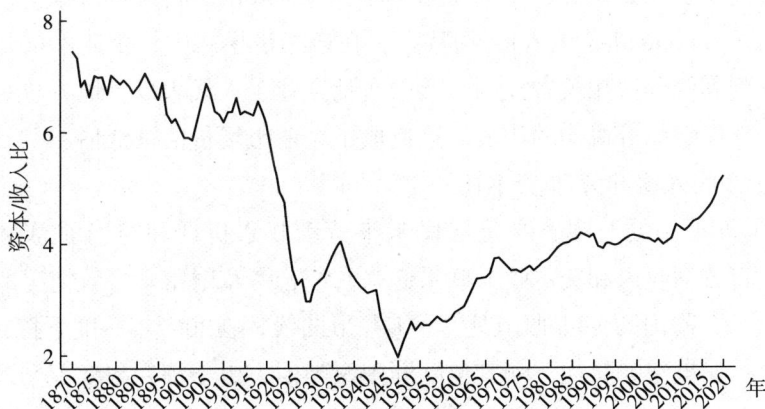

图 6-18　1870—2020 年德国的资本 / 收入比

（数据来源：WID）

首先，和美国类似，海外资本在德国的国民资本中的占比较小。根据皮凯蒂的测算，由于德国没有建立殖民帝国，第一次世界大战前夕，德国拥有的海外资产约为0.5年的国民收入，仅为法国的一半、英国的1/4。和日本类似，1995年加入WTO以来，受益于贸易盈余，德国积攒了较多的海外资产。在2020年，德国净海外资产接近国民收入的57%，要比英法两国多得多。

其次，20世纪利用通货膨胀来削减公共债务负担的国家中，德国走的最远。在1930年到1950年，德国的年均通货膨胀率接近17%，使其价格水平上涨了约300倍。德国在两次世界大战中积累了巨额赤字，利用通货膨胀将债务水平压缩到了较低的水平。但是极端的通货膨胀也给德国的社会经济造成非常大的动荡，尤其是20世纪20年代德国发生了恶性通胀。这使德国民众形成了强烈的反通胀情绪。由于这个历史原因，目前的德国社会和央行对通胀的容忍度极低，限制每年的物价涨幅不能超过2%。

鉴于德国的高储蓄率，德国的资本/收入比在第二次世界大战后低于其他欧洲国家，可能是由于其采取的莱茵资本主义和企业市场价值低估而造成的。首先，德国比其他欧洲国家的房地产价格低。和其他国家在1990年后房地产价格大幅上升不同，德国统一后，大量低成本的住宅进入市场，维持了较低的房价水平。同时从更为长期的视角看德国采取了更为严格的租金管制措施。但是德国与英法两国之间的差异大部分不是因为存量住宅价值不同，而是由其他国内资本的价值差异导致的。尤其是企业资本，即德国企业的股票市值较低。皮凯蒂认为这反映了德国经济中的莱茵资本主义（Rhenish Capitalism）或利益相关者模式（Stakeholder Model）的特点。在该经济模式中，企业不仅归股东所有，还受到其他利益相关者控制，其中包括企业工人代表以及地方政府、消费者协会、环保组织等机构的代表。这造成了企业市场价值被低估。

2. 劳动/收入比和劳动/资本比

劳动/资本比的直观含义是居民未来劳动收入折现和与当前总财产的比值，可以将劳动收入和资本收入联系起来，综合考察财富不平等情况的变化。1990年以来，德国的劳动/收入比呈"U"形曲线，在2007年一度下探到0.59附近的低位。20世纪90年代，和其他欧洲国家类似，由于福利制度等一系列结构性原因，德国陷入"低增长下高福利—高税收—高负债—高成本—低投资—低增长"的恶性循环。20世纪90年代初，东德、西德统一带来了短暂的经济景气。之后，为实现经济体制转型、重建东部的基础设施和社保体系，包括共同振兴东部工程和统一基金在内，各级政府对东部的转移支付至20世纪90年代中期已逾万亿马克，西部经济进一步下滑。到21世纪初，德国甚至被嘲笑为"欧洲病夫"。从1988年到2005年，德国的经济增长率非常低，年均仅1.2%。德国的失业率居高不下，尤其是东部地区。德国的劳动/收入比也因此一路下滑。2008年国际金融危机也影响了德国，其国民收入急剧下降，但是失业率并没有上升，并且德国以全球领先的速度实现了经济复苏，强劲的制造业出口使德国经济重新繁荣。德国的劳动/收入比也在2007年后开始回升。

1990年以来，由于资本/收入比的一路上行，德国的劳动/资本比则整体呈震荡下行趋势，居民未来劳动收入的折现在当前总财产的占比越来越小，意味着不平等逐步加剧。

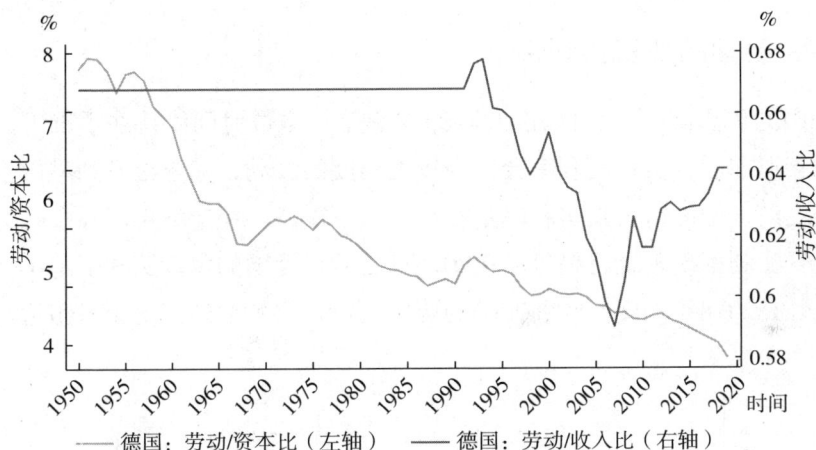

图 6-19　1950—2020 年德国的劳动 / 收入比和劳动 / 资本比

（数据来源：WID、FRED）

三、德国的名义利率与经济增长率的关系

在过去的近50年时间里，德国名义利率和名义GDP的比值大多数时候大于1。与美国和其他国家相似，经济在面临较大衰退时，名义利率与名义GDP增速的比值相对偏高，随着宽松的货币政策逐渐推进，这一比值往往会迅速下行，来到1以下。德国的利率和经济增长率的比值整体来看依然符合经济增长黄金律，即比值维持在1附近，变化范围在0.9~1.1。

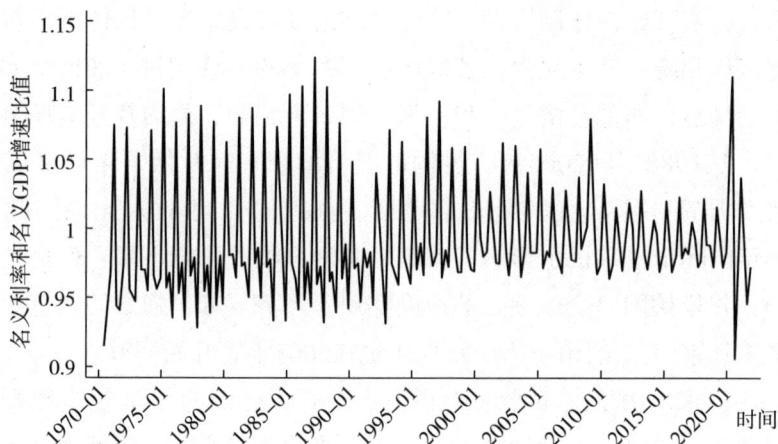

图 6-20　1970—2020 年德国名义利率和名义 GDP 增速比值

（数据来源：数据库 Wind、FRED）

四、德国的负真实利率

德国的负真实利率整体在-1%~0.6%震荡，多数时间维持在零以下。在经济出现衰退前后，负真实利率会出现较大幅度的波动，甚至拉升到零以上。在2008年之前，德国的负真实利率基本在零以下震荡。在2008年国际金融危机之后，负真实利率出现上行趋势。在2016年之后，德国的负真实利率基本维持在零以上，在2018年一度拉升到0.6%的历史高位，之后快速回落至零附近。

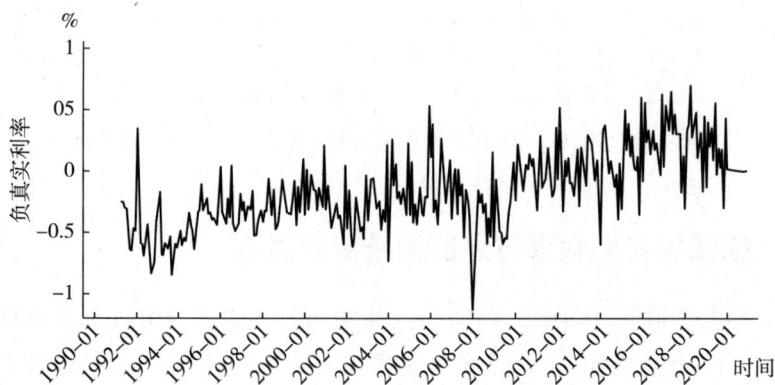

图 6-21　1990—2020 年德国的负真实利率历史进程

（数据来源：WID、FRED、Wind 数据库）

五、德国的 DPIL 同比历史进程

从德国的法定货币来看，有两个大的分水岭，一是1999年，德国开始启用欧元作为计价单位。二是2002年，德国正式废除马克，仅将欧元作为其法定货币。

从DPIL同比的时间序列来看，德国DPIL同比变动可以分为两大阶段，以2008年国际金融危机为分水岭，此前DPIL同比中枢在-15%，之后DPIL同比中枢在10%。1990年，东西德合并后，DPIL同比由于上行的利率、下行的CPI和房价而不断走低，最低达到-30%。随后由于德国央行相对宽松的货币政策带来的利率下行，DPIL同比逐渐上行，回暖的经济使德国央行再次尝试提高利率，由于德国在这一时期的通胀相对稳定，利率的提升使得DPIL同比随之下行。2008年国际金融危机前，德国的利率与美国等其他国家类似，都在不断上行，DPIL同比也随之下行。2008年国际金融危机爆发后，为了促进经济的恢复，德国利率迅速降至零附近，DPIL同比也在较短时间内来到了零以上，并在此后持续位于0以上。2008年国际金融危机后，持续的低利率和稳健的出口推动德国房价持续上行，DPIL同比在此后不断上行，于2017年11月达到25%的高点。2017年全球经济放缓，需求疲软，德国对出口较为依赖，出口的减少使得德国CPI快速下行，DPIL同比也逐渐走低，并于2020年底重回负增长。

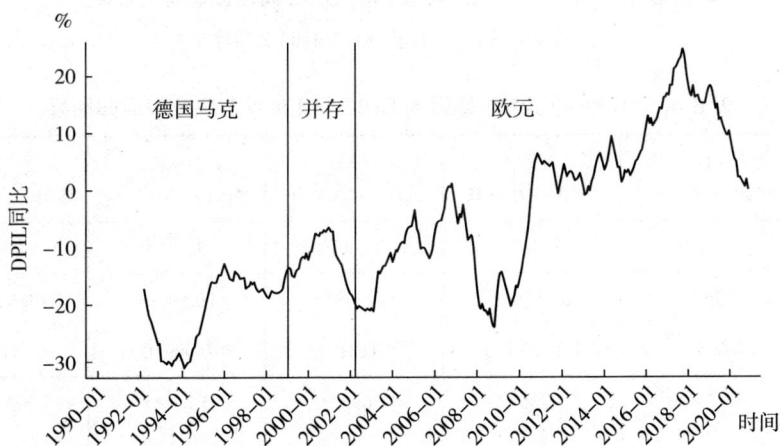

图 6-22 1992—2020 年德国 DPIL 同比历史进程

（数据来源：WID、FRED、Wind 数据库）

六、德国的 DPIL 同比与失业率

通过时间序列和相关分析，综合二者的分析结果，德国的DPIL同比波动和失业率，大体而言，在2008年之前呈显著的正相关关系，在2008年后呈负相关关系。

首先，通过散点图可以看出，若直接对德国的DPIL同比波动和失业率整体进行分析，二者呈负相关关系。由表6-4中的模型1可得，整体的回归方程为Unemployment=−0.131 DPIL+6.373，R^2=0.578。

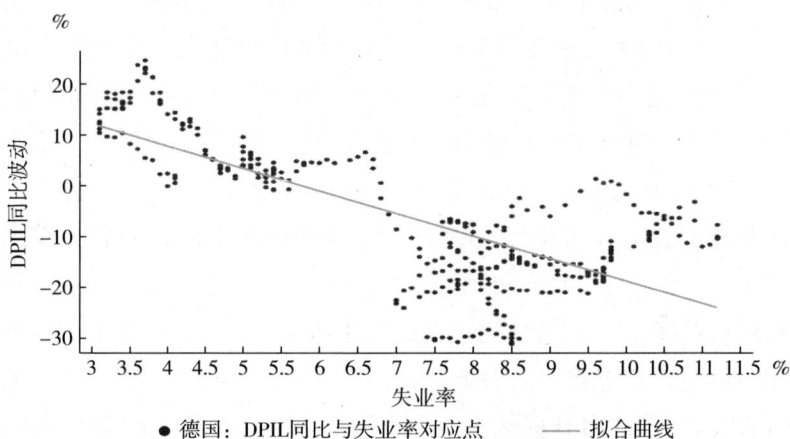

图 6-23　1990—2021 年德国的 DPIL 同比波动与失业率

（数据来源：WID、FRED、Wind 数据库）

表 6-4　1990—2021 年德国的 DPIL 同比波动与失业率回归结果

	（1）1990—2021 年	（2）1990—2007 年	（3）2008—2009 年	（4）2010—2015 年	（4）2016—2021 年
	失业率	失业率	失业率	失业率	失业率
DPIL	−0.131**（0.00534）	0.0498**（0.00757）	0.0608**（0.0183）	−0.108**（0.00910）	−0.0178**（0.00462）
_cons	6.373**（0.0806）	9.735**（0.160）	8.691**（0.351）	5.768**（0.0613）	3.909**（0.0827）
N	335	179	24	72	60

续表

	（1） 1990—2021 年	（2） 1990—2007 年	（3） 2008—2009 年	（4） 2010—2015 年	（4） 2016—2021 年
R-sq	0.578	0.145	0.302	0.455	0.083
rmse	1.494	0.903	0.246	0.569	0.368

显著性水平：** 表明 $p<0.01$，* 表明 $p<0.05$。

数据来源：WID、FRED、Wind 数据库。

同时，结合时间序列图观察到的二者的变动关系可以发现，德国的DPIL同比波动和失业率之间的关系在不同时间段有较大差异，可以分时段进行回归分析。DPIL同比的趋势分析上面已经详细说明，现对德国失业率的历史趋势进行分析。从1990年到2005年，德国的经济增长率持续低迷。由于德国劳动力市场存在一系列严重的结构性问题（后文会详细分析），德国的失业率持续上行、居高不下，东部地区尤其严重。2005年后，德国整体的失业率进入下行通道，2005—2016年，德国东部地区的年平均失业率从18.7%下降至8.5%，西部地区的失业率则降到了更低水平，有些地区甚至降到3.6%以下。

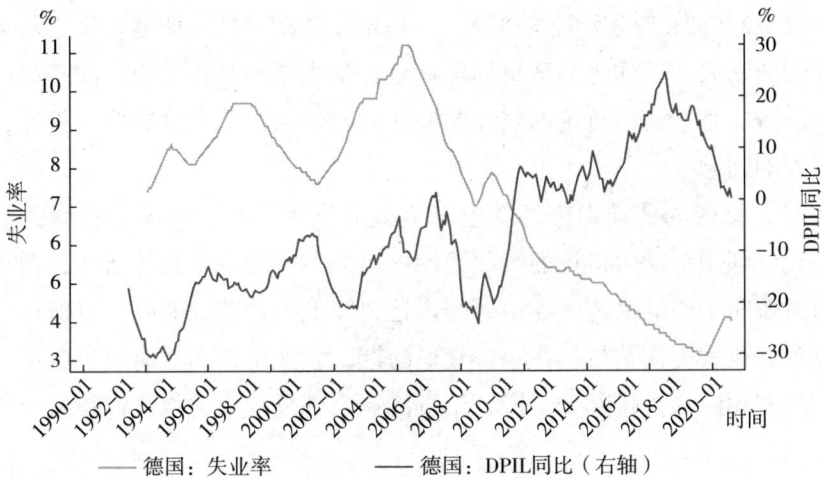

图 6-24　1990—2021 年德国的 DPIL 同比波动与失业率历史进程

（数据来源：WID、FRED、Wind 数据库）

2008年国际金融危机前和期间（1990—2007年和2008—2009年），德国的DPIL同比波动和失业率基本呈正相关［表6-4的模型（2）和模型（3）］。平均而言，DPIL同比波动每增加1，失业率将分别上升0.0498个和0.0608个百分点。2008年国际金融危机后（2010—2015年和2016—2021年），德国的DPIL同比波动和失业率基本呈负相关［表6-4的模型（4）和模型（5）］。平均而言，DPIL同比波动每增加1，失业率将分别下降0.108个和0.0178个百分点。自2005年后，德国劳动力市场十分稳健。在2008年国际金融危机这一较大的经济冲击中，虽然GDP出现大幅下滑，DPIL大幅拉升，但失业率仅出现一定的升高。这得益于时任总理施罗德于2001—2005年开展的劳动力市场改革。

20世纪末，德国的劳动力市场存在严重的结构性问题。对劳动者的过度保护导致劳动力市场非常僵化；失业金发放时间过长，金额过高，失业者缺乏就业的动力；随着技术进步和产业结构的变化，劳动力的供需关系出现结构性错配，许多不符合市场需求的劳动者可能陷入长期失业。2008年国际金融危机期间，2009年，德国全年平均有114万个领取补贴的短时工作岗位，2010年迅速减少至50.3万个，2011年仅余14.8万个。

改革则对症下药，提出了以下的针对性改革措施：一是激励失业者再就业。降低失业金水平、缩短失业金领取时限。领取者必须接受劳动局向他们提供的就业机会。二是减轻企业负担、降低雇佣门槛。放宽了解除雇佣保护的规定，并放宽对临时工的雇佣限制等。三是转变劳动部门的职能。设立与企业直接联系的劳动局，工作重心从管理失业者转变为帮助其再就业。四是修订《职业教育法》。基于德国传统的双元制职业教育体系，大力发展职业教育，解决供需错配的问题。

同时，德国的劳动力市场在应对金融危机爆发时也有灵活有效的应对措施，即充分利用劳动力市场的内部弹性，以避免解雇潮。具体而言，德国政府主要通过短时工作的措施，在短时间内迅速降低人均劳动时间。以保持就业人数，避免企业大规模裁员。在经济衰退时期，企业可以向政府提出申请，缩短工作时间并相应的支付部分工资，工资的剩余部分由失业保险以短时工作补贴的形式支付。

七、研究结论

1. 德国的资本/收入比在第二次世界大战后回升

德国的资本/收入比的总体的发展轨迹类似于英法等国，整体也呈"U"形曲线。和其他国家类似，在1915—1945年，德国的国民资本同样在两次世界大战中受到了较大冲击，资本/收入比从高位7左右一路震荡下跌至2。1945年之后，德国的经济在战后得到恢复，由于$r>g$，资本/收入比整体呈震荡上行趋势，在2020年重回5以上的高位。值得注意的是，第二次世界大战后资本/收入比的回升幅度整体要低于英法等欧洲国家，可能是由于其采取的莱茵资本主义和企业市场价值低估而造成的。

2. 经济增长黄金律同样适用于德国

从德国近半个世纪的经济增速和名义利率数据来看，德国名义GDP和名义利率的比值中枢维持在1附近，其波动维持在0.9~1.1，经济增长黄金律依旧适用于德国。

3. 德国经济衰退伴随DPIL同比大幅波动

与美国等国家类似，德国经济从增长转入衰退时，DPIL同比经历了较大的波动。东西德合并后的经济衰退、2008年国际金融危机的经济衰退时，DPIL同比均大幅回落，反映其币值稳定受到一定冲击。

4. 德国DPIL同比与失业率间的关系在2008年后发生反转

通过时间序列和相关分析，德国的DPIL同比波动和失业率，在2008年之前呈显著的正相关关系，在2008年后呈负相关关系。平均而言，2008年国际金融危机前，DPIL同比波动每增加1，失业率平均上升0.055个百分点。2008年国际金融危机后，DPIL同比波动每增加1，失业率平均下降0.062个百分点。

第五节　印度

一、价格水平波动

印度的经济历史最重要的分水岭在于1991年的经济改革。在此前，印度的经济更像是社会主义经济，但随着苏联的解体，印度失去最大的贸易伙伴后，印度陷入债务危机。IMF为其提供贷款后，要求其减少市场限制，此后印度逐渐步入资本主义市场经济。由于印度的价格数据时间序列长度限制，我们着重讨论其在1998年后的价格数据。

1998年，印度的信用评级因其不顾他国劝阻开展核试验而被下调，日本等国停止向印度发放新的非援助贷款，印度的利率在这一时期小幅上行。随着美国以及其他国家为了避免本国经济陷入衰退而先后下调利率，拥抱全球市场的印度，利率也相应下行，并于2004年达到历史低点。此后伴随美联储的加息节奏，印度利率爬坡上行，在2008年年中重回高点。

2008年后，随着美联储及其他国家的量化宽松政策，印度的利率相应下行，于2009年达到历史低位。随后由于印度政府持续的基础设施建设投资以及私人投资的增长，印度利率快速上行，于2011年来到新的平台期。2011年后，印度的房价由于印度卢比的持续贬值而维持增长，但印度的经济增长动能正在衰减，这主要是由于政府不断扩大的财政赤字迫使其不得不缩减福利、国防以及基础设施建设支出。经济增长的放缓在2013—2014年开始缓解，并在2015—2016年延续增长，印度的房价增速在这一时期小幅回落，后重回高速增长。由于印度政府在2016年禁止了两种高币值纸币，在2017年5月推出了新的房地产监管机构和规则，在2017年7月增加了商品和服务税，这使得印度的房价持续下跌并维持到2019年。2019年，印度经历了创纪录的极端天气，从飓风到洪水，相应地影响到了印度的农业。在2019年下半年，印度的CPI开始由于减少的农业产出而快速上涨，洋葱、豆类等蔬菜价格大幅上涨推高了CPI并持续维持到2020年。

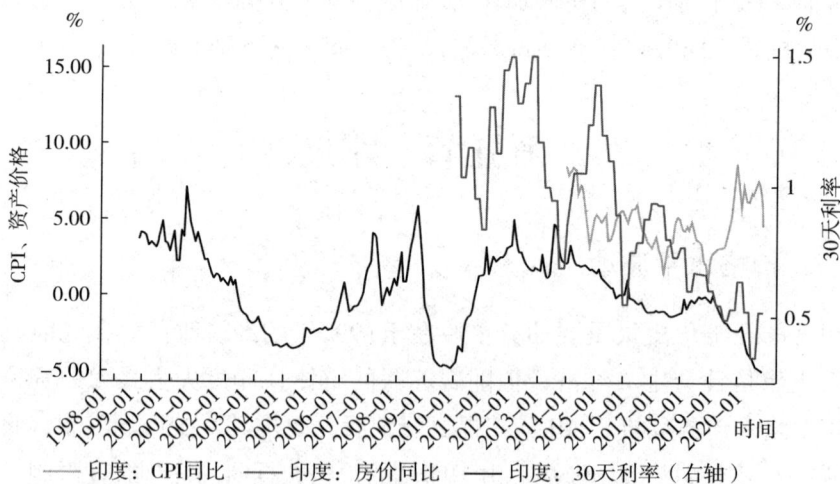

图 6-25　1998—2020 年印度的价格水平变动

（数据来源：FRED、Wind 数据库）

二、印度的收入分配问题

1. 资本/收入比

印度的资本/收入比的时间序列较短，和日本类似，其变化轨迹整体呈先上升后下降的"A"形曲线。印度的资本/收入比在2012年达到高峰，当年印度的国民资本的总价值相当于5~6年的国民收入。之后有所下滑，在5~5.5附近震荡。从长期来看，和欧美日等发达国家相比，印度的储蓄率虽然较高，但其人口增速和经济增速也较高，因此资本/收入比目前相对较低。

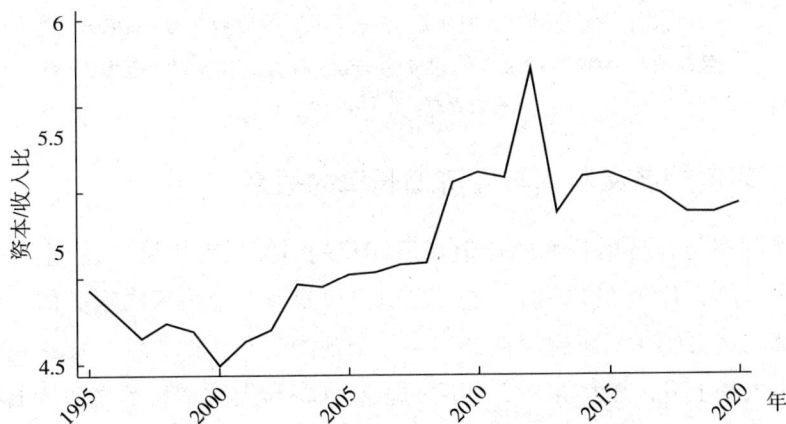

图 6-26　1995—2020 年印度的资本/收入比

（数据来源：WID）

2. 劳动/收入比和劳动/资本比

劳动/资本比的直观含义是居民未来劳动收入折现和与当前总财产的比值，可以将劳动收入和资本收入联系起来，综合反映了财富不平等情况的变化。1998年亚洲金融危机爆发后，印度的劳动/收入比和劳动/资本比震荡下行，在2005年之后趋于稳定。劳动/资本比的变化意味着印度居民未来劳动收入的折现在当前总财产的占比先下降后趋于稳定，即印度的不平等呈上升趋势，在2005年后趋于稳定。

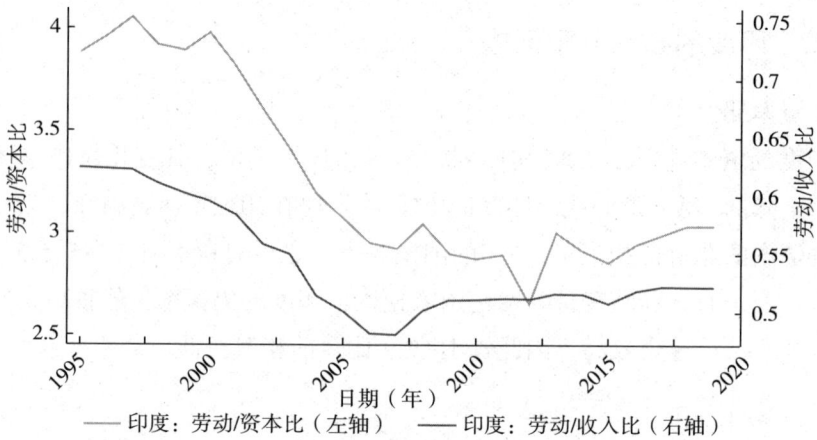

图 6-27　1995—2020 年印度的劳动 / 收入比和劳动 / 资本比

（数据来源：WID、FRED）

三、印度的名义利率与经济增长率的关系

印度利率与经济增长率的比值在近20年的时间尺度里维持在1上下，大多数年份中，这一比值在0.9和1.1之间波动，和美国、德国等国家类似。印度的名义利率与名义GDP增速比值在2008年并未观测到和美德等国一样的趋势，其比值并未大幅上升。整体来看，印度的名义利率与经济增长率之间依旧符合经济增长黄金律。

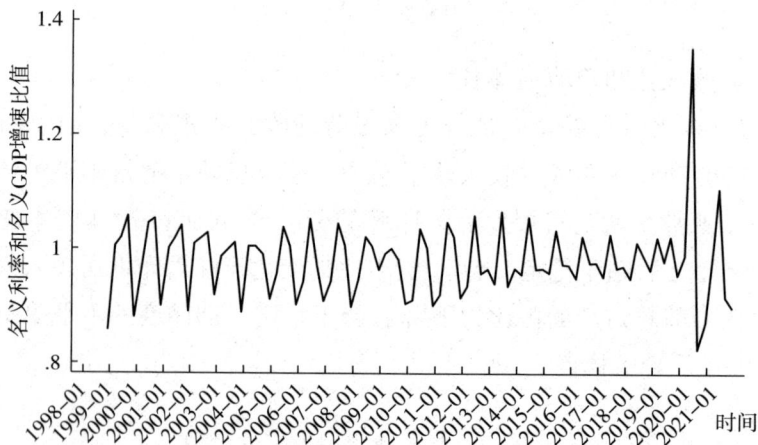

图 6-28　1998—2020 年印度的名义利率和名义 GDP 增速比值

（数据来源：Wind 数据库、FRED）

四、印度的负真实利率

2014—2021年，印度的负真实利率整体在−1.2%~1.0%震荡，多数时间维持在0以下。在经济出现衰退前后，负真实利率会出现较大幅度的波动，甚至拉升到0以上。在2019年之前，印度的负真实利率基本在0以下震荡。在2019年印度经济大放缓前后（India's great slowdown），印度的负真实利率出现剧烈的波动，探底后快速冲高到1.0%的历史高位，之后又快速回落至0附近。

2019年，印度经济大放缓的直接原因是不可持续的信贷繁荣导致的房地产泡沫破裂，根本上则是由复杂的全球性、结构性和周期性因素共同导致的。2008年国际金融危机爆发后，随着世界贸易停滞，印度的出口增长急剧放缓。同时，在21世纪初期印度投资热潮期间兴建的基础设施项目开始恶化，包括银行和基础设施公司在内面临双资产负债表危机。出口和投资两个快速推动增长的引擎开始失灵。尽管存在暂时的、不利的非货币化和商品及服务税冲击，但在一系列权宜之计的支持下，印度的经济仍能实现合理的增长。这种增长首先是由国际油价大幅下跌带来的收入增长推动的，其次是政府支出和非银行金融公司（NBFC）主导的信贷繁荣。这种信贷繁荣为不可持续的房地产库存积累提供了资金，最终导致房地产泡沫在 2019 年破裂。最后直接引发了2019年印度的经济大放缓。消费也随之出现了下滑，导致增长崩溃。此时，印度面临着

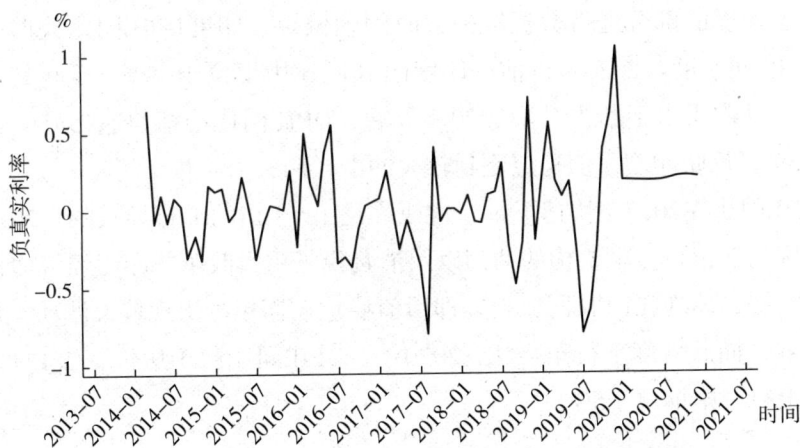

图 6-29　2013—2021 年印度的负真实利率历史进程

（数据来源：WID、FRED、Wind 数据库）

四个资产负债表的挑战——最初的两个部门（银行和基础设施公司），加上NBFC 和房地产公司。同时印度陷入了不利的利率增长恶性循环，由于资产负债表的压力，风险厌恶情绪走高，导致高利率，抑制增长，并产生更多的风险厌恶情绪。

五、印度的 DPIL 同比历史进程

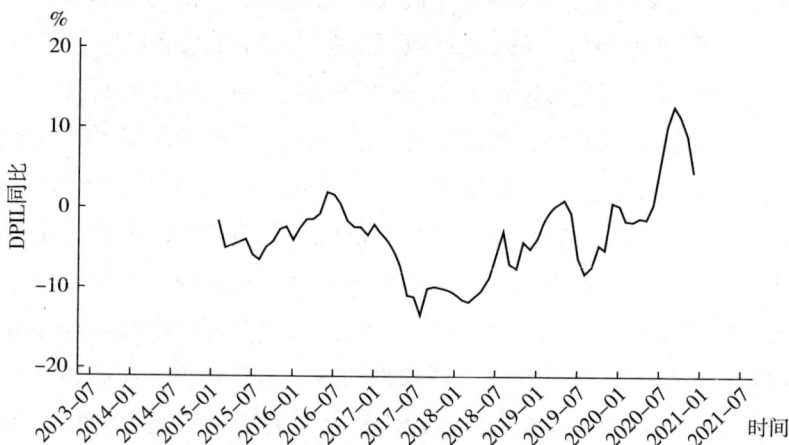

图 6-30　2013—2021 年印度的 DPIL 同比历史进程

（数据来源：WID、FRED、Wind 数据库）

　　由于印度的部分经济数据缺失，时间轴偏短，印度DPIL同比数据也仅有近5年的时间长度。2020年以前，印度DPIL同比中枢位于-5%，反映其币值相对稳定，且购买力不断提升。2020年以后，DPIL同比中枢快速抬升，当前中枢位于5%，反映印度币值稳定受到较大冲击，购买力小幅下行。

　　DPIL同比在2017年快速下行，这或许是由于CPI的下行导致的。2019年，由于印度的非银行金融机构的动荡以及消费税等重大改革，印度经济增长经历了小幅放缓，体现在DPIL同比上，即币值稳定在当年内出现较大波动，从-3%上行至零，而后再度下行至-9%。2020年，DPIL同比由于房价、CPI的共振再次大幅上行，中枢位于5%。

六、印度的 DPIL 同比与失业率

由于从印度统计局获得的失业率数据为年度数据，且时间序列较短，无法进行有效分析，印度的DPIL同比波动和失业率不做分析。

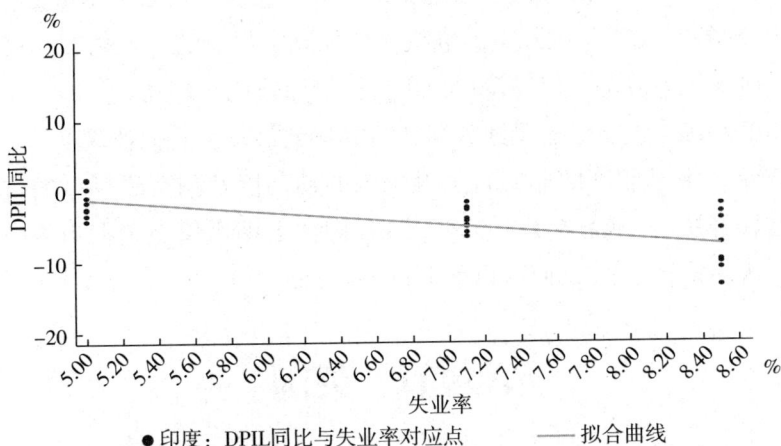

图 6-31 2013—2021 年印度的 DPIL 同比波动与失业率

（数据来源：WID、FRED、Wind 数据库）

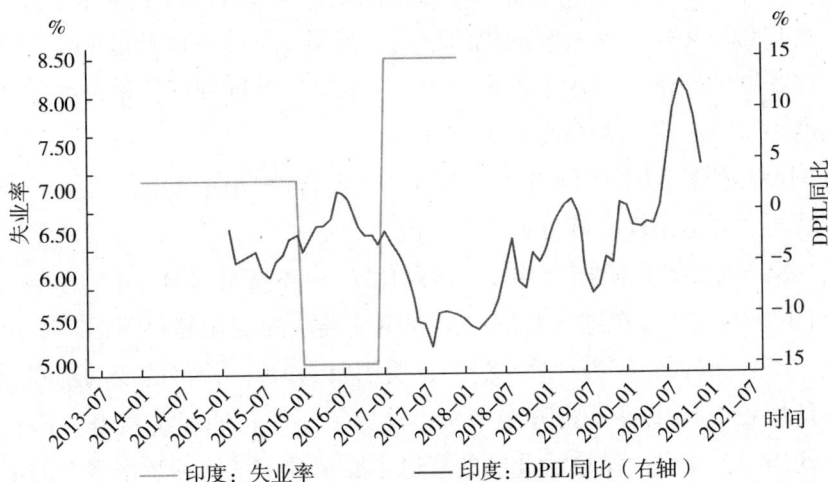

图 6-32 2013—2021 年印度的 DPIL 同比波动与失业率历史进程

（数据来源：WID、FRED、Wind 数据库）

七、研究结论

1. 经济增长黄金律适用于印度

印度名义利率与名义GDP增速的比值整体来看保持在1左右，与美国以及其他国家类似的是，印度在经济衰退年份下的名义利率与名义GDP比值通常大于1，这一现象在2008年国际金融危机有所体现。尽管这一比值在印度经济衰退的年份出现较大波动，但经济增长黄金律依旧适用于印度。

2. 印度2019年经济增速迅速放缓在DPIL同比波动上得以体现

2019年，由于印度的非银行金融机构的动荡以及消费税等重大改革，印度经济增长经历了小幅放缓，体现在DPIL同比上即币值稳定在当年内出现较大波动，从-3%上行至0，而后再度下行至-9%。

第六节　英国

一、价格水平波动

英国的资产价格（住房价格）在20世纪70年代的滞胀时期经历了巨大的波动。受到1973年第一次石油危机的影响，其同比涨幅一度冲破30%，随后经历了一定程度的回落。1979年，第二次石油危机，英国资产价格再度冲高，但上行幅度小于第一次，并在此后快速回落。

英国商品价格与资产价格在过去近30年整体呈同向变化，近年来这一趋势有所减弱，甚至出现了部分背离的情况。

从1985年至2000年的十五年，CPI同比从5%冲高至1991年4月的8.4%后又回落至1%低位。房价在这一时期也呈现出了类似的变化趋势，但其变化幅度整体大于CPI，以1993年为"分水岭"，英国CPI和资产价格的变动从剧烈转向温和。从历史事件来看，英国在1990年经历了新一轮的经济衰退，这一经济衰退直到1993年才走向结束，此次的衰退主要来源于消费和货币政策的混合冲击。在这一时期，过热的经济推高商品价格，资产需求过热，房价已经先于CPI快速上涨。英国于1990年加入ERM（汇率机制）尝试抑制高企的通胀，但英国经济在其加入后开始放缓，英镑利率也无法在市场条件下与德国马克维持在固定目标，在英国政府放弃维持利率目标后，英镑迎来暴跌，进一步推高利率。此后，随着英国经济逐渐从衰退中恢复，CPI、房价逐渐回落，出现部分季节性波动，利率在这一时期也维持相对稳定，并温和上行。在20世纪的最后几年里，房价与CPI走势开始出现分化，CPI保持温和上行之时，通胀影响下的资产价格（房价）再度冲高。

　　进入2000年后的7年半时间，即在2008年国际金融危机之前，充足的信贷（可以看到30天利率在这一时期快速下行）和持续的经济增长推动房价快速上涨，平均房价翻了一番多。随着信贷的收紧以及利率的上行，房价的涨幅被逐渐遏制。2008年国际金融危机来临后，房价与CPI再度倒挂，CPI大幅上行，房价则迎来巨大衰退，利率也持续处在低位。当英国从国际金融危机中逐渐走出，房价开始逐渐回升，CPI也从低谷中走出，开始逐渐上行。得益于英国政府在2013年出台的房地产支持政策，英国的房地产价格再次迎来增长，此时的CPI呈现了反向变化，CPI在2015年再次回落，与资产价格再次出现背离，这或许与英国经济在2015年的经济增长放缓有关。2015年到2019年，利率逐步走高，相应地抑制了房价和CPI的涨幅。

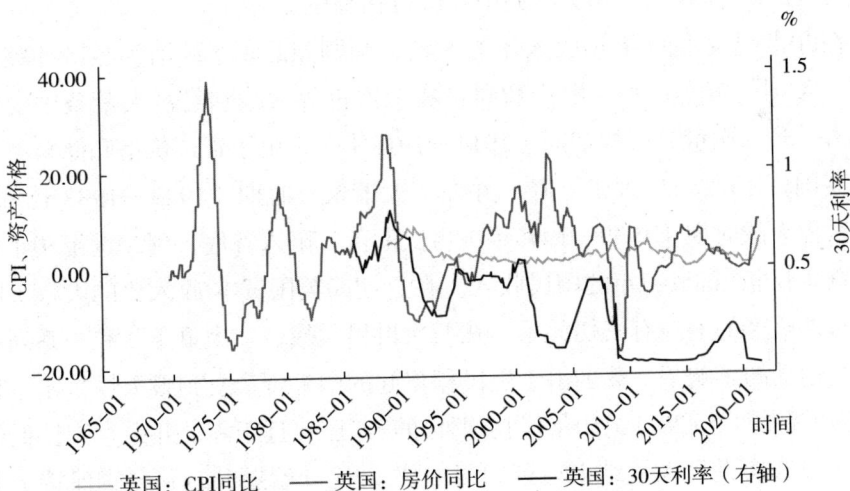

图 6-33　1965—2021 年英国价格水平变动

（数据来源：英国统计局、Wind 数据库、OECD）

二、英国的收入分配问题

1. 资本/收入比

英国的资本/收入比的变化轨迹整体呈先下降后上升的"U"形曲线。英国的资本/收入比在19世纪中叶至20世纪初相对稳定，英国资本的总价值在1914年前基本相当于6～7年的国民收入。之后，英国的资本/收入比出现了大幅波动，整体而言，资本/收入比在1914—1945年下跌了近2/3，在1945—2012年又增长了近150%。

19世纪是英国资本/收入比和财富集中度最高水平，和当时资本收益率显著高于经济增长率（$r>g$）有关。在18—19世纪，英国政府出于对外战争筹资等目的积累起大量的公共债务，导致私人财富的增加。当时，政府债券是一种很好的投资项目，可以为资本的持有者带来稳定的高回报，从而促进了私人财富的增加。同时，有"日不落帝国"之称的英国在18—19世纪逐步成了世界性的殖民帝国，根据皮凯蒂的测算，到第一次世界大战前夕，积累的国外资产已接近两年的国民收入。总之，政府债券和对外殖民投资均有较高的资本收益率，加之对资本较少的税收和英国君主立宪制下牢固的财富继承制度，使这一时期英国的资本/收入比和资本集中度维持在高位。

在20世纪发生的资本/收入比的大跌，和剧烈的军事政治和经济冲突息息相关，英国的资本、私人财产和财富在两次世界大战和经济大萧条中受到严重冲击。第一次世界大战期间（1914—1918年），由于资产价格和储蓄率的大跌，英国资本/收入比大幅下降，并在"大萧条"时期（1929—1933年）和第二次世界大战时期（1939—1945年）再次滑落，陷入谷底，到20世纪50年代，国民资本仅相当于2～3年的国民收入。在这期间英国资本/收入比的大幅下降，跟其海外资产的崩溃有密切关系。在两次世界大战、"大萧条"和一系列殖民地独立运动的影响下，英国由于殖民积累起的国外资产受到毁灭性打击。根据皮凯蒂的测算，到20世纪50年代其国外净资产已接近于零，并一直维持低位。

在第二次世界大战结束后英国资本/收入比开始提升，并一直保持上升趋势，在21世纪初趋于稳定。到2020年，国民资本的总价值为5～6年的国民收入。第二次世界大战后资本/收入比出现大幅回升，$r>g$仍在其中发挥重要作用。由于战争的破坏和战时的技术进步以及美国的"马歇尔计划"的经济援助，英国在战后重新获得了较高的经济增长率，资产价格和储蓄率也不断走高。长期而言，第二次世界大战后，$r>g$依然存在，即资本收益率大于经济增长率，使英国资本/收入比重新回到接近第二次世界大战前的水平。

但是第二次世界大战后的资本/收入比和财富集中度，并没有恢复到第二次世界大战前的水平，这可能与第二次世界大战后社会发生的一些结构性改变使r和g的差距缩小有关。其中与两次战争后的高税收和通胀等政府再分配手段的实施有较大关联。英国加大了对资本收入征税的力度，并发展了累进税制和不动产税，降低了收入的不平等。首先，根据皮凯蒂的测算，在20世纪50年代至70年代，英国通过较高的通货膨胀水平（4%~15%）以减轻公共债务负担，将其下降到国内生产总值的50%左右。值得注意的是，第二次世界大战后的公共债务的收益被高企的通货膨胀不断蚕食，巨大的公共债务和较高的通货膨胀成为一种实现再分配的新方法。其次，根据皮凯蒂的测算，在长期，资本收益率出现下滑，而由于知识和技术的进步，长期经济增长率虽然放缓，但仍高于18世纪前的水平，r和g的差距小于18世纪前。

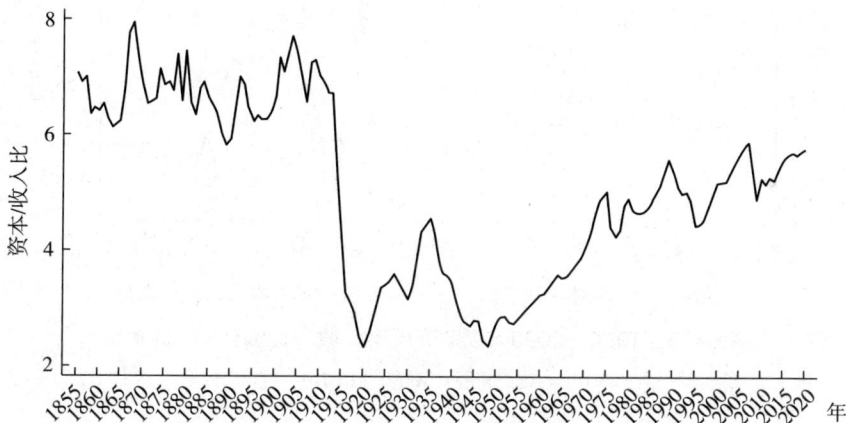

图6-34 1855—2020年英国的资本/收入比

（数据来源：WID）

2. 劳动/收入比和劳动/资本比

英国的劳动/收入比和劳动/资本比整体在0.5~0.6、3~4波动。在1990—1996年，英国的劳动/收入比出现了较大幅度的下降，劳动/资本比则呈现较明显的攀升，这主要和20世纪90年代英国发生的经济衰退有关。之后1997—2020年，劳动/收入比快速冲高后略有回落，进入震荡区间，在0.6附近波动，劳动/资本比也在3~4震荡，和劳动/收入比呈背离趋势。其中在2001—2003年和2007—2014年劳动/收入比有两次较大的回落，劳动/资本比则出现两次较明显的攀升，之后开始向3附近回落。2001—2003年的波动，主要和英国政府的大量公共支出和基础设施投资有关，使资本收入占比提高，劳动收入占比下降。2007—2014年的波动则是由于2008年国际金融危机造成的长期经济衰退。可见，英国的几次劳动/收入比大跌都跟经济衰退有关，在经济衰退期间，英国的平均工资水平降低，失业率大增，导致居民的劳动/收入比降低。经济衰退和危机同时也导致了资本的大幅损失，劳动/资本比的反向变化表明资本收入的相对损失更大。

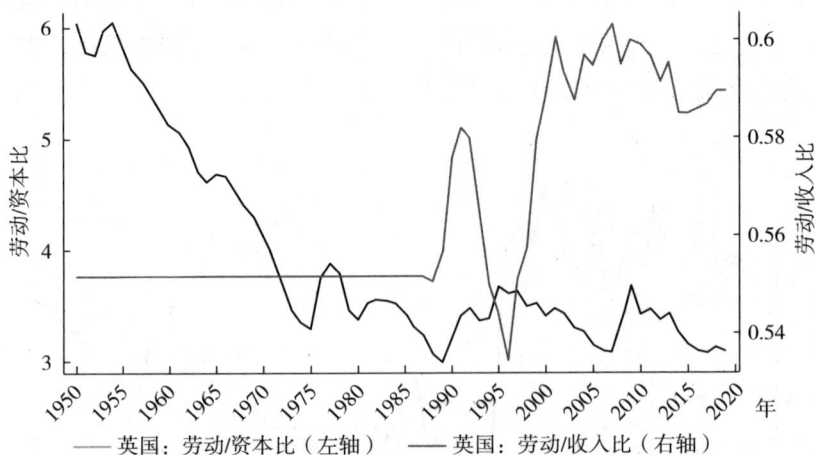

图6-35　1950—2020年英国的劳动/收入比和劳动/资本比

（数据来源：WID、FRED）

三、英国的名义利率与经济增长率的关系

从英国的历史经济数据来看，英国的名义利率与GDP增速比值始终保持在0.95~1.05，在大多数年份之中，这一比值小于1。在经济衰退时，这一比值或许会大于1，如2008年国际金融危机之后，GDP与利率比值短暂超过1。近40年的利率和经济增速数据验证了经济增长黄金律的存在。

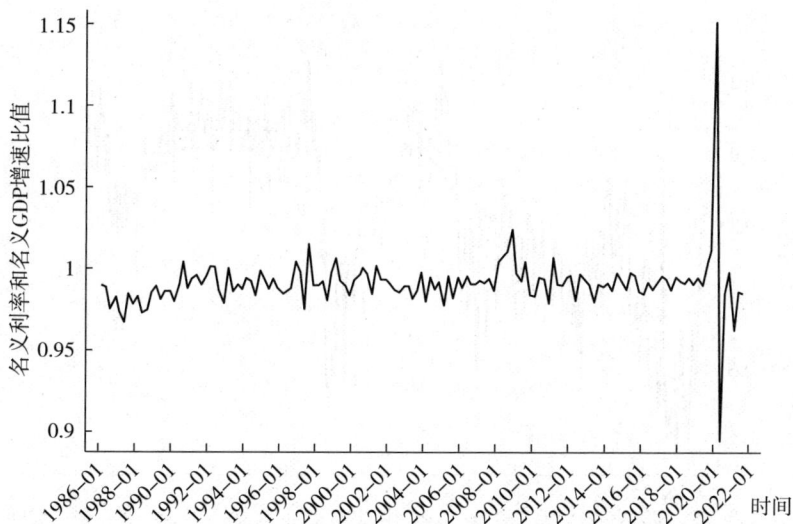

图 6-36　1986—2022 年英国名义利率与名义 GDP 增速比值

（数据来源：英国统计局、Wind 数据库）

四、英国的负真实利率

英国的负真实利率整体呈震荡上升趋势。在1990—1993年，英国的负真实利率，由于20世纪90年代经济衰退的影响出现上升，由最低点向上攀升至零附近，但一直保持负数。在1994—2000年，英国的经济从衰退中得到复苏，开始稳定增长负真实利率在–0.003附近震荡。2001年，美国因"9·11"恐怖袭击加速经济衰退，英国经济也受到影响，经济增速放缓，负真实利率快速拉升，随后在零附近震荡。在2004—2007年，这段时间经济稳定增长，负真实利率开始下降，由正转负。直到2008年国际金融危机爆发，英国的负真实利率快速拉升到零以上。英国经济受到此次金融危机的严重影响，陷入深度衰退、高失业率和巨额预算赤字的旋涡。在2010—2016年，英国进入"紧缩年代"，时任英国财政大臣乔治·奥斯本和首相大卫·卡梅伦采取了一系列财政紧缩政策以缩减政府财政赤字。这段时间里，英国的经济复苏停滞不前，同时负真实利率在零附近持续震荡。直到2016年英国全民公投决议脱欧，英国的负真实利率再次开始下降，到2017年逐步转负。在2019年，负真实利率再次出现快速拉升，并开始在零以上震荡。

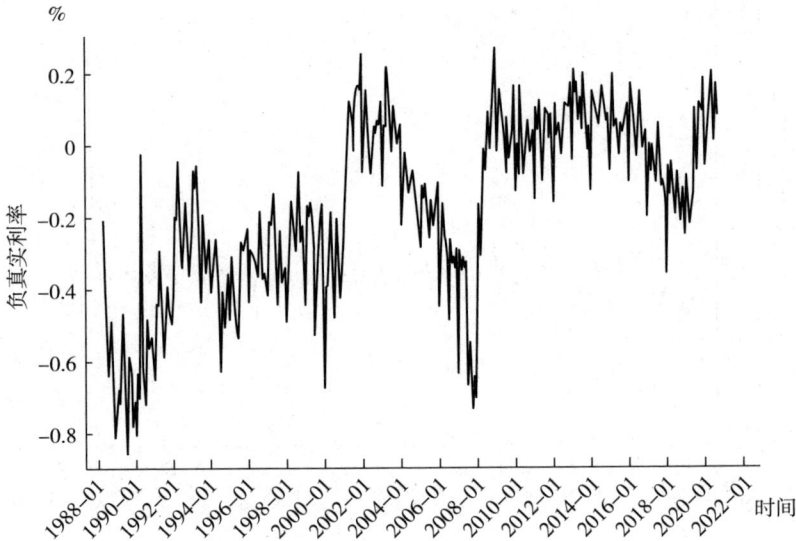

图 6-37　1988—2022 年英国的负真实利率历史进程

（数据来源：WID、FRED、Wind 数据库）

五、英国的 DPIL 同比历史进程

从英国的DPIL同比波动较大，在2008年之前的大部分年份都位于零以下，仅有2001—2004年4年在零以上。当英国从1990年的大衰退中走出后，英国的DPIL随着宽松的货币政策走入温和的上行通道。2001年，英国工党的第二个任期内，工党增加了国家公共服务支出，公共部门支出持续增加，加之伊拉克战争带来短暂的油价上涨，CPI短暂开始温和上行，英国的DPIL同比在2001—2004年快速上行。

2004年后，英国DPIL同比进入下行通道，英镑币值经历了较大波动，之后趋于平稳。DPIL同比与CPI在2008年国际金融危机前出现了较大背离，CPI持续上行，而DPIL同比却先上行而后持续下降，给金融稳定带来了巨大隐患。2008年国际金融危机后，英国DPIL同比中枢从-10%上移到零。2017年英国宣布脱欧并开始其脱欧程序后，英镑持续贬值，导致食品、能源等商品价格快速上行，但实际劳动工资涨幅超过商品价格涨幅，带动DPIL同比短暂进入下行通道，到达-5%低值。

%

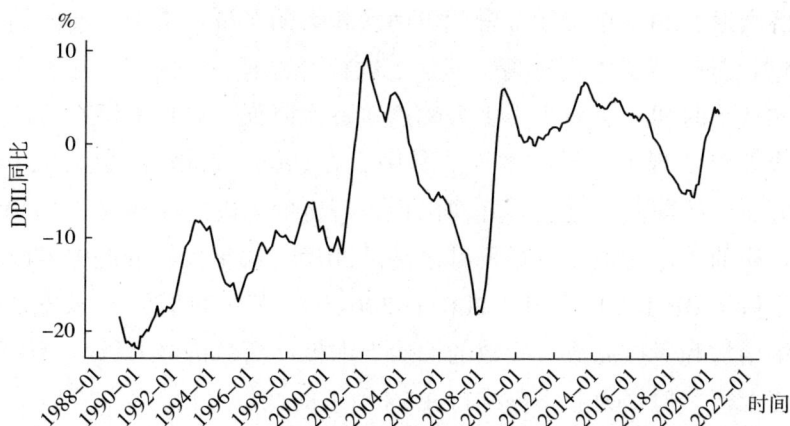

图 6-38　1988—2022 年英国 DPIL 同比历史进程
（数据来源：WID、FRED）

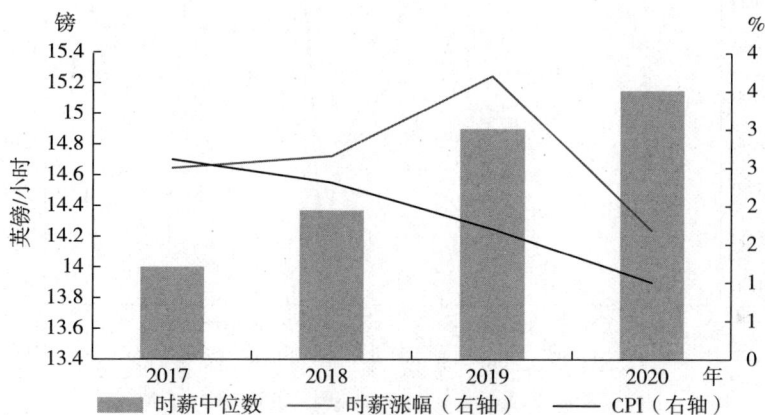

图 6-39　2017—2020 年英国实际薪酬涨幅
（数据来源：Wind 数据库）

六、英国的 DPIL 同比与失业率

通过时间序列和相关分析，综合二者的分析结果，英国的 DPIL 同比波动和失业率基本上呈正相关关系。

首先，从时间序列上可以看出，英国的 DPIL 同比波动和失业率基本呈同向变化，尤其是在几次较大的经济衰退中呈现明显的同向拉升。在 20 世纪 90

年代经济衰退、2008年国际金融危机两次较大的经济冲击中，英国的失业率和DPIL同比都出现了大幅升高。但是三次拉升也有一些区别，三次失业率不断攀升的持续时间有所减小，上升幅度也逐次降低。可见英国在历次危机中逐渐对失业率实现了较好的调控。其中，在1996—2004年英国的DPIL同比波动和失业率的同向变化关系好像出现了短暂的消失。在1996—2000年，英国采用宽松的货币政策，以帮助其经济从20世纪90年代的衰退中走出，失业率稳步下降，DPIL缓慢上升。2001—2004年，英国政府因国家公共服务支出的大幅增加和伊拉克战争导致的油价上涨推动商品价格上行，英国的DPIL出现快速上行，但是失业率仍维持在5%附近的低位运行。

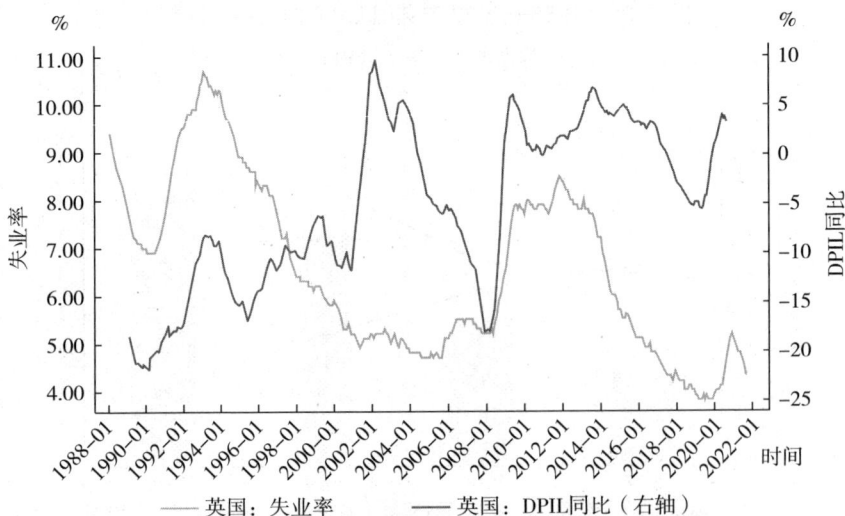

图 6-40　1988—2022 年英国的 DPIL 同比波动与失业率历史进程

（数据来源：WID、FRED、Wind 数据库）

其次，通过散点图可以看出，若直接对英国的DPIL同比波动和失业率整体进行分析，二者的相关性较弱，不适合直接进行简单的线性回归分析。但二者在局部存在较为明显的线性正相关或负相关。因此，结合时间序列图观察到的二者的变动关系，可以发现英国的DPIL同比波动和失业率之间的关系，在不同时间段有较大差异，可以分时段进行回归分析。

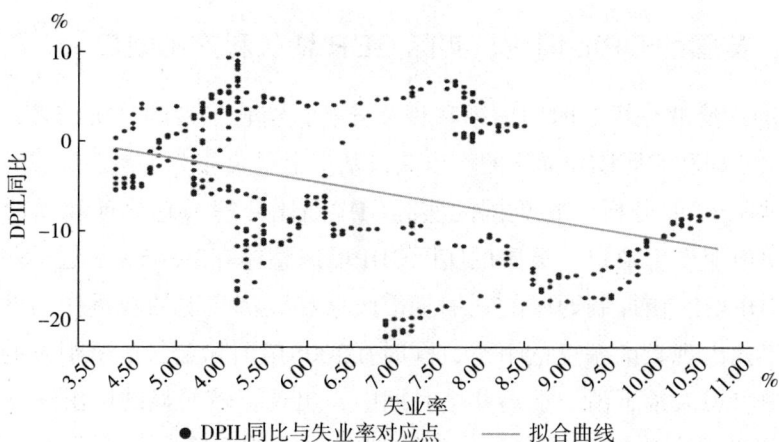

图 6-41　1988—2021 年英国的 DPIL 同比波动与失业率及拟合曲线

（数据来源：WID、FRED、Wind 数据库）

　　大部分时间段中（1988—1995年和2009—2021年），英国的DPIL同比波动和失业率基本呈正相关［表6-5的模型（2）和模型（4）］。平均而言，DPIL同比波动每增加1，失业率将分别上升0.198个和0.0909个百分点。在少部分时间段中（1996—2008年），英国的DPIL同比波动（%）和失业率呈负相关［表6-5的模型（3）］。平均而言，DPIL同比波动每增加1，失业率将下降0.0167个百分点。

表 6-5　1988—2021 年英国的 DPIL 同比波动与失业率回归结果

	（1） 1988—2021 年	（2） 1988—1995 年	（3） 1996—2008 年	（4） 2009—2021 年
	失业率	失业率	失业率	失业率
DPIL	−0.0544** （0.00615）	0.198** （0.0190）	−0.0167** （0.00410）	0.0909** （0.0212）
_cons	6.606** （0.0899）	11.43** （0.230）	5.785** （0.0880）	5.416** （0.202）
N	379	82	156	141
R−sq	0.139	0.486	0.052	0.117
rmse	1.673	0.895	0.942	1.572

显著性水平：** 表明 p<0.01，* 表明 p<0.05。

数据来源：WID、FRED、Wind 数据库。

七、英国的 DPIL 同比、实际 GDP 增长和产出缺口

通过HP滤波分析、时间序列和相关分析，综合二者的分析结果，英国的DPIL同比波动和实际GDP同比的产出缺口基本上呈负相关关系。

通过HP滤波分析，将英国的实际GDP同比分解为趋势项和周期项两部分，周期项即产出缺口。英国的实际GDP增速整体在3%~5%附近震荡。英国的实际GDP增速在抑制通胀的紧缩货币政策和经济衰退的双重作用下，在20世纪90年代出现较大幅度的下滑，同时在2008年国际金融危机引发的全球经济衰退中出现大幅下滑。在这几个时期中，出现了较明显的产出缺口。DPIL同比提前出现大幅的拉升和巨大的波动，币值的不稳定为金融危机埋下了隐患。

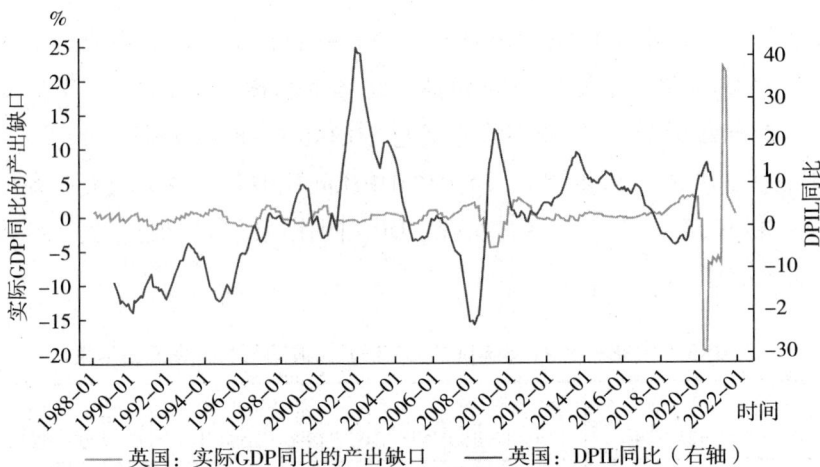

图 6-42　1988—2022 年英国的 DPIL 同比波动与实际 GDP 同比的产出
缺口历史进程

（数据来源：WID、FRED、Wind 数据库）

通过散点图可以看出，英国的DPIL同比波动和实际GDP同比的产出缺口整体呈较为明显的线性负相关关系。结合回归分析也可以得到类似的结果，由表6-6可知，英国的DPIL同比波动和实际GDP同比的产出缺口在各个时间段内均呈负向变化关系。整体的回归方程为gdp_hp=-0.0395 DPIL-0.0405，R^2=0.049。

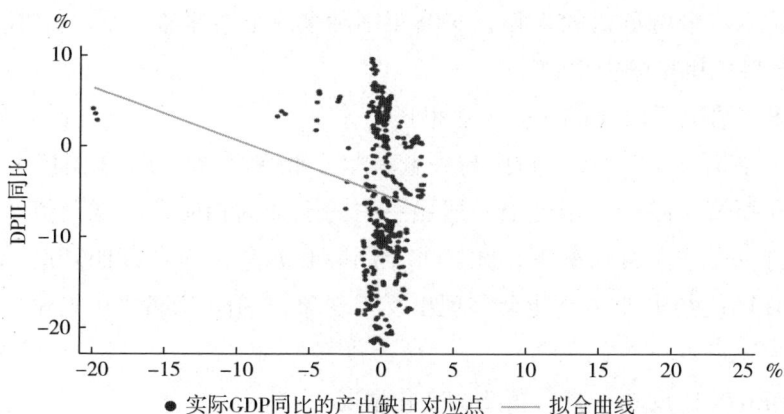

图 6-43 1988—2021 年英国的 DPIL 同比波动与实际 GDP 同比的产出缺口及拟合曲线
（数据来源：WID、FRED、Wind 数据库）

表 6-6 1988—2021 年英国 DPIL 同比波动与实际 GDP 同比的产出缺口回归结果

	（1） 1988—2021 年	（2） 1988—1995 年	（3） 1996—2008 年	（4） 2009—2021 年
	产出缺口	产出缺口	产出缺口	产出缺口
DPIL	−0.0395** （0.00893）	0.0118 （0.0162）	−0.0230** （0.00426）	−0.266** （0.0403）
_cons	−0.0405 （0.0998）	0.120 （0.222）	0.180* （0.0797）	1.564** （0.384）
N	379	82	156	141
R−sq	0.049	0.005	0.110	0.239
rmse	2.144	0.730	0.870	2.992

注：显著性水平：** 表明 $p<0.01$，* 表明 $p<0.05$。
数据来源：WID、FRED、Wind 数据库。

八、研究结论

1. DPIL同比大幅波动给金融危机埋下隐患

英国DPIL同比在进入21世纪后，在8年时间内经历了从−10%到10%再到−10%的巨大波动。前一次的波动来源于21世纪初美国经济危机传导到英国的全球性衰退，而后一次DPIL同比波动从10%骤降至−10%给金融危机埋下隐患，或预示着金融危机的来临，2008年国际金融危机来临之后，DPIL同比重新回到金融危机前的中枢5%。

2. 正常情况下DPIL同比与失业率正相关

在正常情况下，DPIL同比与失业率呈正相关关系，DPIL同比上行反映币值出现贬值，随着本币贬值，居民手中的现金则相应的出现贬值，失业率开始上行。在非正常情况下，如2008年国际金融危机或者其他衰退、危机时期，DPIL同比与失业率可能会呈现出反常现象，如DPIL同比与失业率呈现负相关。

3. DPIL同比反映了真实薪酬的变化情况

CPI仅考虑了物价的变化情况而并未考虑居民薪酬变化及最终的效用变化，DPIL同比充分考虑了两者的综合变化及其对居民效用的影响。英国2017年脱欧后，英镑持续贬值，CPI快速上行，但DPIL同比不升反降，结合英国时薪中位数变化情况对比发现英国实际工资在持续上升。

4. 经济增长黄金律适用于英国

从英国的历史经济数据来看，英国的名义利率与名义GDP增速比值始终保持在0.95~1.05，在大多数年份之中，这一比值小于1。经济衰退时，这一比值或许会大于1，如2008年国际金融危机之后，名义利率与名义GDP增速比值短暂超过1，但从长期来看，名义利率与GDP增速比值始终保持在1附近。

第七节　法国

一、价格水平波动

整体来看，法国的CPI、房价以及30天利率波动相对有限。法国经济在1947—1970年经历了一个繁荣时期，平均经济增长率超过5%，但这一繁荣时期并非持续的。20世纪60年代末，法国的经济增长动能逐渐消逝，法国利率小幅下行，以推动经济动能回升，但其客观上导致房价快速上行。1973年的石油危机推高石油价格，导致法国的CPI快速上行，法国不得不提升利率以控制快速上行的CPI，但这又导致其经济增长动能受挫，房价增速小幅放缓。经济增长的放缓持续到20世纪80年代，高通胀迫使法国提升利率避免恶性通胀出现，房价等资产价格在这一时期由于经济景气度不佳而持续下跌。这一现象直到20世纪80年代中后期才有所改善，经济增长动能重现，利率逐渐下行，房价等资产价格随之上行。

进入20世纪90年代后，法国经济高速增长并未持续太久，英国、美国等国的经济衰退同样传导至法国，法国的经济动能在20世纪90年代初同样消退。法国利率在1994年大幅下行以推动经济复苏，房价有所反弹，但依旧停滞不前。1994年后，法国的经济动能逐渐恢复，房价随着低位的利率与快速增长的经济快速上行，虽然其在2000年互联网泡沫破灭时增速小幅下行，但房价很快迎来了更快的增长，并在2005年达到历史高点14%。房价持续高速增长是不可持续的，法国房价在2006年较1997年已经翻了一番，其已经远远超出实际价值，与法国居民的收入产生巨大割裂。此后法国的房价重现1990年暴跌趋势，随着不断上行的利率以及2008年国际金融危机跌入谷底。尽管房价在2008年国际金融危机后随着下行的利率小幅反弹，但其涨幅相对克制。

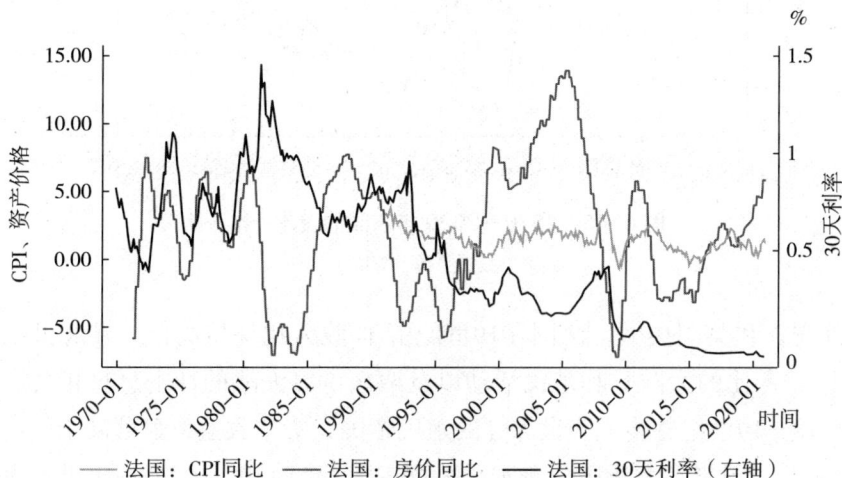

图6-44　1970—2020年法国的价格水平变动

（数据来源：FRED、Wind 数据库）

二、法国的收入分配问题

1. 资本/收入比

法国的资本/收入比的总体的发展轨迹类似于英国，整体也呈"U"形曲线。和其他国家类似，从长期来看，法国的农地资产让位于住宅和商业地产以及工业和金融资本。法国的资本/收入比在19世纪末、20世纪初在6~8附近波动。之后，在1915—1945年，法国的国民资本在两次世界大战中受到了较大冲击，资本/收入比一路震荡下跌，在1945年，法国资本的总价值达到历史低位，仅相当于2年的国民收入。1945年之后，法国的经济在战后得到恢复，其资本/收入比一路拉升，在2000—2005年出现明显的拉升，在2010年重回6附近的高位。法国在21世纪初资本/收入比回到接近第二次世界大战前的水平，其原因和英美等其他国家类似，也是由于经济增速放缓和$r>g$的原因。

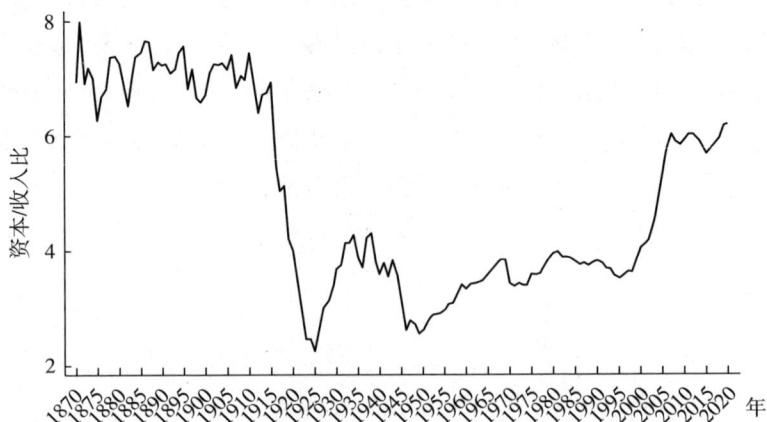

图 6-45　1870—2020 年法国的资本/收入比

(数据来源：WID)

首先，和英国类似，法国在19世纪资本/收入比保持高位、在20世纪发生的资本/收入比的大跌，和殖民活动以及两次世界大战的冲击息息相关。法国同样在18—19世纪逐步成为世界性的殖民帝国，资本收益率显著高于经济增长率（$r>g$），积累了大量国外资本。根据皮凯蒂的测算，到第一次世界大战前夕，积累的国外资产已接近两年的国民收入。使这一时期法国的资本/收入比和资本集中度维持在高位。在两次世界大战、经济大萧条和一系列殖民地独立运动的影响下，法国的国内和国外资本均受到毁灭性打击。根据皮凯蒂的测算，到20世纪50年代其国外净资产已接近于零，并一直维持低位。

其次，英国和法国一直是以私有财产制度为基础的国家，私人财富相对于公共财富一直占据压倒性优势，并在第二次世界大战后愈演愈烈。1950—1980年，法国在战后对若干重要经济部门国有化，尤其在银行、煤矿和汽车工业等领域，工业和金融部门的公共资产大量增加，但在1980年后上述资产又卷入了汹涌的私有化浪潮。在大多数发达国家（尤其是欧洲）都能或多或少看到上述现象，许多新兴经济体也同样如此。从1990年起，在经济增长放缓、高失业和政府财政巨额赤字的背景下，公共部门持有的股份被逐步出售，给财政带来了额外的收入，但这依然未能阻止公共债务的持续增加。法国的净公共财富下降到极低水平，与此同时，私人财富却缓慢回升到20世纪历次冲击以来从未达到的高水平。

2. 劳动/收入比和劳动/资本比

劳动/资本比的直观含义是居民未来劳动收入折现和与当前总财产的比值，可以将劳动收入和资本收入联系起来，综合反映了财富不平等情况的变化。1950年以来，法国的劳动/收入比和劳动/资本比均呈震荡下行趋势。

从1980年到1985年，法国由于经济衰退，劳动/收入比出现大幅下跌，之后则在0.62附近震荡。1990年以来，由于资本/收入比的一路上行，法国的劳动/资本比则整体呈震荡下行趋势，居民未来劳动收入的折现在当前总财产的占比越来越小，意味着不平等的逐步加剧。

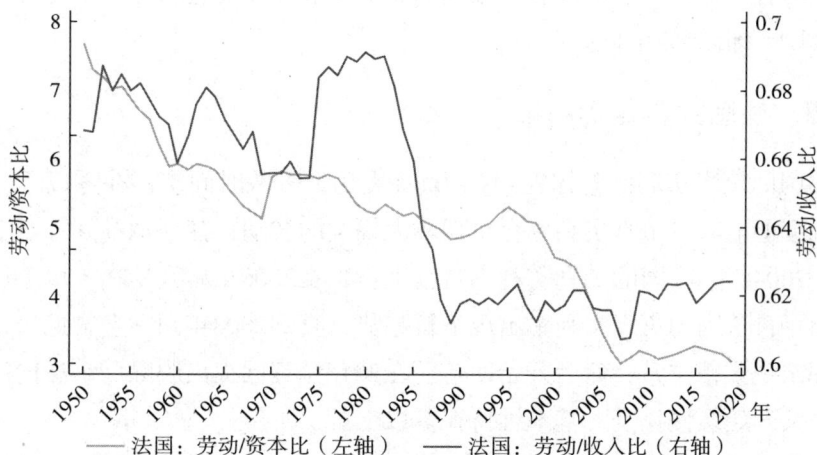

图 6-46　1950—2020 年法国的劳动 / 收入比和劳动 / 资本比

（数据来源：WID、FRED）

三、法国的利率与经济增长率的关系

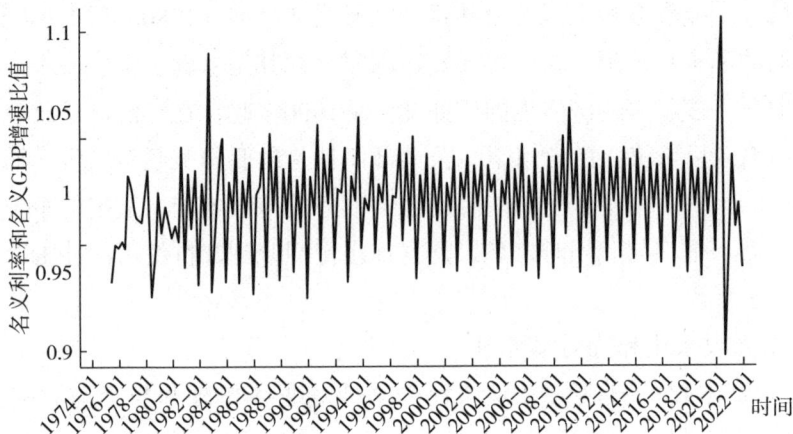

图 6-47　1974—2022 年法国名义利率与名义 GDP 增速比值

（数据来源：FRED、Wind 数据库）

法国名义利率与经济增长率比值在近半个世纪的时间序列下保持在1附近变动，变化范围在0.88至1.12之间。与美国、英国等国家相似，法国的名义利率和经济增速比值在经济衰退时期普遍大于1，这一趋势在1983年、2008年、2020年均有所体现。整体来看，法国名义利率和GDP增速间的关系符合经济增长黄金律，即以1为中枢。

四、法国的负真实利率

法国的负真实利率整体在-1%~0.6%震荡，多数时间维持在零以下。在经济出现衰退前后，负真实利率会出现较大幅度的波动，甚至拉升到零以上。在1990—2004年，法国的负真实利率持续上行，在2000年后开始在零以上震荡。在2004年，法国的负真实利率出现下行趋势，直到2008年国际金融危机，负真实利率出现大幅拉升，然后开始回落。在2016年英国提出脱欧后，法国的负真实利率又开始缓慢拉升，基本维持在零以上。

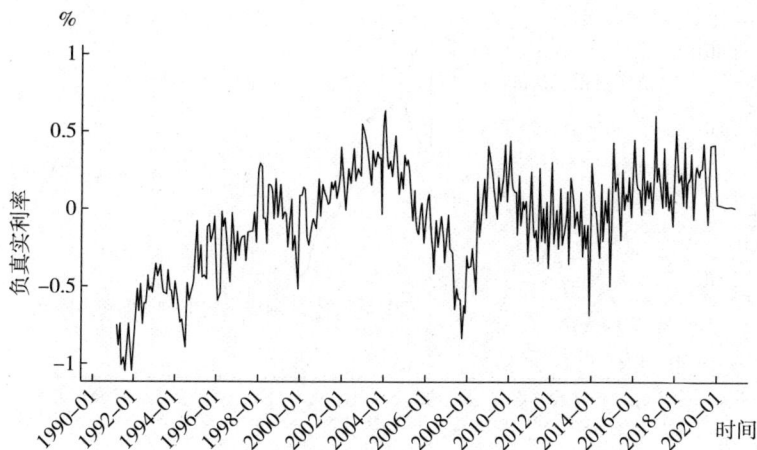

图 6-48　1990—2021 年法国的负真实利率历史进程

（数据来源：WID、FRED、Wind 数据库）

五、法国的 DPIL 同比历史进程

法国作为欧盟成员国之一，在欧元正式启用后同样将法定货币法郎替换为欧元，因而其DPIL同比需要着重关注货币转换前后。法国DPIL同比波动主要分为两个大的阶段，以2008年国际金融危机为分水岭。在此之前，法国的DPIL同比大幅波动，从-40%上升到25%，国际金融危机后，法国的DPIL同比逐渐趋于稳定，以0为中枢，币值相对稳定。

在法国启用欧元以前，法郎作为法国法定货币时期，DPIL同比从-40%逐渐上行至10%，反映出20世纪90年代法郎购买力经历了巨大波动。在这一时期，房价和通胀相对稳定，但由于法国利率持续下行，法郎购买力持续减少，DPIL同比快速上行。21世纪初，经济增速小幅恢复，法国利率再次上行，使DPIL同比小幅下行。2002年1月，法国的法定货币转换为欧元，由于利率持续下行，DPIL同比持续爬坡，并于2004年1月到达历史高点25%。随后，由于美联储的加息周期，法国利率也相应抬升，并于2008年达到阶段性高点，DPIL同比对应来到阶段性低点，这是法国启用欧元后的最低点。此后，DPIL同比随着利率的下行而不断抬升。由于利率在2012年后在零利率附近徘徊，利率对DPIL同比的影响逐渐减弱，2015—2020年的DPIL同比多受CPI和房价的影响，温和上行。

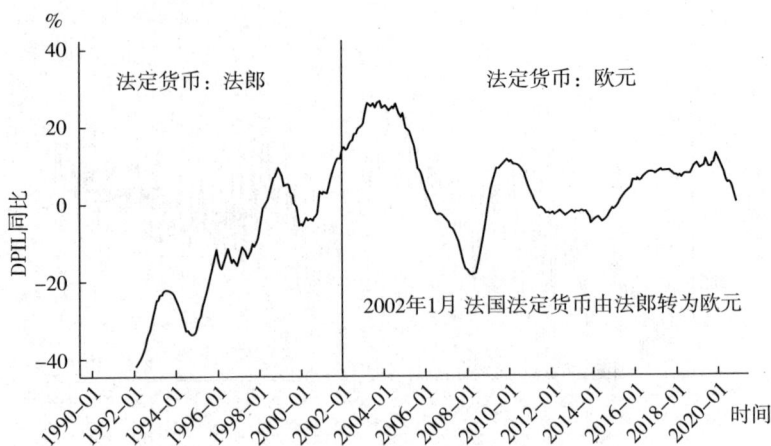

图 6-49　1990—2020 年法国 DPIL 同比历史进程

（数据来源：WID、FRED、Wind 数据库）

六、法国的 DPIL 同比与失业率

通过时间序列和相关分析，综合二者的分析结果，法国的DPIL同比波动和失业率在大部分时间段呈正相关关系。

1990年以来，法国的失业率一直在7%以上，整体有两次较大的波动周期。1990—2007年是第一个周期。20世纪末，受信息技术发展和经济结构转型的影响，法国的劳动力市场出现供需错配的结构性问题，法国的失业率持续上行，达到第二次世界大战以来最高水平。政府通过调整产业布局、修订就业相关的法律制度、改革经济政策、给予财政优惠等方法促进就业。1999年后，法国整体的失业率进入快速下行通道。在2008年国际金融危机之后，法国的失业率再次大幅拉升，在2015年达到10%以上，之后开始一路下行，在2020年后再次拉升。

通过散点图可以看出，若直接对法国的DPIL同比波动和失业率整体进行分析，二者呈负相关关系。由表6-7中的模型（1）可得，整体的回归方程为Unemployment=-0.0259 DPIL+9.411，R^2=0.153。

同时，结合时间序列图观察到的二者的变动关系，可以发现法国的DPIL同比波动和失业率之间的关系在不同时间段有较大差异，可以分时段进行回归分析。在1990—1994年和2003—2011年，法国的DPIL同比波动和失业率基本

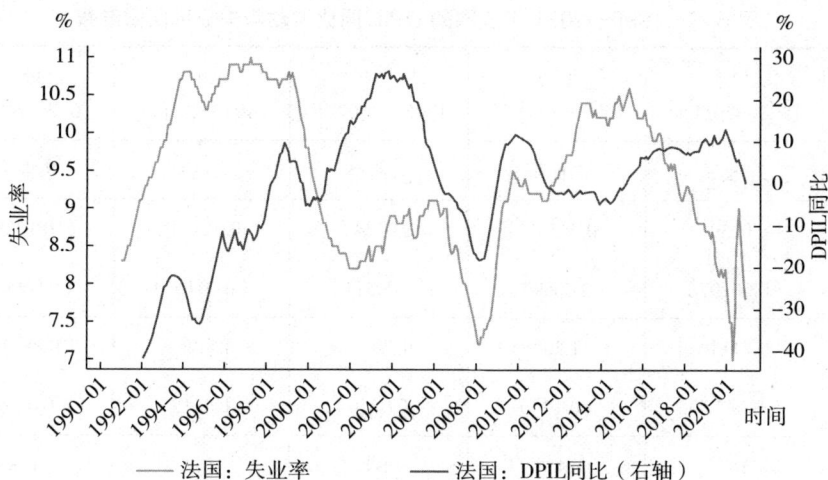

图 6-50　1990—2021 年法国的 DPIL 同比波动与失业率历史进程

（数据来源：WID、FRED、Wind 数据库）

呈正相关［表6-7的模型（2）和模型（4）］。平均而言，DPIL同比波动每增加1，失业率将分别上升0.0450个和0.0235个百分点。在1995—2002年和2012—2021年，法国的DPIL同比波动和失业率基本呈负相关［表6-7的模型（3）和模型（5）］。平均而言，DPIL同比波动每增加1，失业率将分别下降0.0734个和0.102个百分点。

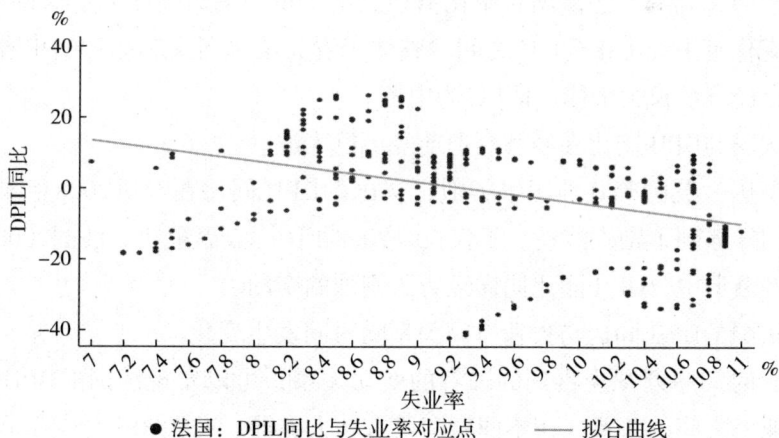

图 6-51　1990—2021 年法国的 DPIL 同比波动与失业率及拟合曲线

（数据来源：WID、FRED、Wind 数据库）

表 6-7　1990—2021 年法国的 DPIL 同比波动与失业率回归结果

	(1) 1990—2021 年	(2) 1990—1994 年	(3) 1995—2002 年	(4) 2003—2011 年	(5) 2012—2021 年
	失业率	失业率	失业率	失业率	失业率
DPIL	−0.0259** （0.00297）	0.0450** （0.00693）	−0.0734** （0.00511）	0.0235** （0.00420）	−0.102** （0.00945）
_cons	9.411** （0.0477）	11.50** （0.176）	9.820** （0.0846）	8.540** （0.0618）	9.883** （0.0609）
N	347	47	84	108	108
R−sq	0.153	0.414	0.502	0.272	0.398
rmse	0.904	0.386	0.774	0.518	0.669

注：显著性水平：** 表明 $p<0.01$，* 表明 $p<0.05$。
数据来源：WID、FRED、Wind 数据库。

七、研究结论

1. 经济增长黄金律适用于法国

法国名义利率与经济增长率比值在近半个世纪的时间序列下保持在1附近变动，变化范围在0.88至1.12之间。整体来看，法国名义利率和GDP增速间的关系符合经济增长黄金律，即以1为中枢。

2. 法国的DPIL同比在经济衰退前经历巨大波动

与美国、英国等其他国家类似，法国的DPIL同比在经历2008年国际金融危机前同样遇到了剧烈波动。不仅仅是2008年国际金融危机，法国2000—2002年的经济衰退中，DPIL同比同样经历了剧烈的变动。

3. 法国的DPIL同比与失业率间关系随时间发生变化

结合时间序列图观察到的二者的变动关系，可以发现法国的DPIL同比波动和失业率之间的关系，在不同时间段有较大差异。在1990—1994年和2003—2011年，法国的DPIL同比波动和失业率基本呈正相关。平均而言，DPIL同比波动每增加1，失业率将上升0.034个百分点。在1995—2002年和2012—2021年，法国的DPIL同比波动和失业率基本呈负相关。平均而言，DPIL同比波动每增加1，失业率平均下降0.087个百分点。

第八节　意大利

一、价格水平波动

意大利的价格整体波动水平大于美国、法国等国家，其变化范围在-20%至60%之间。意大利的房价水平在1970—1983年经历了多次剧烈波动。这一时期，意大利正经历着极高的通货膨胀，两次石油危机导致石油价格暴涨，对于极其依赖外部能源供给的意大利而言，石油价格上行迅速传导到国内消费市场，导致CPI同比一度超过25%，相应的传导至资产价格，房价在这一时期的同比涨幅一度超过50%。

进入20世纪80年代后，利率不断上行，资金成本上升，银行间1月利率一度超过1.5%，过快的房价涨幅和恶性通胀被逐渐控制。宏观政治经济环境逐渐稳定，到20世纪80年代后期，意大利的经济动能扩张。1987年意大利GDP甚至超过了英国，成为全球第五大经济体，良好的经济前景推高了意大利的房价，这是意大利最近一次的房价大幅上行，其同比涨幅一度超过20%。1992年，被投机者攻击的意大利里拉在外汇市场暴跌，本国通胀再度走高，意大利银行不得不提高本国利率以控制通货膨胀。在20世纪90年代末，意大利经济再度从衰退中走出，这相应的推动意大利住房等资产价格开始上行。1999年，意大利作为欧元区创始国之一，开始逐步转轨使用欧元。与欧洲其他国家相似，其利率也在2008年国际金融危机前大幅上行，与美联储的加息节奏相同。与其他国家存在差异的是，意大利受到2008年国际金融危机的影响偏小。在2008年金融危机后，意大利的CPI波动逐渐减少，价格指数从温和上行转入低增长甚至是负增长，在2020年前陷入通货紧缩的边缘。

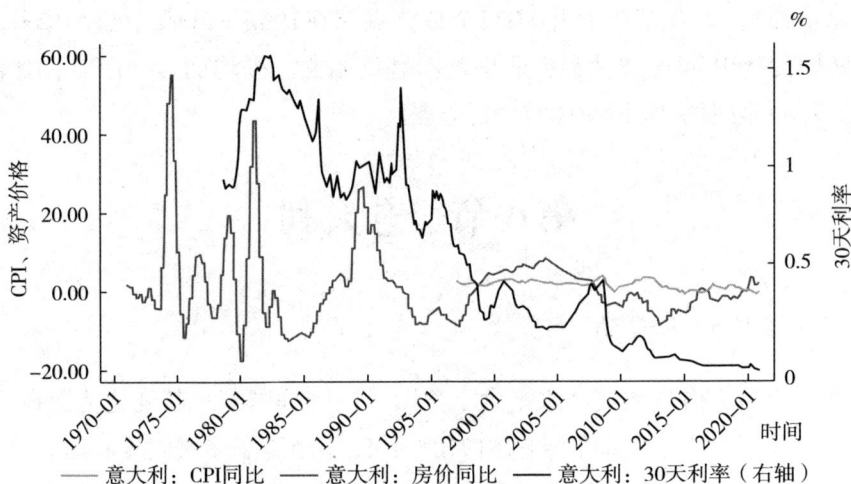

图6-52　1970—2020年意大利价格水平波动

（数据来源：WID、FRED、Wind数据库）

二、意大利的收入分配问题

1. 资本/收入比

由于数据原因，和日本、印度类似，意大利的资本/收入比的时间序列也较短。自1970年以来，其变化轨迹整体呈先上升后下降的"A"形曲线。意大利资本/收入比在1990年达到高峰，意大利国民资本的总价值相当于8年的国民收入。之后一路下行，意大利的资本/收入比在2020年下降到6附近。和英美等其他国家类似，意大利在21世纪初资本/收入比达到了6以上，回到接近第二次世界大战前的水平，其原因也是由于长期的高储蓄率、经济增速放缓和$r>g$的原因。

意大利的房地产市场在1994—1995年出现泡沫破裂后的快速回调，其资本/收入比由于资产价格的大跌，也出现了快速回调。和日本类似，1970—2010年，意大利的平均私人储蓄率高达14%~15%，高于各个国家私人储蓄率通常为国民收入的10%~12%的一般水平。2010年后，意大利的平均私人储蓄率出现下滑，维持在8%附近，其资本/收入比也出现一定的下降。从长期来看，根据资本第二定律，高私人储蓄率和低经济增速一定程度上解释了意大利高资本/收入比。

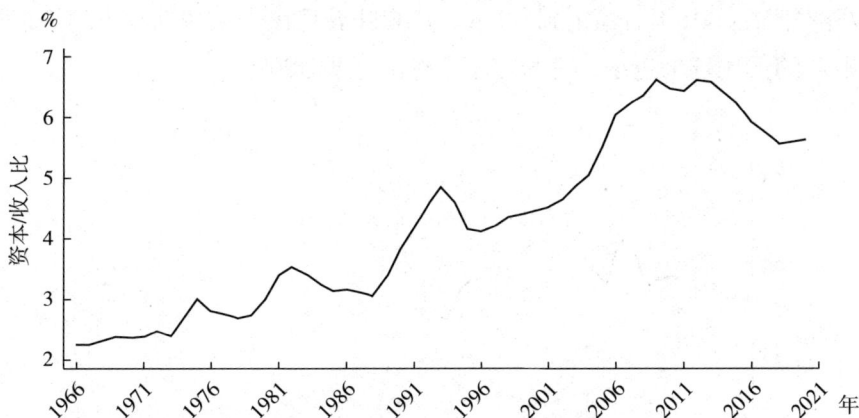

图 6-53　1966—2021 年意大利的资本 / 收入比

（数据来源：WID）

表 6-8　1970—2010 年发达国家的增长率和私人储蓄率

国家	国民收入增长率（%）	人口增长率（%）	人均国民收入 增长率（%）	私人储蓄率（扣除折旧）（占国民收入比重，%）
美国	2.8	1.0	1.8	7.7
日本	2.5	0.5	2.0	14.6
德国	2.0	0.2	1.8	12.2
法国	2.2	0.5	1.7	11.1
英国	2.2	0.3	1.9	7.3
意大利	1.9	0.3	1.6	15.0
加拿大	2.8	1.1	1.7	12.1
澳大利亚	3.2	1.4	1.7	9.9

注：不同发达国家的储蓄率和人口增长率有很大差别，人均国民收入增长率差异要小得多。

数据来源：《21世纪资本论》。

2. 劳动/收入比和劳动/资本比

劳动/资本比的直观含义是居民未来劳动收入折现和与当前总财产的比值，可以将劳动收入和资本收入联系起来，综合反映了财富不平等情况的变化。1966年以来，意大利的劳动/收入比和劳动/资本比整体呈震荡下行趋势，劳动/资本比在2001年后稳定到3以下。这意味着居民未来劳动收入的折现在当前总财产的占比越来越小，意味着不平等的逐步加剧。

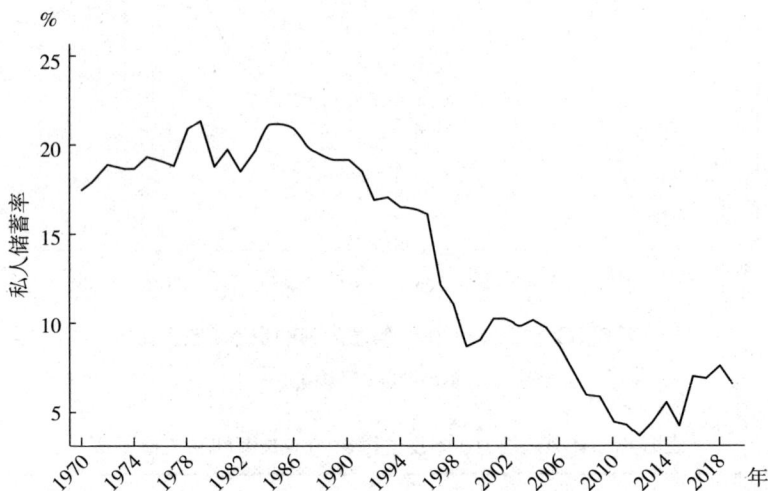

注：由国民净储蓄减去政府净储蓄得到私人净储蓄，然后除以当年国民净收入得到私人储蓄率。

图 6-54 1970—2018 年意大利的私人储蓄率

（数据来源：WID）

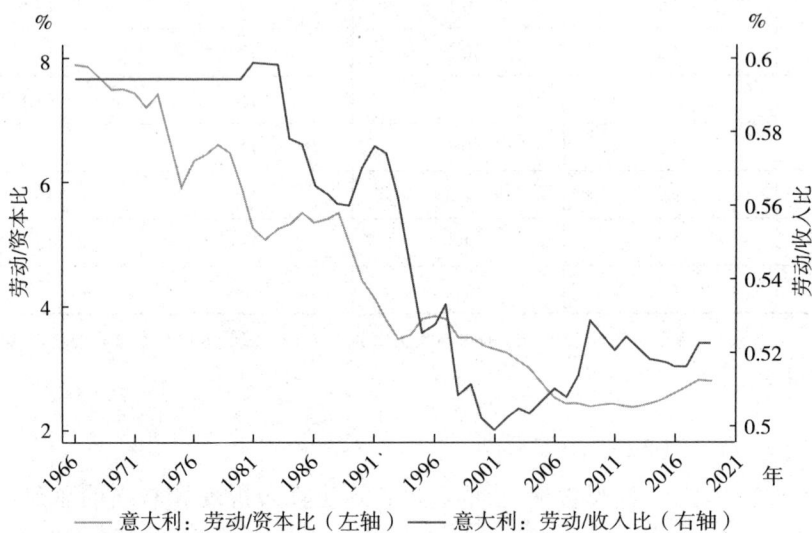

—— 意大利：劳动/资本比（左轴） —— 意大利：劳动/收入比（右轴）

图 6-55 1966—2021 年意大利的劳动 / 收入比和劳动 / 资本比

（数据来源：WID、FRED）

三、意大利的利率与经济增长率的关系

意大利名义利率和经济增长率比值维持在0.85~1.25，其变化范围相对其他国家更大，但这主要是由于部分年份下的极端值所致，在大多数正常年份下，意大利名义利率与经济增长率的比值相对稳定，稳定在0.95~1.05。意大利的这一比值在大多数年份处于1之下，与其他国家相似，意大利的比值在部分经济衰退年份会短暂地大于1，这一情况在20世纪90年代初的衰退中体现尤为明显，在2008年国际金融危机有所体现。但总的来说，经济增长黄金律仍然是适用于意大利，近50年的名义利率和GDP数据证明了这一论断。

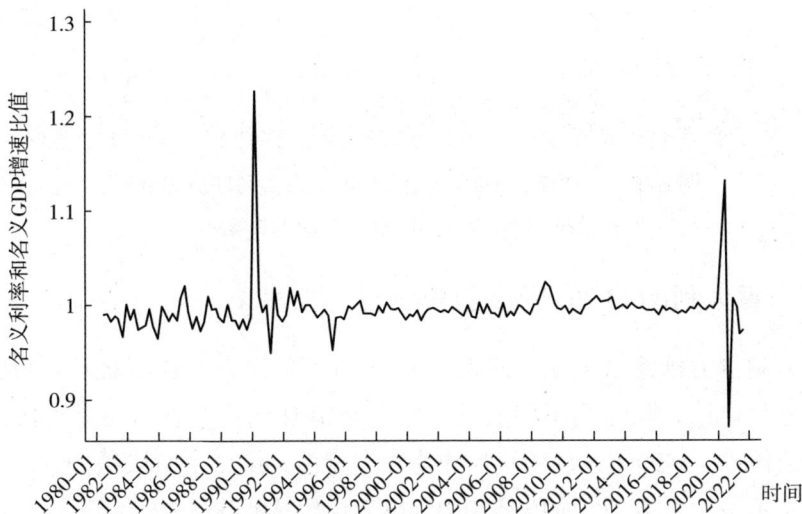

图 6-56　1980—2022 年意大利名义利率和名义 GDP 增速比值

（数据来源：WID、FRED）

四、意大利的负真实利率

意大利的负真实利率整体在-1%~0.3%震荡，多数时间维持在零以下。在经济出现衰退前后，负真实利率会出现较大幅度的波动，甚至拉升到零以上。在1999年，意大利加入欧元区之后，负真实利率开始下行。20世纪初的经济衰退中，由于通胀和降息，负真实利率再次上行。之后意大利逐渐走出衰退、进入加息周期，负真实利率进入下行通道。在2008年国际金融危机之后，意大利

经济受到一定冲击，负真实利率出现上行趋势，直到2010年重新开始回落，在2014年之前，基本在0以下震荡。在2015年后，负真实利率开始在0附近上行震荡，同时振幅有扩大趋势。

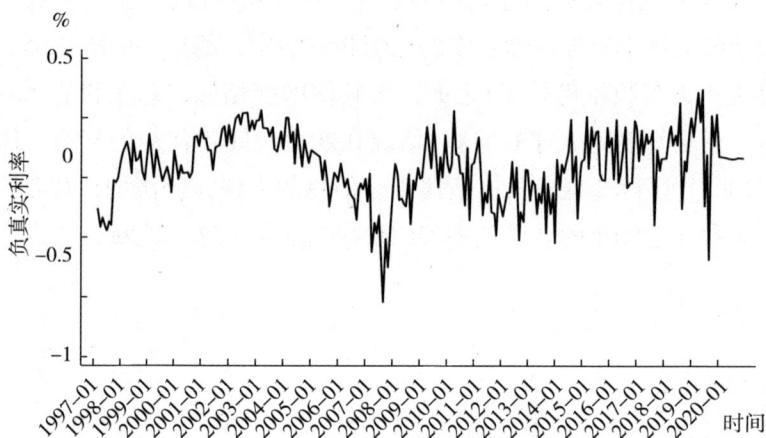

图6-57　1997—2021年意大利的负真实利率历史进程

（数据来源：WID、FRED、Wind数据库）

五、意大利的DPIL同比历史进程

意大利作为欧元区国家，其DPIL同比同样需要分为启用欧元前和启用欧元后来进行讨论，与法国不同的是，意大利DPIL同比存在有三个阶段。第一个阶段是1997—1999年，仅用里拉作为法定货币，第二个阶段是1999—2002年里拉与欧元并行，第三个阶段是2002年以后仅用欧元作为法定货币。

1998—1999年这一时期，意大利DPIL同比随着房价和利率不断上行，在一年时间内从−5%上行至5%，里拉的购买力经历小幅下行。1999年1月，意大利开始启用欧元计价，欧元有序替代非现金场景，里拉在这一时期仍被用作法定货币。

为了抑制21世纪初上行的CPI，欧元区央行提高利率，这推动意大利DPIL同比小幅回落。由于2002年后的经济衰退，欧元区央行利率不断下调以促进经济动能恢复，这一时期的DPIL同比持续上升至2003年14%的历史高点。这是意大利历史上的高点也是其法定货币替换为欧元后的历史高点。与其他国家类似，意大利DPIL同比由于加息周期的到来而不断下行，在2008年1月到达历史低点-10%。为了推动经济动能回升，利率不断下行，这使得DPIL同比不断上行，在2010年重回正增长，欧元在意大利的购买力小幅下行。2012—2014年，由于利率小幅上行和房价持续负增长，意大利DPIL维持负增长，即DPIL同比小于0。2014—2019年，利率进一步下台阶，房价也随之摆脱了近5年的负增长，开始温和上行，意大利DPIL同比迅速回升至0附近。2019—2020年，利率长期维持在低利率和零利率附近，其对DPIL影响逐渐减少，DPIL同比的上下行波动主要来源于房价和CPI。

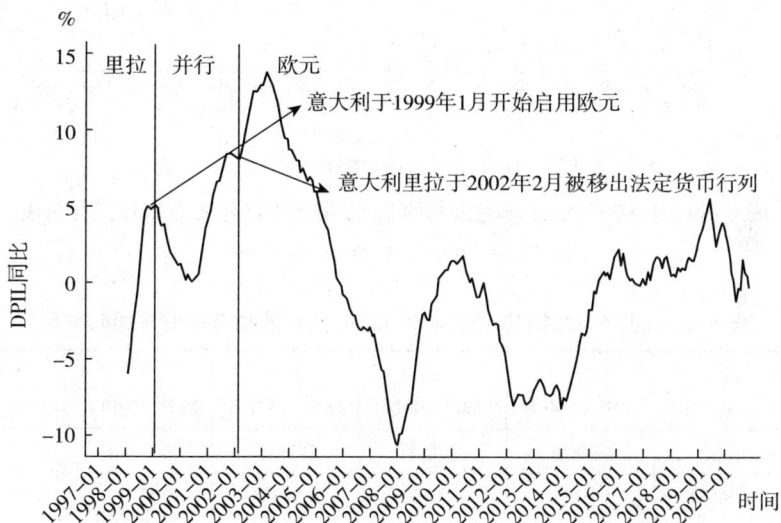

图6-58　1997—2020年意大利DPIL同比历史进程

（数据来源：WID、FRED、Wind数据库）

六、意大利的 DPIL 与失业率

通过时间序列和相关分析，综合二者的分析结果，意大利的DPIL同比波动和失业率在大部分时间段呈正相关关系。

通过散点图可以看出，若直接对意大利的DPIL同比波动和失业率整体进行分析，二者呈负相关关系。由表6-9中的模型（1）可得，整体的回归方程为Unemployment=-0.0453 DPIL+9.591，R^2=0.017。同时，结合时间序列图观察到的二者的变动关系，可以发现意大利的DPIL同比波动和失业率之间的关系，在不同时间段有较大差异，可以分时段进行回归分析。

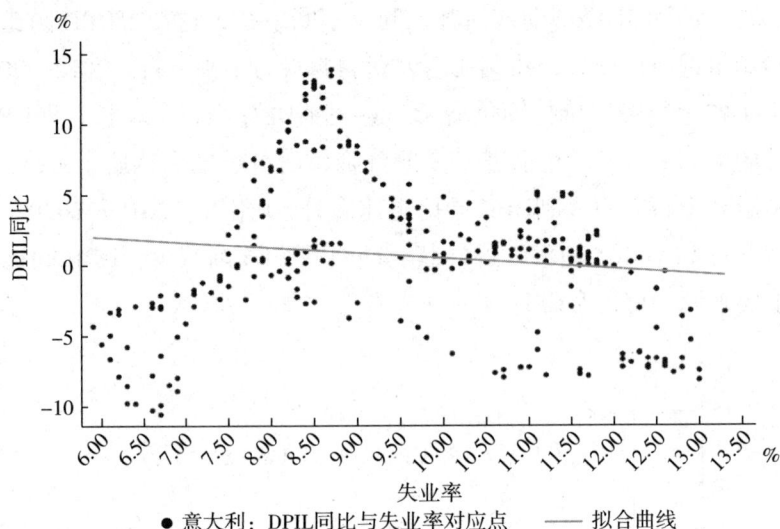

图 6-59　1997—2021 年意大利的 DPIL 同比波动与失业率及拟合曲线

（数据来源：WID、FRED、Wind 数据库）

表 6-9　1997—2021 年意大利的 DPIL 同比波动与失业率回归结果

	(1) 1997—2021 年	(2) 1997—1999 年	(3) 2000—2002 年	(4) 2003—2007 年	(4) 2008—2010 年	(5) 2011—2021 年
	失业率	失业率	失业率	失业率	失业率	失业率
DPIL	−0.0453*	0.0161	−0.148**	0.118**	0.175**	−0.143**
	（0.0218）	（0.0112）	（0.0103）	（0.00598）	（0.0124）	（0.0216）
cons	9.591**	11.34**	10.18**	7.134**	8.107**	10.75**
	（0.123）	（0.0483）	（0.0857）	（0.0510）	（0.0579）	（0.116）
N	275	11	36	60	36	120
R−sq	0.017	0.192	0.876	0.878	0.823	0.161
rmse	1.880	0.143	0.243	0.300	0.323	1.253

注：显著性水平：** 表明 $p < 0.01$，* 表明 $p < 0.05$。

数据来源：WID、FRED、Wind 数据库。

在1997—1999年和2003—2010年，意大利的DPIL同比波动和失业率基本呈正相关［表6-9的模型（2）、模型（3）和模型（4）］。在2003—2010年这一阶段，DPIL同比波动每增加1，失业率的变化要显著高于在1997—1999年这一阶段，约高0.1个百分点。1997年以来，和法国类似，意大利的失业率一直在6%以上，整体有两次较大的波动周期。20世纪末，和德法类似，意大利的劳动力市场也存在劳动力市场僵化、供需错配等结构性问题，意大利的失业率持续位于高位，一度超过11%。2008年国际金融危机，意大利的失业率再次大幅拉升并持续上行，达到第二次世界大战以来最高水平，在2015年达到13%以上。在这两段时间内，DPIL同比出现大幅拉升，劳动参与率也降低，二者同向变化。

在2000—2002年和2011—2021年，意大利的DPIL同比波动和失业率基呈负相关［表6-9的模型（3）和模型（5）］。平均而言，DPIL同比波动每增加1，失业率将分别下降0.148个和0.143个百分点。和法国类似，1999年后，意大利整体的失业率由于一系列就业改革措施，也进入快速下行通道。但由于2000年初的高通胀，DPIL同比处于高位，和失业率出现短暂的背离。2011年，意大利失业率进一步拉升，但是持续的宽松政策开始收紧，DPIL同比开始回落，二者再次出现背离。2015年后，《就业法案》和"好学校"改革实施，意大利失业率终于再次开始下行，DPIL同比则由于房价和通胀呈上行趋势。2020年后，失业率再次出现猛烈的拉升，DPIL同比则由于价格收缩而出现下滑，二者持续背离。

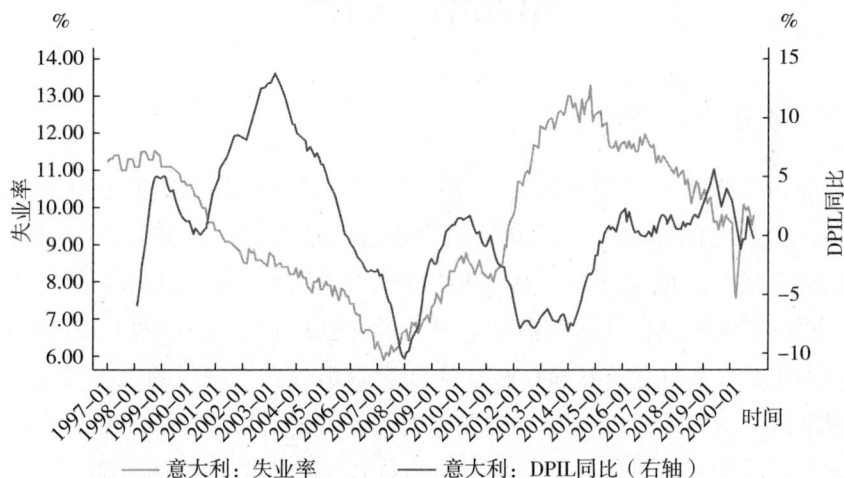

图6-60　1997—2021年意大利的DPIL同比波动与失业率历史进程

（数据来源：WID、FRED、Wind数据库）

七、研究结论

1. 经济增长黄金律适用于意大利

意大利名义利率与GDP比值在大多数年份小于1，与其他国家相似的是，意大利在部分经济衰退年份时，其比值会短暂的小于1，这一情况在20世纪90年代初的衰退中体现尤为明显，在2008年国际金融危机中有所体现。但总的来说，经济增长黄金律仍然是适用于意大利，近50年的名义利率和GDP数据证明了这一论断。

2. 意大利经济衰退伴随DPIL同比大幅波动

与美国等其他国家相似，意大利在面临2008年国际金融危机前，DPIL同比也出现了大幅波动，其DPIL同比在21世纪初经历了从0到14%再从14%到-10%，且DPIL同比的低点来临时间早于2008年国际金融危机爆发时间，这在一定程度上预示着重大危机的爆发。除此之外，这一趋势在意大利21世纪初的衰退上也有一定体现，但DPIL同比的波动幅度不及2008年国际金融危机。

第九节　巴西

一、价格水平波动

恶性通货膨胀在巴西的历史上屡见不鲜。起初是两次石油危机导致的油价上升，巴西的国际收支问题和外债规模逐渐恶化。巴西的恶性通货膨胀从20世纪80年代开始成为常态，1980年12月CPI同比为99%，快速上行的价格已脱离巴西政府的控制，并愈演愈烈。巴西的恶性通货膨胀在1990年来到历史高点，1990年4月CPI同比突破6800%，演变为货币危机，居民的大多数交易已经不使用巴西本国货币克鲁塞罗，而使用美元或其他货币。1994年后，巴西改用新的官方货币——雷亚尔，并与美元进行挂钩，巴西的恶性通货膨胀逐渐被有效控制。

1995年以后，巴西的CPI被有效控制，维持在20%以下，1997年亚洲金融危机和1998年俄罗斯债券危机导致投资者逐渐从新兴国家撤离，巴西的利率在

1997年和1998年经历小幅上行，这使得巴西CPI进一步下行，短暂进入通缩范畴。进入21世纪后，巴西的利率整体温和下行，CPI同比在2003年8月迎来阶段性高点15%，或由于各国从21世纪初衰退中走出后对产品需求激增引起。此后一段时间，房价和CPI持续保持在比较温和的状态。CPI于2015年来到21世纪的小高点，这主要是由于持续上升的电价导致的。2015年，全球大宗商品价格大幅下行，巴西的大宗商品出口锐减，巴西经济承受着巨大的下行压力，为了提升经济动能，巴西在此之后不断下调利率以促进经济增长。

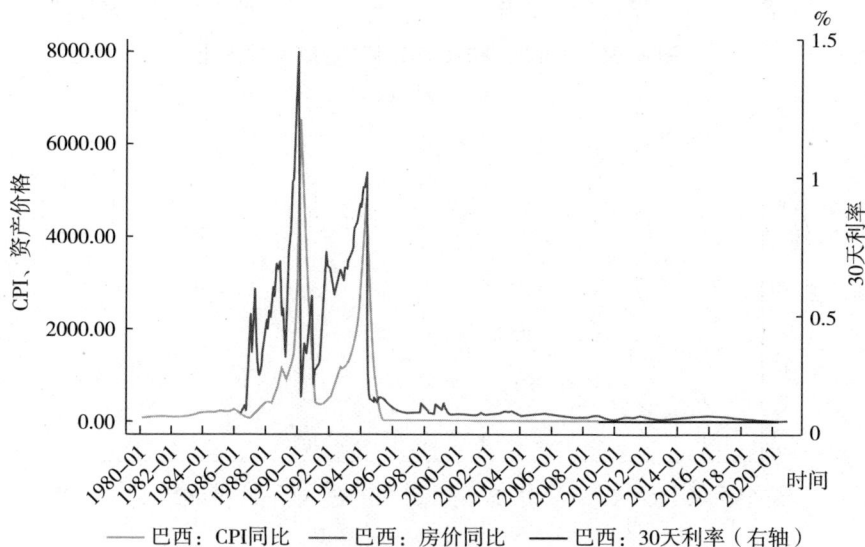

图 6-61　1980—2020 年巴西价格水平波动

（数据来源：WID、FRED、Wind 数据库）

二、巴西的收入分配问题

1. 资本/收入比

巴西的资本/收入比时间序列也较短，从1995年以来，总体呈震荡上行趋势，但上升水平要低于欧美等发达国家。在2015年后，巴西资本的总价值相当于4~4.5年的国民收入。从长期来看，和印度相比，巴西的私人储蓄率和经济增速均较低，和欧美等发达国家相比，虽然私人储蓄率较高，但经济增速也较高，因此资本/收入比目前相对较低。

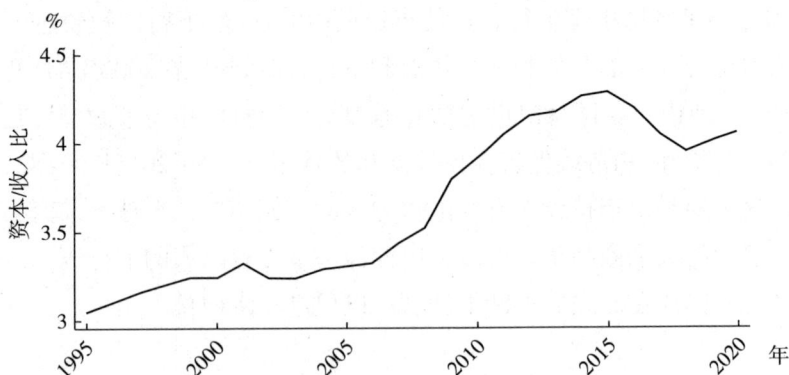

图 6-62　1995—2020 年巴西的资本 / 收入比

（数据来源：WID）

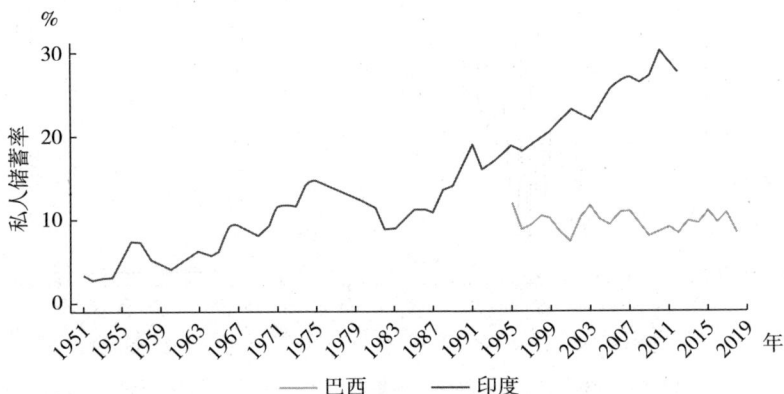

——— 巴西　　——— 印度

图 6-63　1951—2020 年巴西和印度的私人储蓄率

（数据来源：WID）

2. 劳动/收入比和劳动/资本比

劳动/资本比的直观含义是居民未来劳动收入折现和与当前总财产的比值，可以将劳动收入和资本收入联系起来，综合反映了财富不平等情况的变化。1995年以来，巴西的劳动/收入比呈"U"形曲线，在2004年一度下探到0.53附近的低位。同时由于资本/收入比的持续上升，巴西的劳动/收入比则呈震荡下行趋势，2008年国际金融危机对巴西的劳动/收入比没有显著影响。1990年以来，由于资本/收入比的一路上行，巴西的劳动/资本比则整体呈震荡下行趋势，居民未来劳动收入的折现在当前总财产的占比越来越小，意味着不平等的逐步加剧。

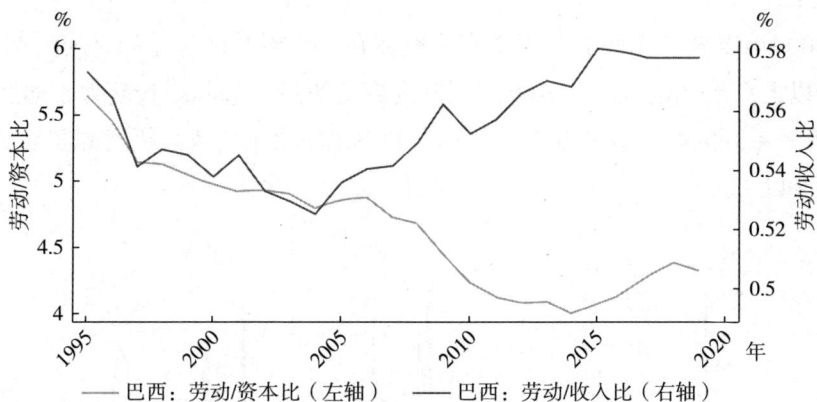

图 6-64　1995—2020 年巴西的劳动 / 收入比和劳动 / 资本比

（数据来源：WID、FRED）

三、巴西名义利率与经济增长率的关系

巴西名义利率和经济增长率之间的比值在0.9至1.1波动，这一比值在经济衰退的年份同样小于1，例如2008年、2020年等。与其他国家不同的是，巴西的时间在过去近30年的时间里大多数时间小于1。但整体来看，巴西的这一比值始终维持在1中枢附近，经济增长黄金律依旧适用于巴西。

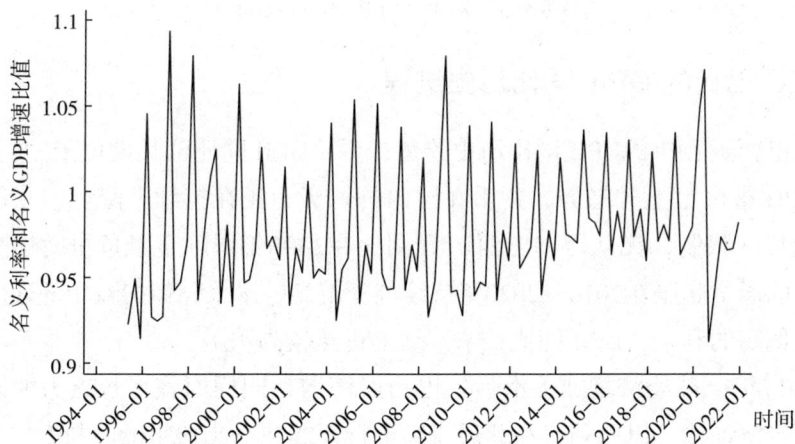

图 6-65　1994—2022 年巴西名义利率与名义 GDP 增速比值

（数据来源：WID、FRED）

四、巴西的负真实利率

2009年以来，巴西的负真实利率整体在−0.2%~0.6%震荡，有近一半的时间在0以上。巴西的经济在2008年国际金融危机后，面临增长乏力、通胀水平偏高等一系列问题，波动较大。负真实利率也时常出现较大幅度的波动，甚至拉升到0以上。

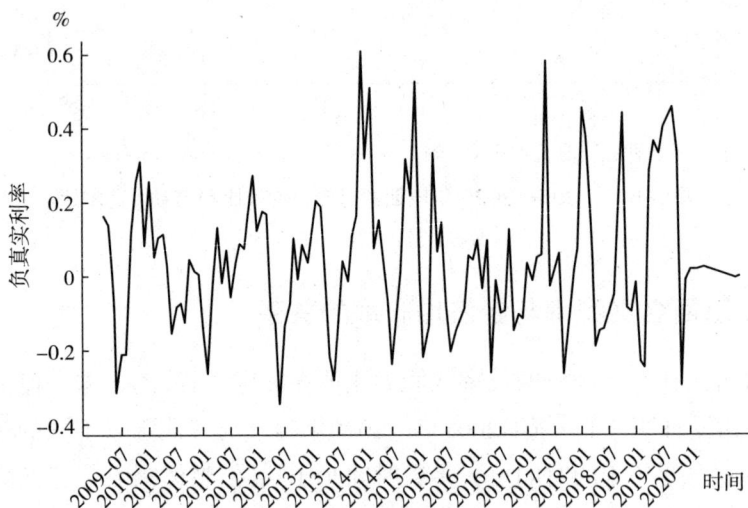

图 6-66　2009—2020 年巴西的负真实利率历史进程

（数据来源：WID、FRED、Wind 数据库）

五、巴西的 DPIL 同比历史进程

从巴西近10年的DPIL同比历史趋势来看，DPIL同比已长期位于0之上，意味着DPIL整体呈上升趋势，货币在国内的购买力正在持续下降。由于巴西的时间轴长度限制，无从得知巴西DPIL同比在2008年国际金融危机时情况。尽管巴西的通货膨胀在2010—2020年持续位于偏高的水平，但得益于低迷的房价和相对偏高的利率，DPIL同比并未持续上行至较高水平。

2017年全球经济增速下滑后，巴西经济增长同样面临增长乏力的问题，为提升经济动能，巴西利率在此后持续下行。2018—2019年巴西利率位于平台期，DPIL同比主要受到CPI和利率的影响，小幅波动。

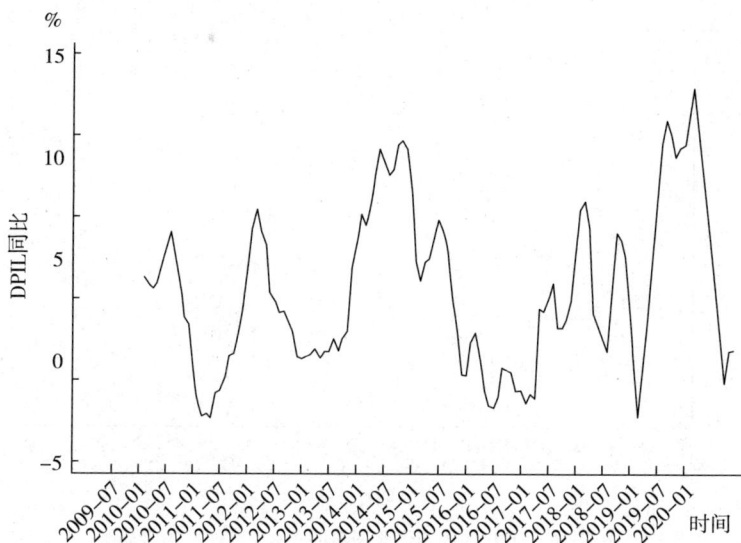

图 6-67　2009—2020 年巴西 DPIL 同比历史进程

（数据来源：WID、FRED、Wind 数据库）

六、巴西的 DPIL 同比与失业率

通过时间序列和相关分析，综合二者的分析结果，自 2012 年以来，巴西的 DPIL 同比波动和失业率整体呈负相关关系。

通过散点图可以看出，若直接对巴西的 DPIL 同比波动和失业率整体进行分析，二者呈负相关关系。由表 6-10 中的模型（1）可得，整体的回归方程为 Unemployment=−0.122 DPIL+10.76，R^2=0.037。

从 2014 年年中开始，巴西经历了严重的经济危机。以 2014 年为界，分时段进行回归分析。两段时间中，巴西的 DPIL 同比波动和失业率均呈负相关〔表 6-10 的模型（2）和模型（3）〕。在 2014 年的经济衰退之前，巴西的失业率大部分时间里徘徊在 6.0%~7.0%，DPIL 同比则由于"新经济矩阵"的一系列刺激措施，在 2013 年大幅拉升。由于总统迪尔玛·罗塞夫被弹劾所引发的政治危机，新经济矩阵的失败以及 2014 年的大宗商品价格冲击，巴西陷入严重的经济衰退，巴西的失业率在 2015 年和 2016 年全年持续上升，最高时一度达到 14.0%，DPIL 同比则一路下行，和失业率呈背离趋势。

193

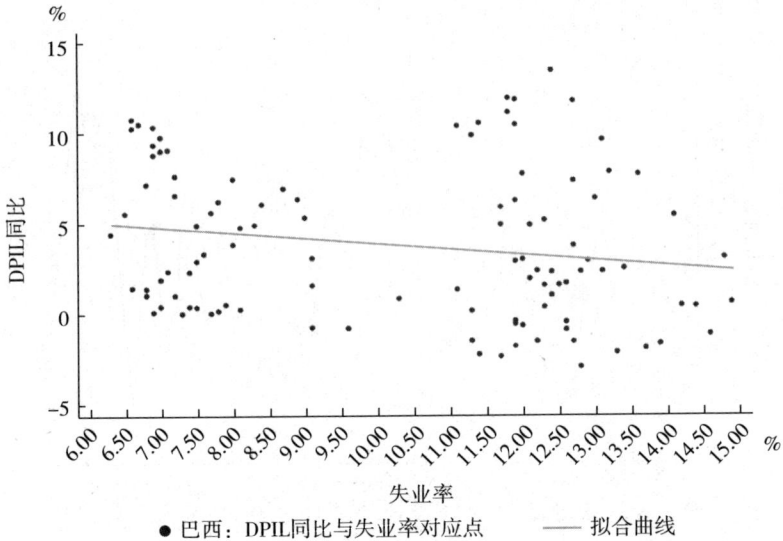

图 6-68 2009—2021 年巴西的 DPIL 同比波动与失业率及拟合曲线

（数据来源：WID、FRED、Wind 数据库）

表 6-10 2009—2021 年巴西的 DPIL 同比波动与失业率回归结果

	（1）2009—2021 年	（2）2009—2013 年	（3）2014—2021 年
	失业率	失业率	失业率
DPIL	−0.122*	−0.0439**	−0.0781
	（0.0602）	（0.0159）	（0.0404）
_cons	10.76**	7.367**	12.04**
	（0.327）	（0.112）	（0.229）
N	106	34	72
R−sq	0.037	0.133	0.034
rmse	2.591	0.439	1.781

注：显著性水平：** 表明 p<0.01，* 表明 p<0.05。

数据来源：WID、FRED、Wind 数据库。

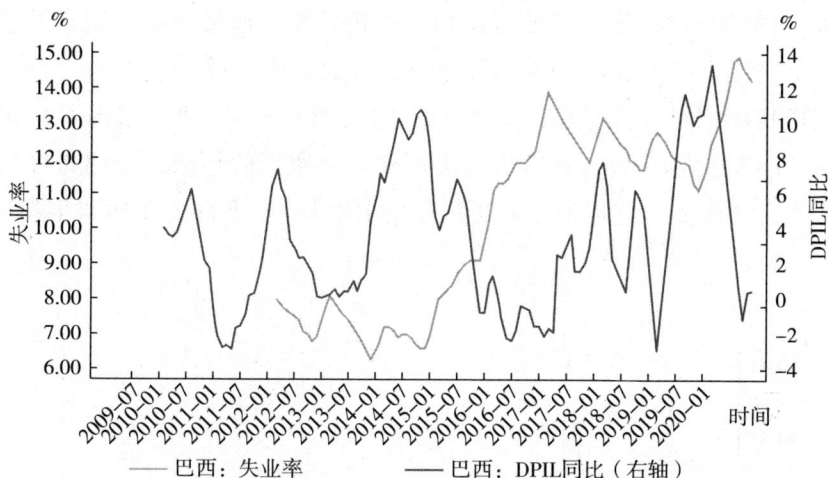

图 6-69　2009—2021 年巴西的 DPIL 同比波动与失业率历史进程

（数据来源：WID、FRED、Wind 数据库）

七、研究结论

1. 经济增长黄金律适用于巴西

巴西名义利率与经济增长率比值在30年的时间序列下保持在1附近变动，变化范围在0.9~1.1。整体来看，巴西名义利率和名义GDP增速间的关系符合经济增长黄金律，即以1为中枢。

2. 巴西DPIL同比和失业率呈负相关

自2012年以来，巴西的DPIL同比波动和失业率整体呈负相关关系。平均来看，DPIL同比每上升1%，失业率下降0.122。2009—2013年，DPIL同比每上升1%，失业率下降0.0439个基点；2014—2021年，DPIL同比每上升1%，失业率下降0.0781个基点。

第十节　墨西哥

一、价格水平波动

墨西哥的价格水平整体而言变化相对有限，其主要波动在1988—1998年这10年。1980—1988年，墨西哥经历了严重的恶性通货膨胀，这来源于全球利率上行、比索长期高估以及国际收支状况恶化引发的资本外逃。1988年后的恶性通货膨胀被逐渐控制，CPI开始小幅下行。1989年，墨西哥总统卡洛斯宣布了国家发展计划，并提出与美国建立自贸区的想法，墨西哥经济增长动能开始逐渐恢复，这促使墨西哥的CPI同比进一步下行，在1994年降至10%以下。

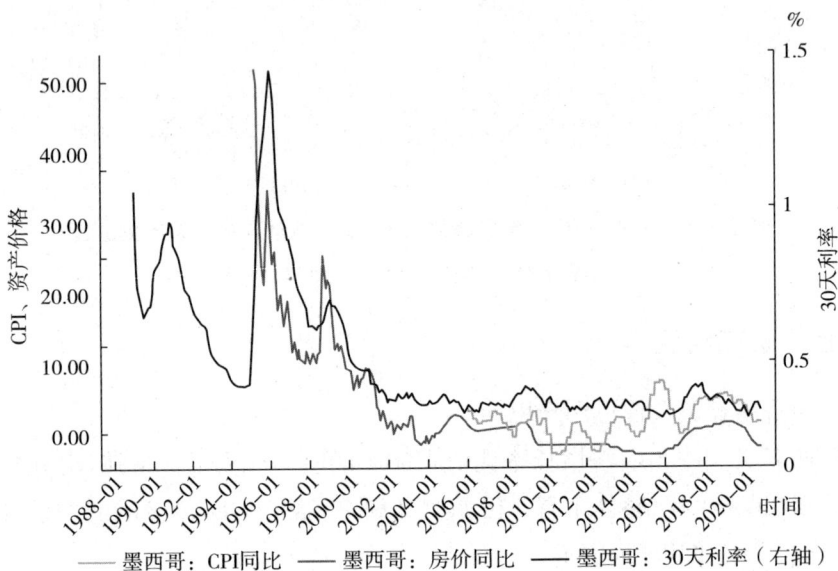

图 6-70　1988—2020 年墨西哥价格水平波动

（数据来源：WID、FRED、Wind 数据库）

1994年墨西哥总统大选期间，政府开始扩张性财政和货币政策，但紧接着的暴力起义和总统候选人被暗杀事件引发了政治不稳定，境外投资者对墨西哥的前景产生怀疑，风险溢价增加。墨西哥央行尝试干预外汇市场，发行美元计价的债券来购买比索，使美元和比索挂钩。比索的强势导致墨西哥进口快速增加，产生贸易逆差，投机者发现比索被高估，资本开始流出墨西哥，比索面临着下行压力，墨西哥尝试购买国债以维持货币供应并使用美元偿还债务，但很快，美元储备被耗尽。墨西哥央行于1994年12月开始使比索贬值，这引发了投资者的进一步恐慌。几天后，银行允许比索自由浮动，比索开始大幅贬值，墨西哥国内最高经历了CPI同比52%的通货膨胀。此后，1995年，在七国集团以及国际清算行的帮助下，墨西哥获得帮助，利率在此后有序下行，CPI也开始逐渐回落，但经历了比索危机后，墨西哥的经济经历了严重的衰退。此后很长一段时间，墨西哥的经济相对稳定，CPI和利率维持在合理水平小幅波动。

2008年前，随着美联储的加息周期，墨西哥的资金成本上行，利率小幅上升，CPI在2008年小幅上行。随后，与大多数国家一样，利率随着全球性的量化宽松下行，CPI保持温和。在2017年，墨西哥利率再度抬升以抑制过快上涨的商品价格，比索贬值导致其进口产品价格上行，能源、水果等价格上升，此后很快便随着利率的上升而逐渐回落。

二、墨西哥的收入分配问题

1. 资本/收入比

墨西哥的资本/收入比时间序列也较短，自1995年以来，总体呈震荡上行趋势，在2013—2015年出现短暂的下滑。2020年，墨西哥资本的总价值相当于4~4.5年的国民收入。和巴西类似，其资本/收入比的上升水平要低于欧美等发达国家。相比于欧美等发达国家，墨西哥的私人净储蓄率较低，加之其国内经济的持续衰退，大量资本外逃，其资本总量较低，资本/收入比也较低。

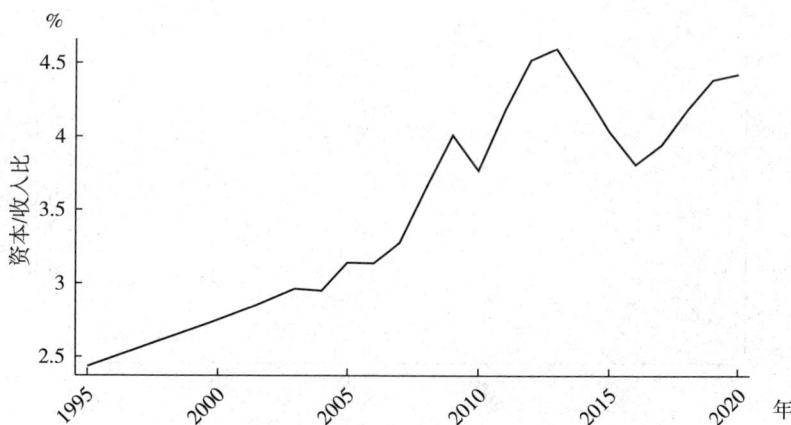

图 6-71　1995—2020 年墨西哥的资本 / 收入比

（数据来源：WID）

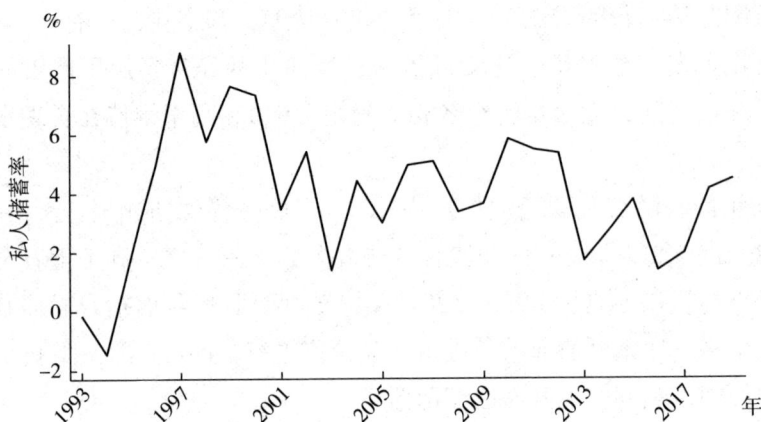

图 6-72　1993—2017 年墨西哥的私人储蓄率

（数据来源：WID）

2. 劳动/收入比和劳动/资本比

劳动/资本比的直观含义是居民未来劳动收入折现和与当前总财产的比值，可以将劳动收入和资本收入联系起来，综合反映了财富不平等情况的变化。1995年以来，墨西哥的劳动/收入比在0.36~0.42呈震荡下行趋势，在2020年下探到0.36附近的低位。2008年国际金融危机后，墨西哥的劳动/收入比出现短暂的上拉。1995年以来，由于资本/收入比的一路上行和劳动/收入比一直在

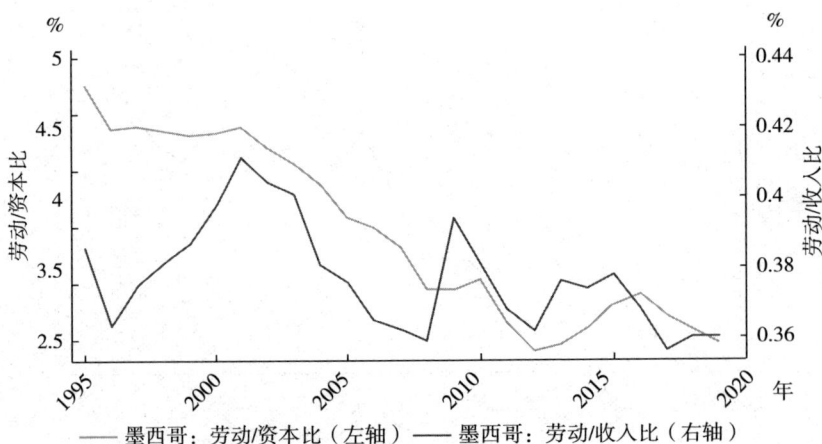

墨西哥：劳动/资本比（左轴）　——墨西哥：劳动/收入比（右轴）

图 6-73　1995—2020 年墨西哥的劳动 / 收入比和劳动 / 资本比

（数据来源：WID、FRED）

0.35~0.45震荡，墨西哥的劳动/资本比整体呈震荡下行趋势，居民未来劳动收入的折现在当前总财产的占比越来越小，意味着不平等的逐步加剧。

三、墨西哥的利率与经济增长率的关系

墨西哥名义利率与经济增长率比值在近30年的时间序列下保持在1附近变动，变化范围在0.88~1.15。与美国、英国等国家不同的是，墨西哥的名义利率和经济增速比值在大多数时候小于1，这与其他国家存在较大区别。值得一提的是，美国、德国法国等国的这一比值在历史上金融危机期间都会来到1之上，但墨西哥在2008年金融危机和比索危机时并未观测到这一情况。整体来看，墨西哥名义利率和GDP增速间的关系符合经济增长黄金律，即以1为中枢。

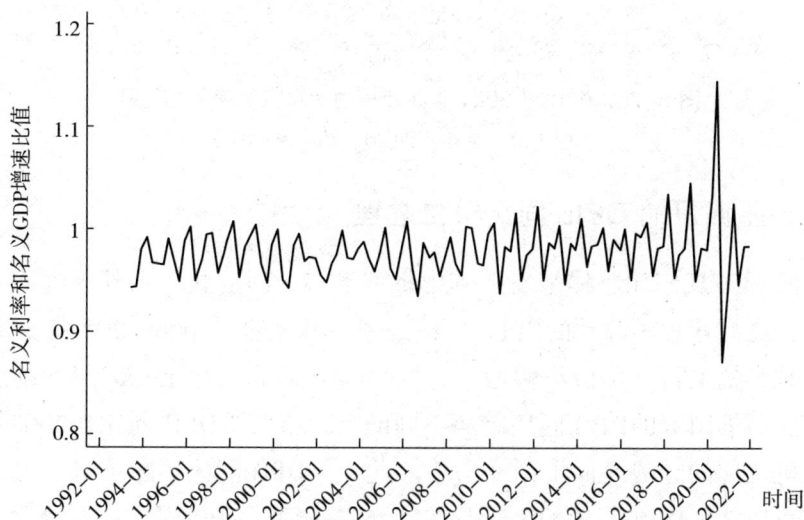

图 6-74　1992—2022 年墨西哥名义利率和名义 GDP 增速比值
（数据来源：Wind 数据库，FRED）

四、墨西哥的负真实利率

2005年以来，墨西哥的负真实利率的整体在−1.0%~0.5%震荡。和巴西不同，墨西哥的负真实利率大部分时间均在零以下。墨西哥的负真实利率呈现出较明显的季节性波动周期，以1年为周期，在年初为波峰，年中为波谷。在

2008年国际金融危机之后，墨西哥的负真实利率振幅有扩大趋势，并开始出现上升趋势，经济的稳定性降低。直到2015年后，负真实利率再次进入下行通道，在大部分时间下降到0以下。

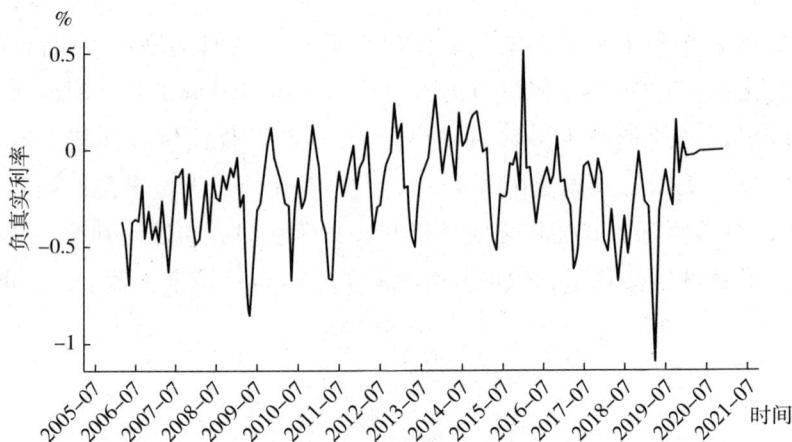

图6-75　2005—2021年墨西哥的负真实利率历史进程

（数据来源：WID、FRED、Wind 数据库）

五、墨西哥的 DPIL 同比历史进程

墨西哥DPIL同比整体来看，其中枢位于零，即近些年来其国内购买力相对稳定，这与其相对温和的CPI、房价是密不可分的。2006—2008年，墨西哥价格指数小幅上行，房价小幅增长，推动DPIL同比上行至2009年的高点，与美国、法国等国家的DPIL同比趋势不同的是，墨西哥DPIL同比在2008年国际金融危机之前的趋势是向上而非向下。此后，DPIL同比不断下行，低迷的房价进一步压抑了DPIL同比的上行趋势。2012年后，DPIL同比进入阶段上行通道，缓和的房价和下行的利率共振，推动DPIL同比在接下来的两年里从-5%上行至5%。此后，利率逐渐进入上升通道，墨西哥DPIL同比持续下行，重回负增长，推动其国内购买力提升。加息在2020年后逐渐停止，货币进入宽松时期，尽管房价在这一时期小幅下行，但仍不及利率下行速度，DPIL同比随之以罕见的速度从-12%上行至7%。

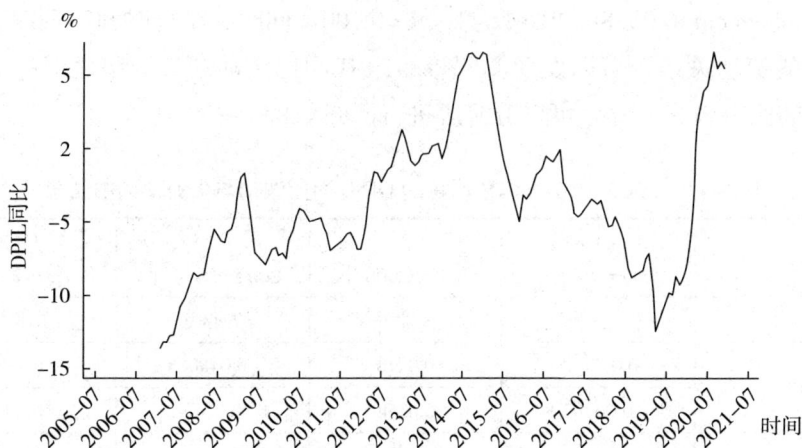

图6-76　2005—2021年墨西哥DPIL同比历史进程

（数据来源：WID、FRED、Wind数据库）

六、墨西哥的DPIL与失业率

通过时间序列和相关分析，综合二者的分析结果，墨西哥的DPIL同比波动（%）和失业率在大部分时间段呈正相关关系。

通过散点图可以看出，若直接对墨西哥的DPIL同比波动和失业率整体进行分析，二者呈正相关关系。由表6-11中的模型（1）可得，整体的回归方程

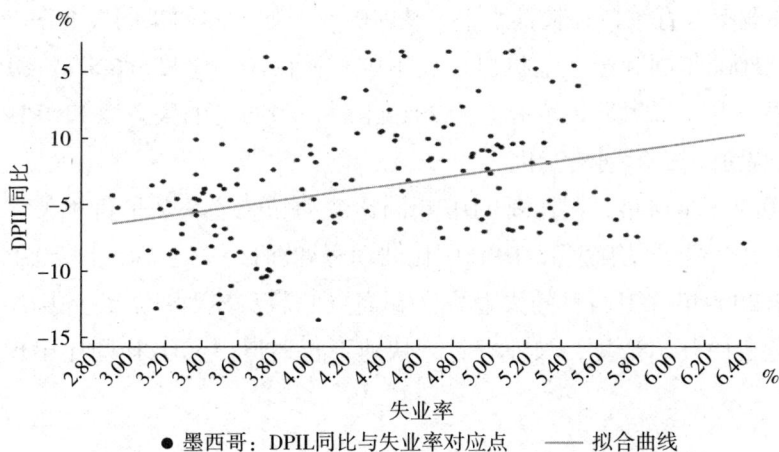

● 墨西哥：DPIL同比与失业率对应点　——拟合曲线

图6-77　2006—2021年墨西哥的DPIL同比波动与失业率及拟合曲线

（数据来源：WID、FRED、Wind数据库）

为Unemployment=0.0528 DPIL+4.541，R^2=0.100。同时，结合时间序列图观察到的二者的变动关系，可以发现墨西哥的DPIL同比波动和失业率之间的关系在不同时间段有较大差异，可以分时段进行回归分析。

表6-11　2006—2021年墨西哥的DPIL同比波动与失业率回归结果

	（1） 2006—2021年	（2） 2006—2008年	（3） 2009—2014年	（4） 2015—2021年
	失业率	失业率	失业率	失业率
DPIL	0.0528**	0.0418	−0.0480**	0.0809**
	（0.00982）	（0.0258）	（0.0142）	（0.0114）
_cons	4.541**	4.110**	4.944**	4.072**
	（0.0598）	（0.251）	（0.0574）	（0.0712）
N	167	23	72	72
R−sq	0.100	0.114	0.207	0.463
rmse	0.763	0.348	0.383	0.433

注：显著性水平：** 表明 $p<0.01$，* 表明 $p<0.05$。
数据来源：WID、FRED、Wind 数据库。

在2006—2008年和2015—2021年，墨西哥的DPIL同比波动和失业率基本呈正相关［表6-11的模型（2）和模型（4）］。相比于南非、巴西等国，墨西哥的失业率一直维持在较低水平。从2006年开始，墨西哥的失业率一直持续上行，到2008年国际金融危机出现大幅拉升，在2009年接近6.5%。DPIL同比出现大幅拉升，二者同向变化。自2015年后，墨西哥的失业率和DPIL同比均处于下行通道，二者同向变化。

在2009—2014年，墨西哥的DPIL同比波动和失业率基呈负相关［表6-11的模型（3）］。平均而言，DPIL同比波动每增加1，失业率将下降0.0480个百分点。自2009年，墨西哥的失业率达到高点之后，墨西哥的经济从2008年国际金融危机中开始恢复，失业率进入快速下行通道，和DPIL同比出现短暂的背离。

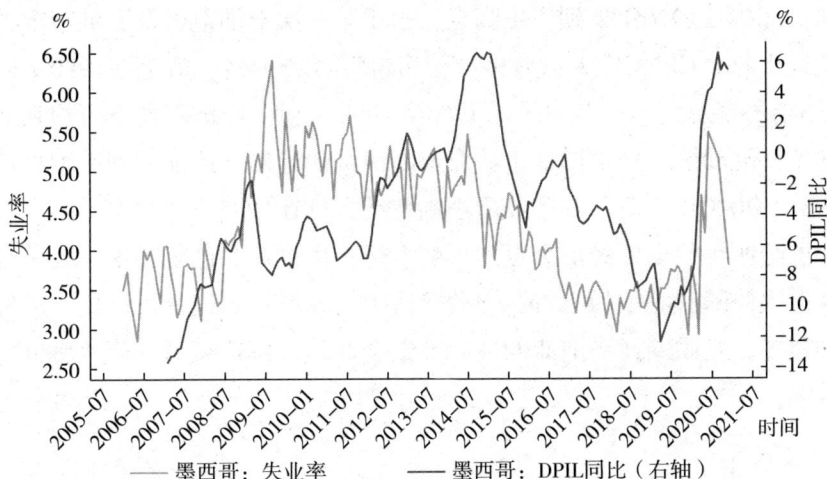

图 6-78　2005—2021 年墨西哥的 DPIL 同比波动与失业率历史进程

（数据来源：WID、FRED、Wind 数据库）

七、研究结论

1. 经济增长黄金律适用于墨西哥

墨西哥名义利率与经济增长率比值在30年的时间序列下保持在1附近变动，变化范围在0.88至1.15之间。整体来看，墨西哥名义利率和名义GDP增速间的关系符合经济增长黄金律，即以1为中枢。

2. 墨西哥经济衰退伴随着DPIL同比大幅波动

墨西哥DPIL同比在2008年国际金融危机来临前经历了大幅上行，这与其他国家有所不同，其他国家在此之前是因为利率的上行而DPIL同比向下，但这也说明了经济衰退的来临并不一定是购买力减少或是上升，币值稳定才是长期经济增长的保证。

第十一节　荷兰

一、价格水平波动

荷兰的价格波动范围在新兴国家和发达国家之间，处于-20%到40%。荷兰的房价涨幅在1976年来到历史高点，由于第一次石油危机及石油禁运，能源价格快速上行，CPI相应上行并传导至房价等资产价格。荷兰在1980年初开始长达近3年的衰退，房价跌幅最低下行至-20%。荷兰经济随着下行的利率开始在1983年恢复动能，房价同比也从衰退的深坑中走出，逐渐回到零增长及正增长。1985—2000年，荷兰利率经历小幅波动，其在1985—1993年小幅上行，但随着20世纪90年代全球经济衰退而再度下行。房价在20世纪90年代衰退时涨幅放缓，但很快随着利率的下行而继续保持中高速增长。进入21世纪，房价的涨幅达到顶峰，互联网经济泡沫的破裂导致全球陷入短暂衰退，荷兰房价增速也相应放慢。

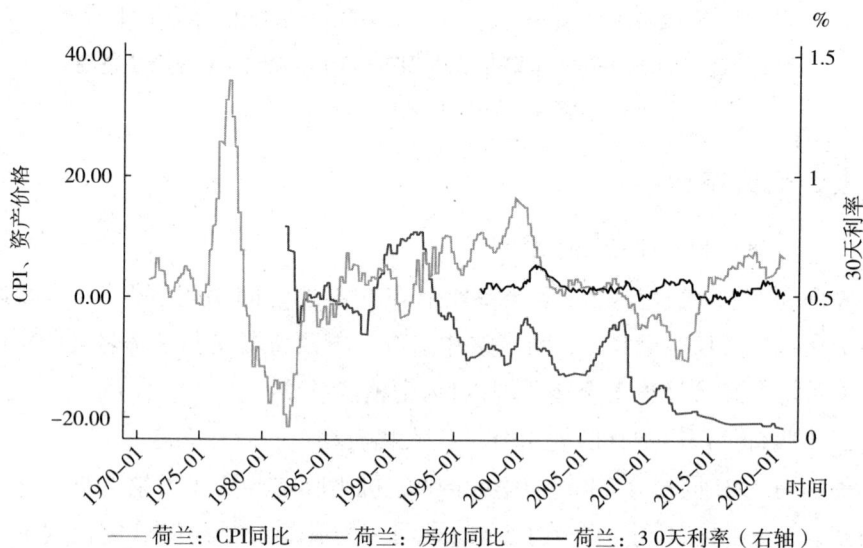

图 6-79　1970—2020 年价格水平波动

（数据来源：FRED、Wind 数据库、OECD）

与美国等国家类似，荷兰利率在2008年国际金融危机爆发前同样快速上行，房价涨幅逐渐收敛，CPI维持在相对稳定状态。2008年国际金融危机爆发后，为促进经济尽快恢复增长，荷兰利率快速下行至近零利率水平，房价却并未反弹，仍然持续下行。荷兰经济从2008年国际金融危机中恢复后却好景不长，房价在此后两年持续低迷，直到2013年荷兰经济动能恢复后房价才逐渐从持续下行的状态中抽离，伴随不断下行的利率，维持小幅上行。

二、荷兰的收入分配问题

1.资本/收入比

1995年以来，荷兰的资本/收入比的总体的发展轨迹类似于英法等发达国家，呈震荡上行趋势。荷兰的经济在战后得到恢复，由于$r>g$，资本/收入比进入上行通道，在2020年重回6以上的高位。值得注意的是，2008年国际金融危机后，荷兰的资本/收入比并未受到显著影响，仅出现小幅的下跌。和其他欧美国家类似，荷兰在21世纪初资本/收入比达到了6以上，回到接近第二次世界大战前的水平。

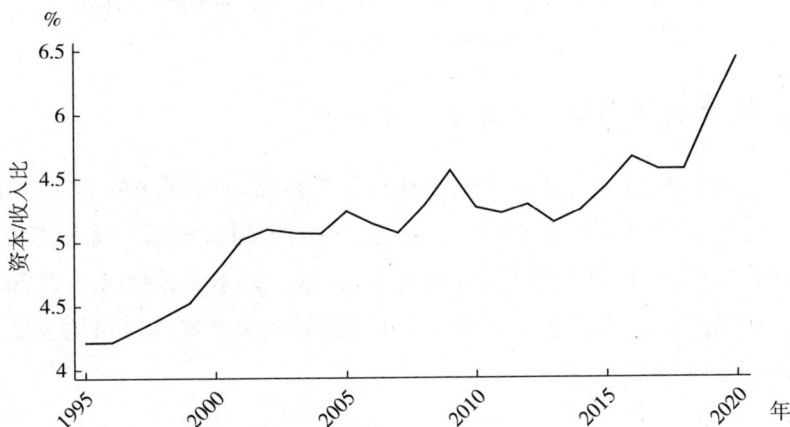

图6-80　1995—2020年荷兰的资本/收入比

（数据来源：WID）

2.劳动/收入比和劳动/资本比

劳动/资本比的直观含义是居民未来劳动收入折现和与当前总财产的比值，可以将劳动收入和资本收入联系起来，综合反映了财富不平等情况的变化。1995年以来，荷兰的劳动/收入比较为稳定，基本在0.6附近窄幅震荡。

1995年以来，由于资本/收入比的一路上行，荷兰的劳动/资本比则整体呈震荡下行趋势，居民未来劳动收入的折现在当前总财产的占比越来越小，意味着不平等问题加剧。

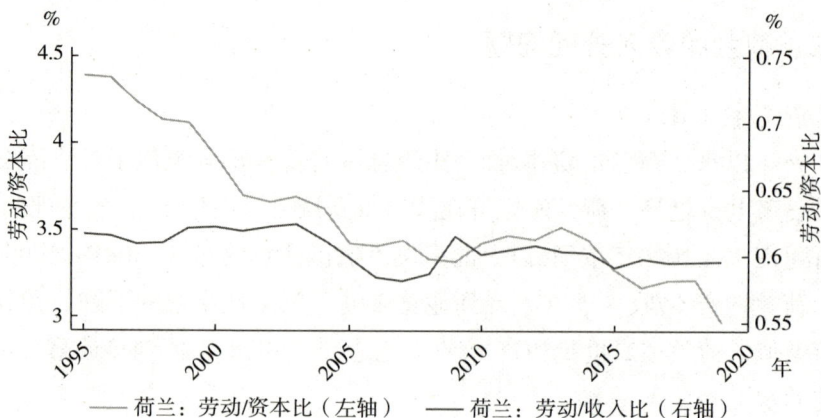

图 6-81　1995—2020 年荷兰的劳动 / 收入比和劳动 / 资本比

（数据来源：WID、FRED）

三、荷兰的利率与经济增长率的关系

荷兰名义利率与经济增长率比值在近半个世纪的时间序列下保持在1附近变动，变化范围在0.9至1.07之间。与美国、英国等国家相似，荷兰的名义利率和经济增速比值在经济衰退时期普遍大于1，这一趋势在2008年、2020年均有所体现。整体来看，荷兰名义利率和GDP增速间的关系符合经济增长黄金律，即以1为中枢。

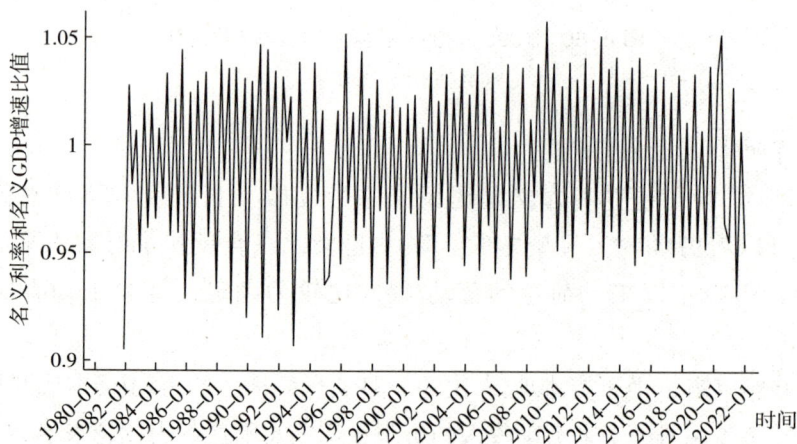

图 6-82　1980—2022 年荷兰名义利率和名义 GDP 增速比值

（数据来源：WID、FRED、Wind 数据库）

四、荷兰的负真实利率

自1997年以来，荷兰的负真实利率整体在-1.0%~1.0%震荡，约一半时间维持在0以下。在2008年之前，荷兰的负真实利率呈震荡下行趋势，并呈现出较明显的季节性波动周期，以半年为周期，在年初和年中各有一次波谷。在2008年国际金融危机之后，负真实利率出现上行趋势，振幅扩大，在2015年一度拉升到1.0%的历史高位。尤其是在2016年之后，荷兰的负真实利率基本维持在0以上。

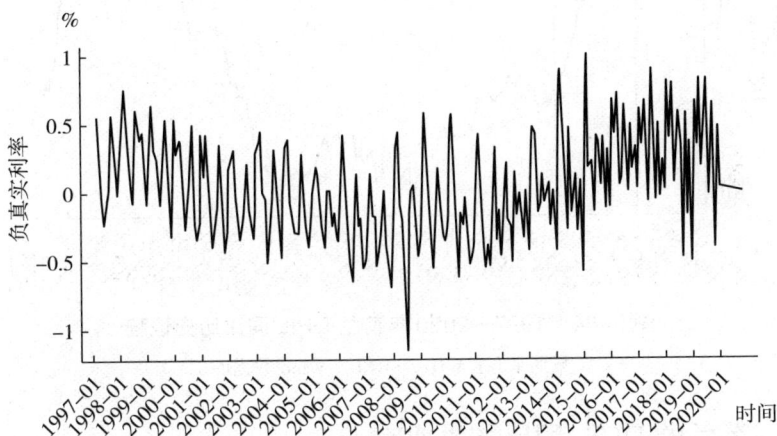

图 6-83　1997—2021 年荷兰的负真实利率历史进程

（数据来源：WID、FRED、Wind 数据库）

五、荷兰的 DPIL 同比历史进程

荷兰DPIL同比需要着重注意两个时间点，一是1999年荷兰开始使用欧元计价但仍在使用荷兰盾，二是2002年荷兰正式启用欧元后。荷兰利率在1998年小幅下行，推高DPIL同比，达到28%历史高点。随着荷兰开始启用欧元，上行的利率和下行的房价发生共振，推动DPIL同比快速下行至负值，在荷兰正式启用欧元，放弃荷兰盾后，DPIL同比小幅波动并于2005年进入负增长，这一时期美联储进入加息周期，荷兰利率也在这一时期上行，DPIL同比维持负增长。

2008年国际金融危机后，尽管荷兰利率下行，但DPIL同比并未迅速反弹，由于低迷的房价，DPIL同比仍然维持在负增长，直到2012年底。2013年，利率进一步下行，房价开始反弹，DPIL同比在此后进入上行通道，最高达到19%。

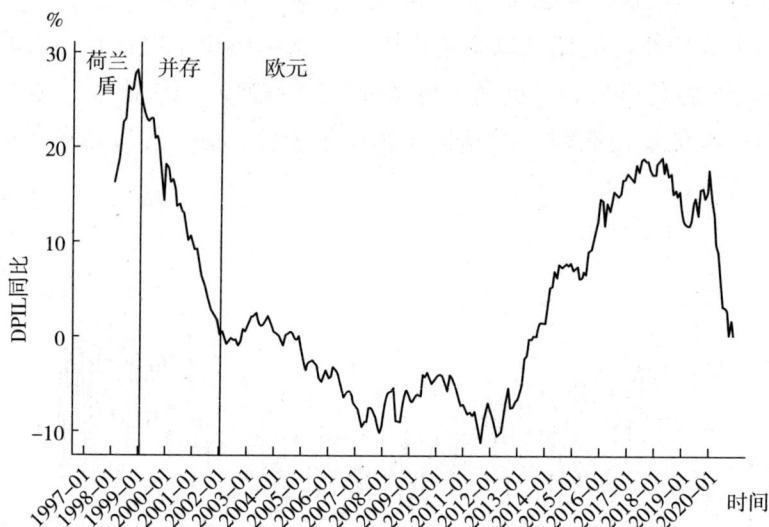

图 6-84　1997—2020 年荷兰 DPIL 同比历史进程

（数据来源：WID、FRED、Wind 数据库）

六、荷兰的 DPIL 同比与失业率

通过时间序列和相关分析，综合二者的分析结果，荷兰的DPIL同比波动和失业率，在不同时间段有较大差异，多数时间呈正相关。

首先，通过散点图可以看出，若直接对荷兰的DPIL同比波动和失业率整体进行分析，二者没有显著的相关关系。由表6-12中的模型（1）可得，整体的回归方程为Unemployment=0.00143 DPIL+5.285，R^2=0.000。同时，结合时间序列图观察到的二者的变动关系，可以发现荷兰的DPIL同比波动和失业率之间的关系，在不同时间段有较大差异，可以分时段进行回归分析。

在1997—1998年和2014—2021年，荷兰的DPIL同比波动和失业率基本呈负相关［表6-12的模型（2）和模型（6）］。和法国类似，1997年后，由于一系列就业改革措施，如采用零星工作制、改革福利保障制度等，荷兰整体的失业率进入快速下行通道。但由于荷兰利率下行，DPIL同比走高，和失业率出现短暂的背离。2015年后，受增长预期升温、就业环境改善和市场活力增强等因素影响，荷兰失业率再次进入下行通道，DPIL同比则由于房价上行而持续走高，二者持续背离。

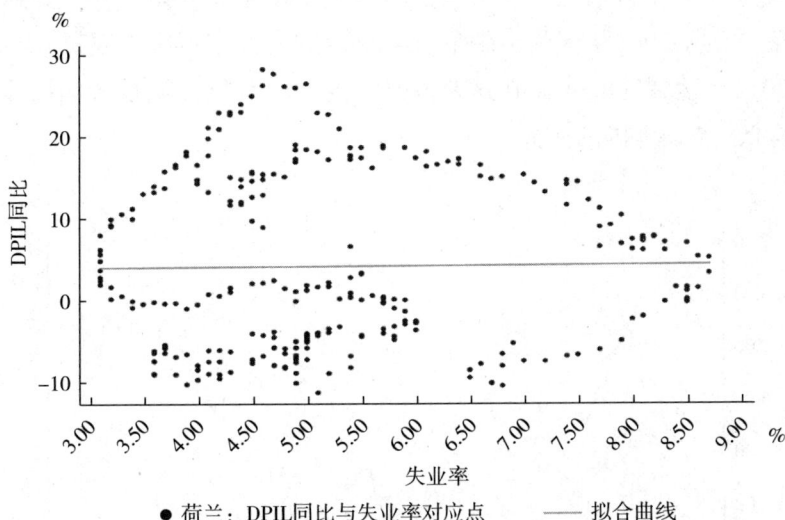

图 6-85　1997—2021 年荷兰的 DPIL 同比波动与失业率及拟合曲线

（数据来源：WID、FRED、Wind 数据库）

表 6-12　1997—2021 年荷兰的 DPIL 同比波动与失业率回归结果

	(1) 1997—2021 年	(2) 1997—1998 年	(3) 1999—2001 年	(4) 2002—2004 年	(5) 2005—2013 年	(6) 2014—2021 年
	失业率	失业率	失业率	失业率	失业率	失业率
DPIL	0.00143	−0.0760**	0.0648**	0.118	0.262**	−0.130**
	(0.00646)	(0.00533)	(0.00327)	(0.131)	(0.0460)	(0.0327)
_cons	5.285**	6.850**	2.783**	4.665**	6.877**	7.752**
	(0.0934)	(0.106)	(0.0592)	(0.193)	(0.280)	(0.479)
N	275	11	36	36	108	84
R-sq	0.000	0.952	0.930	0.016	0.277	0.205
rmse	1.481	0.0770	0.132	0.879	1.171	1.350

注：显著性水平：** 表明 $p<0.01$，* 表明 $p<0.05$。

数据来源：WID、FRED、Wind 数据库。

在1999—2001年和2002—2013年，荷兰的DPIL同比波动和失业率基本呈正相关［表6-12的模型（3）、模型（4）和模型（5）］。1999—2001年，荷兰的失业率和DPIL同比均处于下行通道。2002年后，荷兰正式启用欧元，DPIL同比先小幅上升后进一步下降。荷兰失业率重新开始拉升，直到2005年开始回落。由于2008年国际金融危机，荷兰的失业率再次大幅拉升并持续上行，在2014年达到约8.5%。在这两段时间内，DPIL同比出现大幅拉升，劳动参与率降低，二者同向变化。

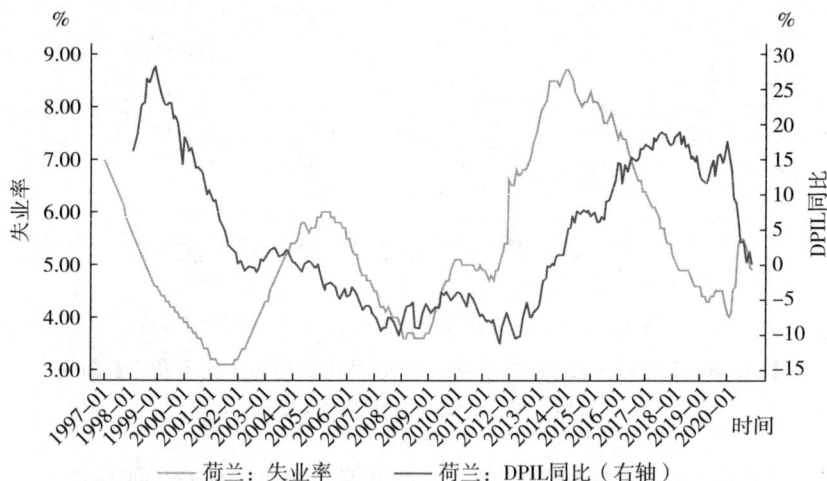

图 6-86　1997—2021 年荷兰的 DPIL 同比波动与失业率历史进程

（数据来源：WID、FRED、Wind 数据库）

七、研究结论

1. 经济增长黄金律适用于荷兰

荷兰名义利率与经济增长率比值在近40年的时间序列下保持在1附近变动，变化范围在0.9至1.07之间。与整体来看，荷兰名义利率和GDP增速间的关系符合经济增长黄金律，即以1为中枢。

2. 经济衰退前DPIL同比未必会发生剧烈波动

从荷兰DPIL同比数据来看，2008年国际金融危机前，荷兰的DPIL同比相对稳定，但同样因为危机而在2009年经历了衰退。此外，其货币购买力在21世纪初发生大幅增长后经历了短时间经济动能减速。

3. 荷兰DPIL同比与失业率的关系随时间推移发生变化

荷兰的DPIL同比波动和失业率，在不同时间段有较大差异，多数时间呈正相关。在1997—1998年和2014—2021年，荷兰的DPIL同比波动（%）和失业率基本呈负相关。在1999—2001年和2002—2013年，荷兰的DPIL同比波动和失业率基呈正相关。

第十二节 南非

一、价格水平波动

南非的价格水平整体而言波动较大，波动范围维持在-20%到40%之间，并未像巴西等新兴市场出现恶性通胀等情况。与其他国家类似，南非的CPI在1975年出现大幅上行，这主要是由于第一次石油危机，全球石油价格上行，传导至南非导致其价格水平上行。1977年，南非经济动能减弱，经济增长放缓，房价在这一时期小幅回落，但随着南非经济在1978年重新提速，房价同比涨幅来到历史高点，超过20%，CPI随着过热的经济同步上行。

20世纪80年代，南非政治面临巨大动荡，英国等多个国家对南非的种族隔离措施进行制裁。1985年，南非国内多个地区宣布进入紧急状态，1986年，南非政府宣布全国进入紧急状态。资金成本，商品价格在这一时期大起大落。

1991年曼德拉当选总统，此后各价格指标开始趋于稳定。1994年，南非举行了第一次非限制性种族选举，试图恢复受制裁的经济秩序。大多数国家在1996年解除了对南非的经济制裁，南非经济发展步入正轨。

南非利率在进入21世纪后逐渐下行，房价随着下行的利率不断上涨。2004年，美联储开启新一轮的加息周期，南非利率随后在2005年开始上行，房价涨幅随着上行的资金成本不断收窄。2008年国际金融危机来临后，南非同样受到冲击，房价和CPI应声下行。2009年南非经济数据转暖，房价和CPI逐渐回升至正常水平，并在此后保持温和上行。南非在2015年和2016年分两次以通胀压力加大为由提升了其政策利率，上行的利率保持至2019年底。

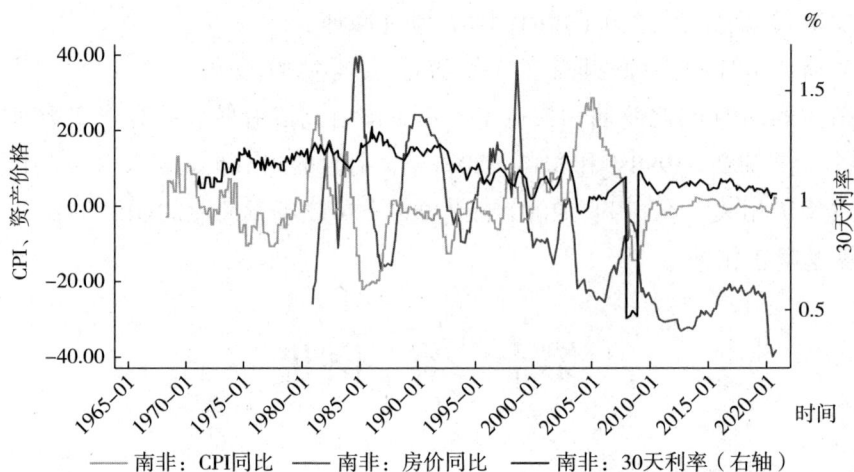

图 6-87　1965—2020 年南非价格水平变动

（数据来源：Wind 数据库、FRED）

二、南非的收入分配问题

1. 资本/收入比

1995年以来，南非的资本/收入比的总体的发展轨迹类似于墨西哥等南美国家，呈震荡上行趋势。南非的经济在战后得到恢复，由于$r>g$，资本/收入比进入上行通道，在2015年后稳定在4~4.5。值得注意的是，2008年国际金融危机，南非的资本/收入比并未受到显著影响，仅出现小幅的下跌。南非和巴西、墨西哥类似，其资本/收入比的水平要低于欧美等发达国家。南非私人储

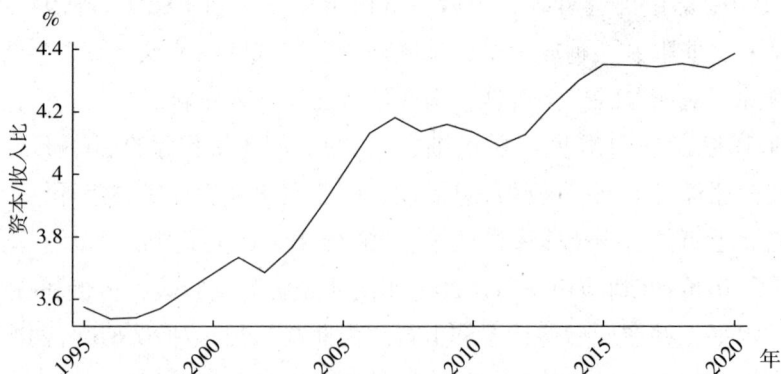

图 6-88　1995—2020 年南非的资本 / 收入比

（数据来源：WID）

蓄率偏低，常年在6%以下。近年来，南非的经济增速也持续走低。因此长期来看，其资本/收入比也较低。

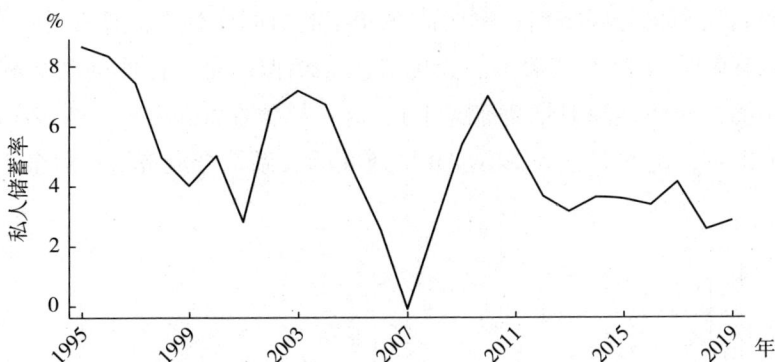

图6-89 1995—2019年南非的私人储蓄率

（数据来源：WID）

2. 劳动/收入比和劳动/资本比

劳动/资本比的直观含义是居民未来劳动收入折现和与当前总财产的比值，可以将劳动收入和资本收入联系起来，综合反映了财富不平等情况的变化。1995年以来，南非的劳动/收入比较为稳定，在0.52~0.58区间内呈"U"形曲线。1995年以来，由于资本/收入比的一路上行，南非的劳动/资本比则整体呈先下降后稳定的"L"形曲线，在2010年后稳定在4附近。居民未来劳动收入的折现在当前总财产的占比越来越小，意味着不平等的逐步加剧。

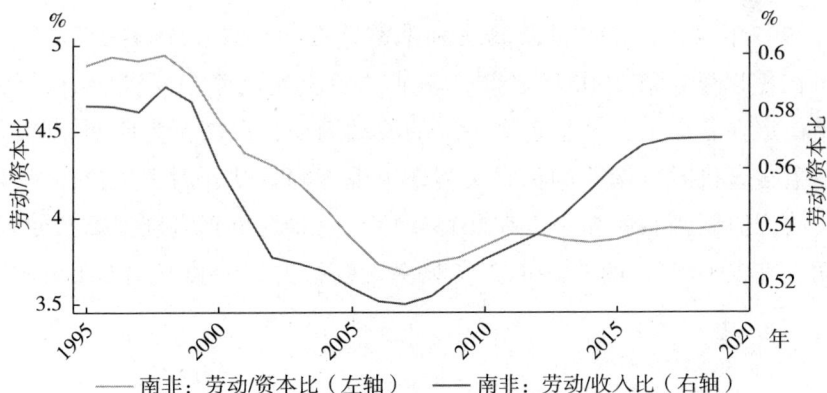

—— 南非：劳动/资本比（左轴）　　—— 南非：劳动/收入比（右轴）

图6-90 1995—2020年南非的劳动/收入比和劳动/资本比

（数据来源：WID、FRED）

三、南非的利率与经济增长率的关系

南非名义利率与经济增长率比值在30年的时间序列下保持在1附近变动，变化范围在0.85~1.18。与美国、英国等国家相似的是，南非的名义利率和经济增速比值在经济衰退时期普遍大于1，这一趋势在2008年、2020年均有所体现。整体来看，南非名义利率和GDP增速间的关系符合经济增长黄金律，即以1为中枢。

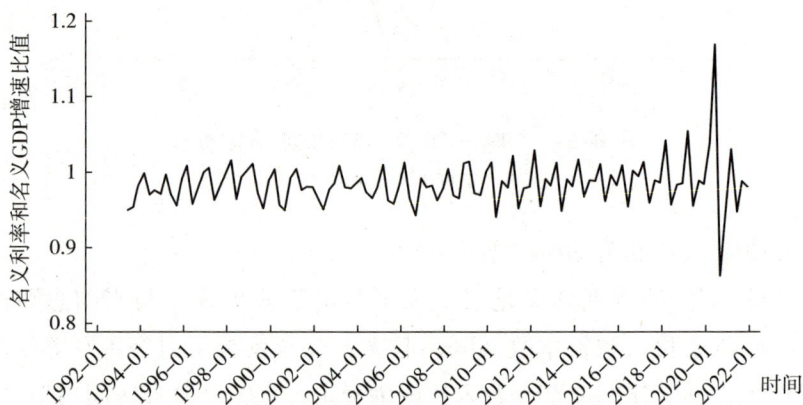

图 6-91　1992—2022 年南非名义利率和名义 GDP 增速比值

（数据来源：WID、FRED）

四、南非的负真实利率

自1997年以来，南非的负真实利率整体在-1.5%~1.5%震荡，约一半时间维持在零以下。在2008年之前，南非的负真实利率呈震荡上升趋势，在2003年稳定在零以上，并呈现出一定的波动周期，以两年为周期。临近2008年国际金融危机时，南非的负真实利率出现大幅下跌，后大幅拉伸，后在零附近波动，但振幅有所缩小。在2015年后，南非的负真实利率重新回到零以下波动。在2019年，南非的负真实利率大幅拉升，一度拉升到1.5%的历史高位。

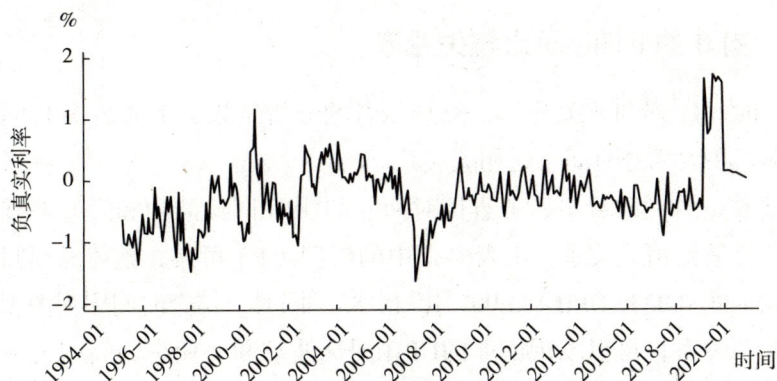

图 6-92　1994—2021 年南非的负真实利率历史进程

（数据来源：WID、FRED、Wind 数据库）

五、南非的 DPIL 同比历史进程

南非 DPIL 同比整体来看波动相对较大，尤其是在 2020 年 DPIL 同比涨幅甚至超过 100%。2003 年以前，随着利率的阶段性下行和持续走高的房价，DPIL 同比逐渐上升至零以上，在 2004 年达到阶段性高点。此后随着美联储的加息周期到来，南非 DPIL 同比也跟随逐渐上行的利率和房价来到低点。2008 年国际金融危机后，随着利率的下行以及逐渐回升的房价，南非的 DPIL 同比逐渐回到 0 附近，并维持到 2015 年。2015 年由于利率的小幅抬升，房价回落，DPIL 同比重新回到负增长。

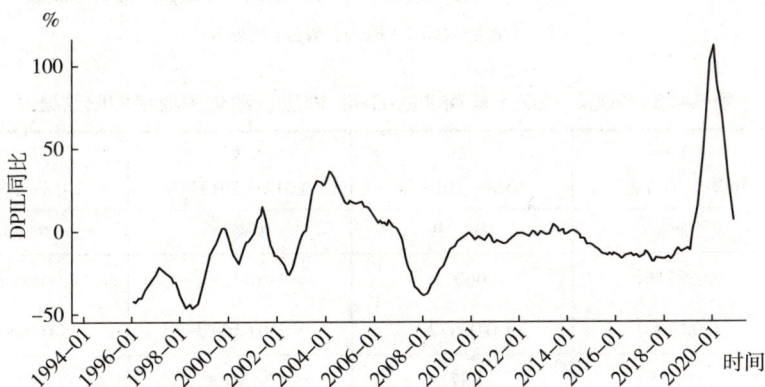

图 6-93　1994—2020 年南非 DPIL 同比历史进程

（数据来源：WID、FRED、Wind 数据库）

六、南非的 DPIL 同比与失业率

通过时间序列和相关分析，综合二者的分析结果，南非的DPIL同比波动和失业率，在大部分时间呈正相关关系。

通过散点图可以看出，若直接对南非的DPIL同比波动和失业率整体进行分析，二者呈正相关关系。由表6-13中的模型（1）可得，整体的回归方程为Unemployment=0.0337 DPIL+25.90，R^2=0.183。同时，结合时间序列图观察到的二者的变动关系，可以发现南非的DPIL同比波动和失业率之间的关系在不同时间段有较大差异，可以分时段进行回归分析。

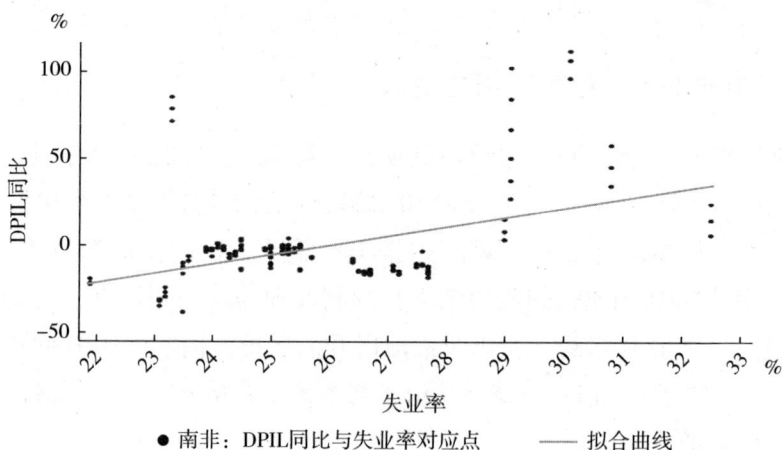

● 南非：DPIL同比与失业率对应点　　　—— 拟合曲线

图 6-94　1996—2021 年南非的 DPIL 同比波动与失业率及拟合曲线

（数据来源：WID、FRED、Wind 数据库）

表 6-13　2008—2021 年南非的 DPIL 同比波动与失业率回归结果

	（1） 2008—2021 年	（2） 2008—2013 年	（3） 2014—2017 年	（4） 2018—2021 年
	失业率	失业率	失业率	失业率
DPIL	0.0337**	0.0601**	−0.111**	0.00659
	（0.00798）	（0.00872）	（0.0164）	（0.00890）
_cons	25.90**	24.87**	24.90**	28.16**
	（0.155）	（0.0881）	（0.198）	（0.317）

	（1） 2008—2021 年	（2） 2008—2013 年	（3） 2014—2017 年	（4） 2018—2021 年
	失业率	失业率	失业率	失业率
N	155	71	48	36
R-sq	0.183	0.448	0.324	0.015
rmse	1.890	0.688	0.912	2.287

注：显著性水平：** 表明 p<0.01，* 表明 p<0.05。

数据来源：WID，FRED，Wind 数据库。

在2008—2012年和2018—2021年，南非的DPIL同比波动和失业率基本呈正相关〔（表6-13的模型（2）和模型（4）〕。相比于墨西哥、巴西，南非的失业率一直居高不下，是世界上失业率最高的国家之一，自2008年以来一直维持在22%以上，最高超过32%。2008年国际金融危机后，南非的失业率进入上行通道。在2008—2012年和2018—2021年，DPIL同比也出现大幅拉升，劳动参与率也降低，二者同向变化。

在2013—2017年，南非的DPIL同比波动和失业率基呈负相关〔表6-13的模型（3）〕。平均而言，DPIL同比波动每增加1，失业率将下降0.111个百分点。2013—2017年，持续的宽松政策开始收紧，南非的DPIL同比开始回落，失业率则继续拉升，二者出现背离。

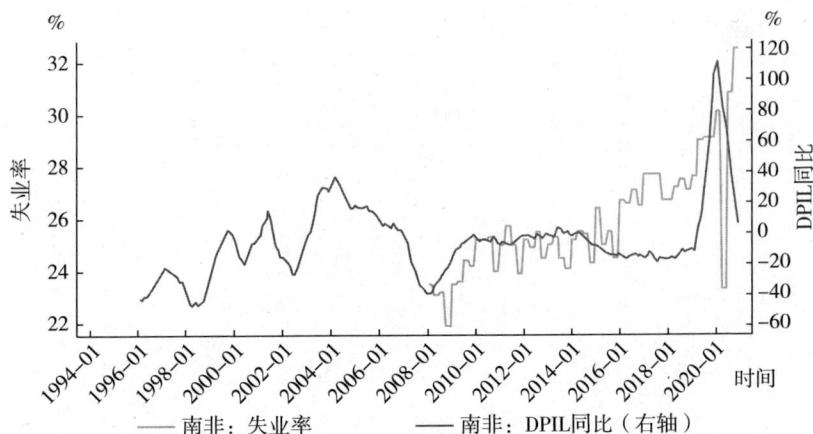

图 6-95　1994—2021 年南非的 DPIL 同比波动与失业率历史进程

（数据来源：WID、FRED、Wind 数据库）

七、研究结论

1. 经济增长黄金律适用于南非

南非名义利率与名义经济增长率比值在近30年的时间序列下保持在1附近变动，变化范围在0.88~1.18。与整体来看，南非名义利率和名义GDP增速间的关系符合经济增长黄金律，即以1为中枢。

2. DPIL同比弥补了CPI对居民购买力衡量的缺陷

21世纪初，南非DPIL同比涨幅由于房价的快速上行不断扩大，反映居民实际购买力正在逐渐缩水，但从CPI同比变动趋势来看，通货膨胀正位于相对温和的阶段，居民实际购买力并未出现较大波动。

3. 南非DPIL同比与失业率的关系随时间变化

在2008—2012年和2018—2021年，南非的DPIL同比波动和失业率基本呈正相关，二者同向变化。在2013—2017年，南非的DPIL同比波动和失业率基呈负相关。平均而言，DPIL同比波动每增加1，失业率将下降0.111个百分点。

参考文献

1. Allen, R. C., & Lu, Y. (2015). Quan Qiu Jing Ji Shi = global economic history. Yi lin chu ban she.

2. Banerjee, A. V., & Duflo, E. (2021). Good economics for hard times. PublicAffairs.

3. Desmond, M. (2016). Evicted. Crown/Archetype.

4. Fisher, I., & Brown, H. G. (1985). The purchasing power of money: Its determination and relation to credit interest and crises. Kelley.

5. Lakey, G. (2017). Viking economics: How the Scandinavians got it right, and how we can too. Kibutz Poalim.

6. Lu, K., Yao, Z., & Lu, G. (2013). Jing Ji Zhou Qi Mo Xing. Zhong guo ren min da xue chu ban she.

7. Parente, S. L., & Prescott, E. C. (2000). Barriers to riches. MIT Press.

8. Piketty, T., Chang Kyŏng-dŏk, & Yi, K.-guk. (2014). 21-Segi chabon = capital in the Twenty First Century. Kŭl Hangari.

9. Shirakawa, M., Pei, G., & Yin, F. (2021). Dong Dang Shi Dai = chuo ginko: Sentoraru banka no Keiken Shita 39-nen. Zhong xin chu ban ji tuan.

10. SISMONDI, J. C. L. D. E. (2018). History of the fall of the Roman Empire. CHARLES RIVER EDITORS.

11. Alchian, Armen A, and Benjamin Klein. (1973). "On a Correct Measure of Inflation." *Journal of Money, Credit and Banking*, Vol. 5, 1973, 173–191.

12. Aoki, Shuhei, and Minoru Kitahara. (2010): "Measuring a Dynamic Price Index Using Consumption Data." *Journal of Money, Credit and Banking* Vol.42, 959–964.

13. Arawatari, Ryo, Takeo Hori, and Kazuo Mino. (2018). "On the Nonlinear Relationship between Inflation and Growth: A Theoretical Exposition." *Journal of Monetary Economics*. Vol 94, 79–93.

14. Atkinson, Anthony B. (1970). "On the Measurement of Inequality." *Journal of Economic Theory*. Vol 2, 244–263.

15. Blinder , S. Alan and Jeremy B. Rudd. (2008). "The Supply-Shock Explanation of the Great Stagflation Revisited." *NBER Working Paper no. 14563.*

16. Boushey, Heather, J. Bradford DeLong, and Marshall Steinbaum.(2019) *After Piketty: The Agenda for Economics and Inequality*. Harvard University Press.

17. Chu, Angus C, Lei Ning, and Dongming Zhu. (2019a). "Human Capital and Innovation in a Monetary Schumpeterian Growth Model." *Macroeconomic Dynamics*. Vol 23, 1875–94.

18. Chu, Angus C, Guido Cozzi, Yuichi Furukawa, and Chih-Hsing Liao. (2019b) "Inflation and Innovation in a Schumpeterian Economy with North-South Technology Transfer." *Journal of Money, Credit and Banking*. Vol 51, 683–719.

19. Clark, Todd. (2009). "Is the Great Moderation over? An Empirical Analysis." *Economic Review*. Vol 94, 5–42.

20. Coibion, Olivier, and Yuriy Gorodnichenko. (2015). "Is the Phillips Curve Alive and Well after All? Inflation Expectations and the Missing Disinflation." *American Economic Journal: Macroeconomics* 2015, 7(1): 197–232.

21. Gali, Jordi. (2022). "Insider–Outsider Labor Markets, Hysteresis, and Monetary Policy". *Journal of Money, Credit and Banking,* Supplement to Vol. 54, No. S1.

22. Gali, Jordi, and Mark Gertler (1999). "Inflation Dynamics: A Structural Econometric Analysis." *Journal of Monetary Economics* 44 (1999) 195–222

23. Goodhart, Charles A. E. (1995). "Price Stability and Financial Fragility." *Financial Stability in a Changing Environment*, Chapter 10, 439–510. London: Macmillan.

24. Goodhart, Charles. (2001). "What Weight Should be Given to Asset Prices in the Measurement of Inflation?" *The Economic Journal* Vol.111, 335–356.

25. Gordon, Robert J. (2011). "The History of the Phillips Curve: Consensus and Bifurcation." *Economica* (2011) 78, 10–50.

26. Gordon, Robert J., and Stephen R. King. (1982). "The Output Cost of Disinflation in Traditional and Vector Autoregressive Models." *Brookings Papers on Economic Activity*, 13, 205–42.

27. Hori, Takeo. (2020). "Monetary Policy, Financial Frictions, and Heterogeneous R&D Firms in an Endogenous Growth Model." *Scandinavian Journal of Economics.* Vol 122, 1343–73.

28. Li, Yang and Xiaojin Zhang. (2020). "The China national balance sheet 2020 (Chinese)." China, Beijing, China Social Sciences Press.

29. Lustig, Hanno, Stijn Van Nieuwerburgh, and Adrien Verdelhan (2013). "The Wealth-Consumption Ratio," *The Review of Asset Pricing Studies*, 3 (1), 38–94.

30. Milanovic, Branko & DEC. (1994). "Determinants of Cross-Country Income Inequality: An Augmented Kuznets Hypothesis." *Policy Research Working Paper Series 1246*. The World Bank.

31. Koki, Okawa and Kozo Ueda. (2018). "The Optimal Inflation Rate under Schumpeterian Growth." *Journal of Monetary Economics.* Vol 100, 114–25.

32. Konüs, A. A. (1939). "The Problem of the True Index of the Cost of Living." *Econometrica.* Vol 7, 10–29.

33. Milanovic, Branko. (2000). "The Median-Voter Hypothesis, Income Inequality, and Income Redistribution: n Empirical Test with the Required Data." *European Journal of Political Economy.* Vol 16, 367–410.

34. Piketty, Thomas. (2017). "Capital in the Twenty-First Century." Translated

by Arthur Goldhammer. London, England: Belknap Press.

35. Phelps, Edmund. (1961). "The Golden Rule of Accumulation: A Fable for Growthmen". *The American Economic Review*, Vol. 51, No. 4. (Sep., 1961), pp. 638–643.

36. Phillips, A. William. (1958). The relation between unemployment and the rate of change of money wage rates in the United Kingdom, 1861–1957. *Economica*, 25, 283–99.

37. Primiceri, Giorgio. (2006). Why inflation rose and fell: policymakers' beliefs and US postwar stabilization policy. *Quarterly Journal of Economics*, 121, 867–901.

38. Pollack, Robert A. (1975). "The Intertemporal Cost of Living Index." *Annals of Economic and Social Measurement.* Vol 4, 179–198.

39. Reis, Ricardo. (2005). "A Dynamic Measure of Inflation." *NBER Working Paper 11746.*

40. Shibuya, Hiroshi. (1992). "Dynamic Equilibrium Price Index: Asset Price and Inflation." *Monetary and Economic Studies.* Vol 10, 95–109.

41. Shiratsuka, Shigenori. (1996). "Shisan kakaku hendo to bukka shisu (Asset price fluctuations and price index)."*Kin'yu Kenkyu*, Institute for Monetary and Economic Studies, Bank of Japan, Vol. 14, 45–72 (in Japanese).

42. Shiratsuka, Shigenori. (1997). "Inflation measures for monetary policy: measuring the underlying inflation trend and its implication for monetary policy implementation." *Bank of Japan Monetary and Economic Studies*, Vol. 15, 1–26.

43. Shiratsuka, Shigenori. (1998). "Bukka no keizai bunseki." (English: Economic analysis of inflation measures). University of Tokyo Press, (in Japanese).

44. Shiratsuka, Shigenori. (1999). "Asset price fluctuation and price indices." Institute for Monetary and Economic Studies, Bank of Japan, Discussion Paper No. 99-E-21.

45. Shiratsuka, Shigenori. (1999). "Asset Price Fluctuation and Price Indices." *Monetary and Economic Studies.* Vol. 17, 103–128.

46. Song, Jae, David J. Price, Faith Guvenen, and Nicolas Bloom. (2019). "Firming up Inequality." *Quarterly Journal of Economics.* Vol. 134, 1–50.

47. Sutóris, Ivan.(2020). "The Intertemporal Cost of Living and Dynamic Inflation: The Case of the Czech Republic." Czech National Bank Working Paper. September 2020.

48. Historical data. 5. (n.d.). Retrieved September 15, 2022, from https://5minuteeconomist.com/history.html.

49. Roberts, B. W. (2009). The macroeconomic impacts of the 9/11 attack: Evidence from real-time forecasting. Peace Economics, Peace Science and Public Policy, 15(2). https://doi.org/10.2202/1554-8597.1166.

50. Edward C. Prescott – Facts. NobelPrize.org. Nobel Prize Outreach AB 2022. Fri. 16 Sep 2022. https://www.nobelprize.org/prizes/economic-sciences/2004/prescott/facts/.

51. Finn E. Kydland – Facts. NobelPrize.org. Nobel Prize Outreach AB 2022. Thu. 15 Sep 2022. <https://www.nobelprize.org/prizes/economic-sciences/2004/kydland/facts/>.

52. Business cycle dating. NBER. (n.d.). Retrieved September 16, 2022, from https://www.nber.org/research/business-cycle-dating.

53. Asian Development Bank Institute. (n.d.). Retrieved September 15, 2022, from https://www.adb.org/sites/default/files/publication/181404/adbi-wp558.pdf.

54. Unemployment in Germany reasons and EMEDIES N B CES W P N . 871 - IFO. (n.d.). Retrieved September 15, 2022, from https://www.ifo.de/DocDL/cesifo_wp871.pdf.

55. India's Great Slowdown. Harvard Kennedy School. (n.d.). Retrieved September 16, 2022, from https://www.hks.harvard.edu/centers/cid/publications/faculty-working-papers/india-great-slowdown.

56. 王思聪,张向达，李富强.(2018).德国城区失业的空间模式和机制研究. 宏观经济研究(10),165–175. doi:10.16304/j.cnki.11-3952/f.2018.10.15.

57. 田野，云谱萱.(2017).经济全球化与劳工反建制主义的兴起——对19世纪中叶到20世纪初法国、德国和意大利的比较研究. 国际政治研究(6), 110–136.

58. 孟钟捷.(2012).魏玛德国失业保险体制的兴与衰——兼论社会福利制度的发展限度.武汉大学学报(人文科学版)(6), 105–111.

59. 孙时联.(2002).德法两国如何应对失业难题.经济世界(12), 66–67.

60. 解密德国"就业奇迹". (n.d.). Retrieved September 16, 2022, from http://www.news.cn/globe/2021-11/09/c_1310283584.htm.